高等职业教育财会专业系列教材

税务会计

主　编　丁　洁

副主编　缪桂英　焦四代　陈娉娉

中国财富出版社有限公司

图书在版编目（CIP）数据

税务会计／丁洁主编．—北京：中国财富出版社有限公司，2020.6

（高等职业教育财会专业系列教材）

ISBN 978－7－5047－7164－3

Ⅰ.①税…　Ⅱ.①丁…　Ⅲ.①税务会计－高等职业教育－教材　Ⅳ.①F810.62

中国版本图书馆 CIP 数据核字（2020）第 096694 号

策划编辑　孟　婷　　**责任编辑**　戴海林　孟　婷

责任印制　尚立业　　**责任校对**　孙丽丽　　**责任发行**　杨　江

出版发行　中国财富出版社有限公司

社　　址　北京市丰台区南四环西路 188 号 5 区 20 楼　　**邮政编码**　100070

电　　话　010－52227588 转 2098（发行部）　　010－52227588 转 321（总编室）

010－52227588 转 100（读者服务部）　　010－52227588 转 305（质检部）

网　　址　http://www.cfpress.com.cn　　**排　　版**　宝蕾元

经　　销　新华书店　　**印　　刷**　天津市仁浩印刷有限公司

书　　号　ISBN 978－7－5047－7164－3/F·3197

开　　本　787mm×1092mm　1/16　　**版　　次**　2020 年 9 月第 1 版

印　　张　15.25　　**印　　次**　2020 年 9 月第 1 次印刷

字　　数　334 千字　　**定　　价**　46.00 元

前 言

本教材立足于税务会计岗位对税收知识的客观需要，针对高职财会类专业人才的特点及人才培养总目标的要求，以能力为本位，在总结高职税收教学改革的基础上，以企业主要税种应纳税额的计算、纳税申报和会计核算为主线，重点阐述了我国现行主要税收的基本理论与方法。根据课程目标，将教材内容分为7个项目，这7个项目由不同的任务模块组成，每个项目由学习任务、任务导入及具体任务内容构成，着重培养学生从事本专业实际工作的基本能力和职业技能。

本教材有如下几方面特点。

①新颖性。本教材紧密结合我国税制改革的成果，将新修订的增值税、个人所得税等内容补充进去，弥补财会类教材法律虽修订但教材不能及时跟进的缺点。

②实用性。本教材针对高职学生的特点和要求，坚持基础理论知识“必需、够用”的原则，突出实践性，力求易学易做。

③趣味性。本教材每一项目设置任务导入模块，集故事性和知识性于一体，激发学生学习兴趣，拓宽视野。

④逻辑性。本教材对基本理论的编写按照“是什么”“为什么”“怎么办”的逻辑思维进行阐述，并通过学习任务、任务导入及具体任务内容的操作，将“教”“学”“做”融为一体，让学生在学中做、做中学。

尽管作者不断努力，但因水平有限，书中还会有一些错误和疏漏，希望广大读者给予谅解，并及时提出宝贵意见，以利于我们继续改进。

编　者

2020年6月

目 录

项目一　税务会计基本知识

学习任务

熟悉纳税基本程序、纳税申报和税款征收的具体要求；掌握税收制度的构成要素；掌握账簿、凭证的管理和发票管理的具体规定。

任务导入

某企业财务部门新聘人员小张被安排到税务会计岗位从事核算与管理，小张该做哪些知识准备？该岗位的工作内容和任务是什么？

任务一　税收理论准备

一、税收的概念

税收亦称赋税、捐税或课税，是一个十分古老的财政制度，随着国家的产生而产生，又随着国家的发展而发展。可以说，税收的历史几乎与国家的历史一样久远。

税收是国家为满足社会公共需要，凭借政治权力，按照法律所规定的标准和程序，参与国民收入分配，强制地、无偿地取得财政收入的一种方式。

对税收的含义，可从以下几方面把握。

（一）国家征税的目的是满足社会成员获得公共产品的需要

国家是履行社会公共职能的权力机构，国家在履行其职能的过程中，必然要耗用一定的物资和资金，形成一定的公共支出。公共产品的特殊性决定了国家必须采取适当方式取得财政收入，而税收正是这样一种方式。

（二）国家征税凭借的是其政治权力

税收征收的主体只能是代表社会全体成员行使公共权力的政府，其他任何社会组织或个人是无权征税的。国家的权力有两种：一种是财产权力；另一种是政治权力。国家取得财政收入不是凭借财产权力，而是凭借政治权力，采取多种形式参与社会产品的分配，并运用政治强制手段，集中一部分社会产品归其支配。

（三）税收是国家筹集财政收入的主要方式

国家要行使职能必须有一定的财政收入作为保障。取得财政收入的手段有多种，如税收、发行货币、发行国债、收费等，其中税收是大部分国家取得财政收入的主要形式。

（四）税收必须借助法律形式进行

法律是体现国家意志，强制性地调整人们行为的规范。税收通过法律形式进行，使全体社会成员在纳税上得到统一，并运用法律的权威性，保证税收及时足额地纳入国库。

二、税收的特征

税收作为政府筹集财政收入的一种规范形式，具有区别于其他财政收入形式的特点。税收特征可以概括为强制性、无偿性和固定性。

（一）税收的强制性

税收的强制性指国家凭借其政治权力以法律、法令形式对税收征纳双方的权利（权力）与义务进行制约，既不是由纳税主体按照个人意志自愿缴纳，也不是按照征税主体随意征税，而是依据法律进行征税。我国宪法明确规定我国公民有依照法律纳税的义务，纳税人必须依法纳税，否则就要受到法律的制裁。税收的强制性主要体现在征税过程中。

（二）税收的无偿性

税收的无偿性指国家征税后，税款一律纳入国家财政预算，由财政统一分配，而不直接向具体纳税人返还或支付报酬。税收的无偿性是对个体纳税人而言的，其享有的公共利益与其缴纳的税款并非对等的，但就纳税人的整体而言则是对等的，政府使用税款目的是向社会全体成员包括具体纳税人提供社会需要的公共产品和公共服务。因此，税收的无偿性表现为个体的无偿性、整体的有偿性。

（三）税收的固定性

税收的固定性指国家征税预先规定了统一的征税标准，包括纳税人、课税对象、税率、纳税期限、纳税地点等。这些标准一经确定，在一定时间内是相对稳定的。当然，税收的固定性并不是一成不变的。国家可以根据经济和社会发展需要适时地修订税法，但这与税收整体的相对固定性并不矛盾。

税收的三个特征是统一的整体，相互联系，缺一不可。无偿性是税收这种特殊分配手段本质的体现，强制性是实现税收无偿征收的保证，固定性是无偿性和强制性的必然要求。三者相互配合，保证了政府财政收入的稳定。

三、税收的作用

税收职能指税收所具有的内在功能，税收作用则是税收职能在一定条件下的具体体现。税收的作用主要表现在以下几个方面。

（一）税收是财政收入的主要来源

组织财政收入是税收的基本职能。税收具有强制性、无偿性、固定性的特点，筹集财政收入稳定可靠。税收的这种特点，使其成为世界各国政府组织财政收入的基本形式。目前，我国税收收入已占国家财政收入的83%以上。

（二）税收是调控经济运行的重要手段

经济决定税收，税收反作用于经济。这既反映了经济是税收的来源，也体现了税收对经济的调控作用。税收作为经济杠杆，通过增税与减免税等手段来影响社会成员的经济利益，引导企业、个人的经济行为，对资源配置和社会经济发展产生影响，从而达到调控宏观经济运行的目的。政府运用税收手段，既可以调节宏观经济总量，也可以调节经济结构。

（三）税收是调节收入分配的重要工具

从总体来说，税收作为国家参与国民收入分配最主要、最规范的形式，规范政府、企业和个人之间的分配关系。从不同税种的功能来看，税收在分配领域发挥着不同的作用。如个人所得税实行超额累进税率，具有高收入者适用高税率、低收入者适用低税率或不征税的特点，有助于调节个人收入分配，促进社会公平。消费税对特定的消费品征税，能达到调节收入分配和引导消费的目的。

（四）税收具有监督经济活动的作用

税收涉及社会生产、流通、分配、消费各个领域，能够综合反映国家经济运行的质量和效率。既可以通过税收收入的增减及税源的变化，及时掌握宏观经济的发展变化趋势，也可以在税收征管活动中了解微观经济状况，发现并纠正纳税人在生产经营及财务管理中存在的问题，从而促进国民经济持续健康发展。

四、税制构成要素

税制是税收制度的简称，是国家以法律法规形式规定的各种税收法令和征收管理办法的总称。它是国家向纳税人征税的法律依据和工作规程，规定了国家和纳税人之间的征纳关系。在任何一个国家里，不论采用什么样的税收制度，税制构成要素一般包括纳税人、征税对象、税率、纳税环节、纳税期限、减免税和违章处理等，其中纳税人、征税对象、税率是税制的三个最基本要素。

（一）纳税人

纳税人是纳税义务人的简称，亦称纳税主体，是税法规定的直接负有纳税义务的单位和个人。每一税种首先要知道国家对谁征税的问题，明确其义务和责任。所以，纳税人是税法构成的一个基本要素。

国家税法规定直接负有纳税义务的人可以是自然人，也可以是法人。自然人指基于出生这一自然状态而依法在民事上享有权利、承担义务的人，包括本国公民，也包括外国人和无国籍人。法人指依法成立并能独立地行使法定权利和承担法律义务的社会组织，如社团、企业等。应注意纳税人与负税人、扣缴义务人的区别。

负税人指实际负担税款的单位和个人。在同一个税种中纳税人和负税人可以是一致的也可以是不一致的，如果纳税人能够通过一定的途径把税负转嫁或转移出去，纳税人就不再是负税人。否则，纳税人同时也是负税人，如个人所得税，某人缴纳了税款200元，他既是纳税人也是税款的承担者，纳税人和负税人是一致的；如白酒消费税的纳税人主要是生产白酒的单位和个人，但负担税款的却是白酒的消费者，纳税人和负税人是不一致的。

扣缴义务人是税法规定负有扣缴税款义务的单位和个人。扣缴义务人直接负有税款的扣缴义务，应当按照规定代扣税款，并按期、足额地缴库。扣缴义务人分为代扣代缴义务人和代收代缴义务人。代扣代缴义务人指有义务在向纳税人支付款项时扣除应纳税款并代为缴纳的单位和个人。代收代缴义务人指有义务向纳税人收取款项时同时收取应纳税款并代为缴纳的单位和个人。

（二）征税对象

征税对象又称课税对象或征税客体，指对什么东西征税，即国家征税的标的物。每一种税一般都有其特定的征税对象，如消费税的征税对象是消费税条例所列举的应税消费品，房产税的征税对象是房屋。因此，征税对象是一种税区别于另一种税的主要标志，决定每一种税名称的由来以及各种税在性质上的差别。

计税依据又称税基，是据以计算征税对象应征税款的直接数量依据，它解决对征税对象课税的计算问题，是对征税对象的量的规定。不同税种的计税依据不同，增值税的计税依据是货物和应税劳务的增值额，企业所得税的计税依据是企业的所得额等。从价计征的税收，以计税金额为计税依据；从量计征的税收，以征税对象的数量、重量、容积、面积等作为计税依据。

税目是征税对象的具体化，反映具体的征税范围，代表征税的广度。制定税目的目的有二：一是为了明确征税的具体范围，凡列入税目的都征税，未列入的不征税。二是解决征税对象的归类问题，并根据归类确定税率。制定税目的基本方法一般有两种：一是列举法，即按照每种商品或经营项目分别设置税目，必要时还可以在一个税目下设若干个子目；二是概括法，即把性质相近的产品或项目归类设置税目，如按产品大类或行业设置税目等。

（三）税率

税率是应征税额与征税对象之间的比例。税率是税制构成的基本要素之一，属于税制的中心环节，是税制的核心内容。它的高低直接关系到国家财政收入的多少和纳税人负担的轻重，关系到国家和各纳税人之间的经济利益。

我国现行税率主要有以下三种类型。

1. 比例税率

比例税率指对同一征税对象，无论其数额大小，都采用相同征税比例。如增值税的基本税率是13%，企业所得税的税率是25%。比例税率是一种应用最广、最常见的税率，在具体运用时，比例税率可以细分为单一比例税率、差别比例税率、幅度比例税率三种形式。

2. 定额税率

定额税率指按征税对象的一定计量单位，规定一个纳税的金额。目前采用定额税率的有城镇土地使用税和车船税等。具体运用时，又可分为单一定额税率和差别定额税率两种。

3. 累进税率

累进税率指税率随着征税对象数额的增大而提高的一种税率制度。将征税对象数额按大小划分成若干等级，对每个等级由低到高规定相应的税率，征税对象数额越大税率越高，征税对象数额越小税率越低。在我国现行税收制度中只存在超额累进税率和超率累进税率。

（1）超额累进税率。超额累进税率指按征税对象的绝对数额划分征税级距，纳税人的征税对象的全部数额中符合不同级距部分的数额，分别按与之相对应的各级距税率计征的一种累进税率。目前，我国对个人所得项目的工资薪金所得、个体工商户的生产经营所得、劳务报酬所得和稿酬所得作为综合所得实行超额累进税率。

（2）超率累进税率。超率累进税率对每个等级部分分别规定相应的税率，分别计算税额，各级税额之和则为应纳税额。一定数量的征税对象可以同时按几个等级的税率计征，当征税对象数额超过某一等级时，仅就超过部分按高一级税率计算税额。目前我国税收体系中采用这种税率的是土地增值税。

（四）纳税环节

纳税环节，一般指税法规定的征税对象在从生产到消费的流转过程中应当缴纳税款的环节。商品从生产到消费，中间往往要经过许多环节，包括生产、运输、批发、零售等。每个税种都有其特定的纳税环节，有的纳税环节单一，有的需要在不同环节分别纳税。同一种税只在一个环节课征税收的，称为“一次课征制”，如我国的资源税只在开采环节征税。同一种税在两个或两个以上环节课征税收，称为“多次课征制”，如我国的增值税在商品流通的每一个环节都要征税。

（五）纳税期限

纳税期限，指纳税人发生纳税义务后，向税务机关申报纳税并解缴税款的起止时间。纳税期限是根据纳税人的生产、经营规模和应纳税额的大小以及各个税种的不同特点确定的，包括纳税计算期和税款缴库期。纳税计算期一般分为按期计算和按次计算两种。如《中华人民共和国消费税暂行条例》规定，消费税的纳税期限分别为1日、3日、5日、10日、15日、1个月或者1个季度。不能按期纳税的，可以按次纳税。税款缴库期指纳税计算期届满以后纳税人报缴税款的法定期限。《中华人民共和国消费税暂行条例》规定，纳税人以1个月为一个纳税期的，自期满之日起15日内申报纳税。

（六）纳税地点

纳税地点指税法规定向征税机关申报纳税的具体地点。纳税地点一般为纳税人的住所地，也有规定在营业地、财产所在地或特定行为发生地的。

（七）减免税

减免税是对某些纳税人或征税对象给予鼓励和照顾的一种特殊规定。减税指对应纳税额少征一部分税款；免税指对应纳税额全部免征。它们能够使税收制度按照因地制宜和因事制宜的原则，更好地贯彻国家的税收政策。减免税具体分为税基式减免、税额式减免和税率式减免三种形式。

1. 税基式减免税

税基式减免税指通过直接缩小计税依据的方式实现的减税、免税，具体包括起征点、免征额、项目扣除、跨期结转等。

（1）起征点指税法规定的征税对象开始征税的数额起点，即征税对象数额未达到起征点的不征税，达到或超过起征点的则就其全部数额征税。

（2）免征额指税法规定的在征税对象全部数额中免予征税的数额，即不论纳税人收入多少，只对减去一定数额后的余额征税。

（3）项目扣除指征税对象总额先扣除某些项目的金额后，以其余额为计税依据计算应纳税额。

（4）跨期结转指将某些费用及损失向后或向前结转，抵消其一部分收益，以缩小税基，实现减免税。

2. 税额式减免税

税额式减免税指通过直接减少应纳税额的方式实现的减税、免税，具体包括全部免征、减半征收、核定减免率、抵免税额以及核定减征税额等。

3. 税率式减免税

税率式减免税指通过直接降低税率的方式来实现的减税、免税，具体包括重新确定税率、选用其他税率、零税率等形式。

（八）违章处理

违章处理指税务机关对纳税人违反税法的行为采取的处罚性措施。它体现了税收的强制性，是保证税法正确贯彻执行、严肃纳税纪律的重要手段。

五、税收的分类

现代的税收是一个由多税种组成的复合税制体系。各个税种有其各自的特点，在税制结构中的地位和作用是不同的。主体税种的选择是建立合理税制结构的中心环节，辅助税种的搭配、协调也十分重要，各税种之间存在一定的联系和区别。因而，有必要对各税种进行分类，以建立合理的税制结构。税收一般有下面几种分类方法。

（一）按征税对象分类

以征税对象为标准，税收可以分为流转税、所得税、资源税、财产税和行为税。流转税一般指对商品或劳务的流转额征收的一类税收，是我国现行的最大的一类税收，增值税、消费税、关税属于这一类。所得税一般指对纳税人的各种所得征收的一类税收。我国现行的企业所得税、个人所得税属于这一类。资源税一般指以自然资源为征税对象的一类税收。我国现行的资源税、耕地占用税、城镇土地使用税属于这一类。财产税一般指对属于纳税人所有的财产或支配的财产的数量或价值额征收的一类税收。我国的现行房产税、契税、车船使用税属于这一类。行为税一般指以某些特定行为为征税对象征收的一类税收。我国现行的印花税、城市维护建设税、车辆购置税属于这一类。

（二）按计税依据分类

以计税依据为标准，税收可以分为从价税、从量税和复合税三大类。从价税一般指以征税对象及其计税依据的价格或金额为标准，按一定比例税率征收的一类税收。我国现行的增值税、企业所得税等都属于这一类。从量税一般指以征税对象的重量、容积、面积等为标准，采用固定税额计征的一类税收。我国现行的车船使用税属于这一类。复合税指对征税对象采取从价和从量相结合的复合计税方法而征收的一种税，如对白酒、卷烟征收的消费税采取从价和从量相结合的复合计税方法征税。

（三）按税收负担能否转嫁分类

以税收负担能否转嫁为标准，税收可以分为直接税和间接税两大类。直接税一般指税负无法转嫁，而由纳税人直接负担的一类税收。我国现行的各种所得税、土地使用税、房产税等都属于这一类。间接税一般指纳税人能够将税负转嫁给他人负担的一类税收。我国现行的增值税、消费税、关税等都属于这一类。

（四）按税收与价格的关系分类

以税收与价格的关系为标准，税收可以分为价内税和价外税。价内税一般指税金作为商品价格的组成部分的一类税收，如消费税等。价外税一般指税金作为商品价格之外的附加额的一类税收，如增值税。

（五）按税收管理与使用权限分类

以税收管理与使用权限为标准，税收可以分为中央税、地方税以及中央地方共享税。中央税一般指由中央政府管理并支配其收入的一类税收，如消费税、关税和车辆购置税。地方税一般指由地方政府管理并支配其收入的一类税收，如房产税、车船使用税等。中央地方共享税一般指由中央政府与地方政府共同管理并按一定比例分别支配其收入的一类税收，如增值税、企业所得税等。

任务二　纳税基本程序

一、税务登记

税务登记是税务机关对纳税人的生产、经营活动进行登记并据此对纳税人实施税务管理的一种法定制度，是税务机关对纳税人实施税收管理的首要环节和基础工作，是征纳双方法律关系成立的依据和证明，也是纳税人必须依法履行的义务。

（一）“五证合一、一照一码”登记制度

“五证合一、一照一码”登记制度，指企业分别由工商行政管理部门核发工商营业

执照、质量技术监督部门核发组织机构代码证、税务部门核发税务登记证、劳动保障行政部门核发社会保险登记证和统计部门核发统计登记证，改为一次申请、由工商行政管理部门核发一个加载法人和其他组织统一社会信用代码营业执照的登记制度。2015 年 10 月 1 日起，营业执照、组织机构代码和税务登记证“三证合一”，从 2016 年 10 月 1 日起正式实施“五证合一、一照一码”。

“五证合一、一照一码”登记制度是在“三证合一”工作机制及技术方案的基础上，全面实行“一套材料、一表登记、一窗受理”的工作模式，申请人办理企业注册登记时只需填写“一张表格”，向“一个窗口”提交“一套材料”。登记部门直接核发加载统一社会信用代码的营业执照，相关信息在全国企业信息公示系统公示，并归集至全国信用信息共享平台。企业不再另行办理社会保险登记证和统计登记证。

已按照“三证合一”登记模式领取加载统一社会信用代码营业执照的企业，不需要重新申请办理“五证合一”登记，由登记机关将相关登记信息发送至社会保险经办机构、统计机构。企业原证照有效期满、申请变更登记或者申请换发营业执照的，登记机关换发加载统一社会信用代码的营业执照。

“五证合一”登记制度并非取消税务登记，税务登记的法律地位仍然存在，只是政府简政放权将此环节改为由工商行政管理部门“一口受理”。核发一个加载法人和其他组织统一社会信用代码营业执照，这个营业执照在税务机关完成信息补录后具备税务登记的法律地位和作用。

新设立企业、农民专业合作社领取由工商行政管理部门核发加载法人和其他组织统一社会信用代码的营业执照后，无须再次进行税务登记，不再领取税务登记证。企业办理涉税事宜时，在完成补充信息采集后，凭加载统一代码的营业执照可代替税务登记证使用。

个体工商户实施营业执照和税务登记证“两证整合”登记制度。“两证整合”登记制度指将个体工商户登记时依次申请，分别由工商行政管理部门核发营业执照、税务部门核发税务登记证，改为一次申请、由工商行政管理部门核发一个营业执照的登记制度。该营业执照具有原营业执照和税务登记证的功能，税务部门不再发放税务登记证。工商行政管理部门赋码后，将统一社会信用代码和相关信息按规定期限回传统一代码数据库，实现工商、税务部门的个体工商户数据信息实时共享。个体工商户的电子登记档案与纸质登记档案具有同等法律效力。

（二）变更税务登记

1. 变更登记的范围

纳税人办理税务登记后，如发生下列情形之一，应当办理变更税务登记：改变名称、改变法定代表人、改变经济性质、增设或撤销分支机构、改变住所和经营地点（不涉及主管税务机关变动的）、改变生产经营或经营方式、增减注册资本、改变隶属关系、改变生产经营期限、改变开户银行和账号、改变生产经营权属以及改变其他税务登记内容。

2. 变更税务登记管理规程

（1）领取“一照一码”营业执照的企业生产经营地、财务负责人、核算方式三项信息由企业登记机关在新设时采集。在企业经营过程中，上述信息发生变化的，企业应向主管税务机关申请变更，不向工商行政部门申请变更。除上述三项信息外，企业在登记机关新设时采集的信息发生变更的，均由企业向工商行政部门申请变更。对于税务机关在后续管理中采集的其他必要涉税基础信息发生变更的，企业直接向税务机关申请变更即可。

（2）未领取“一照一码”营业执照的企业申请变更登记或者申请换发营业执照的，税务机关应告知企业在登记机关申请变更，并换发载有统一社会信用代码的营业执照。原税务登记证由企业登记机关收缴、存档。企业“财务负责人”“核算方式”“经营地址”三项信息发生变化的，应直接向税务机关申请变更。

（3）其他机关批准设立的未列入“一照一码”登记范围主体的变更事项，按照以下业务规程操作。

①纳税人税务登记内容发生变化的，应当向原税务机关申请办理变更税务登记，报送材料有“变更税务登记表”、工商营业执照原件及复印件、纳税人变更登记内容的有关证明文件原件及复印件以及税务登记证件。

②税务登记情形发生变化，但不涉及改变税务登记证件内容的纳税人，向原主管税务机关办理变更税务登记，报送材料为“变更税务登记表”、纳税人变更登记内容的有关证明文件原件及复印件。

③纳税人已在工商行政管理机关办理变更登记的，应当自工商行政管理机关变更登记之日起30日内，向原税务登记机关申报办理变更税务登记。

④纳税人按规定不需要在工商行政管理机关办理变更登记，或者其变更登记的内容与工商登记内容无关的，应当自税务登记内容实际发生变化之日起30日内，或者自其他机关批准或者宣布变更之日起30日内，到原税务登记机关申报办理变更税务登记。

（三）注销税务登记

1. 注销登记的范围

纳税人因经营期限届满而自动解散；企业由于改组、分级、合并等原因而被撤销；企业资不抵债而破产；纳税人住所、经营地址迁移而涉及改变原主管税务机关的；纳税人被工商行政管理部门吊销营业执照，以及纳税人依法终止履行纳税义务的其他情形。

2. 注销税务登记管理规程

（1）实行“五证合一、一照一码”登记的企业。先向税务主管机关申报清税，填写“清税申报表”。企业可向税务主管机关提出清税申报，税务机关受理后限时办理。清税完毕后，向纳税人出具“清税证明”，并将信息共享到交换平台。

（2）未换发“五证合一、一照一码”的企业。纳税人发生解散、破产、撤销以及其他情形，依法终止纳税义务的，应当在向工商行政管理机关或者其他机关办理注销登记前，持有关证件和资料向原税务登记机关申报办理注销税务登记；按规定不需要在工商行政管理机关或者其他机关办理注销登记的，应当自有关机关批准或者宣告终止之日起15日内，持有关证件和资料向原税务登记机关申报办理注销税务登记。

纳税人被工商行政管理机关吊销营业执照或者被其他机关予以撤销登记的，应当自营业执照被吊销或者被撤销登记之日起15日内，向原税务登记机关申报办理注销税务登记。

纳税人因住所、经营地点变动，涉及改变税务登记机关的，应当在向工商行政管理机关或者其他机关申请办理变更、注销登记前，或者住所、经营地点变动前，持有关证件和资料，向原税务登记机关申报办理注销税务登记，并自注销税务登记之日起30日内，向迁达地税务机关申报办理税务登记。

境外企业在中国境内承包建筑、安装、装配、勘探工程和提供劳务的，应当在项目完工、离开中国前15日内，持有关证件和资料，向原税务登记机关申报办理注销税务登记。

纳税人办理注销税务登记前，应当向税务机关提交相关证明文件和资料，结清应纳税款、多退（免）税款、滞纳金和罚款，缴销发票、税务登记证件和其他税务证件，经税务机关核准后，办理注销税务登记手续。

（四）停业、复业登记

实行定期定额征收方式的个体工商户需要停业的，应当在停业前向税务机关申报办理停业登记。纳税人的停业期限不得超过一年。

纳税人在申报办理停业登记时，应如实填写“停业复业报告书”，说明停业理由、停业期限、停业前的纳税情况和发票的领、用、存情况，并结清应纳税款、滞纳金、罚款。税务机关应收存其税务登记证件及副本、发票领购簿、未使用完的发票和其他税务证件。

纳税人在停业期间发生纳税义务的，应当按照税收法律、行政法规的规定申报缴纳税款。

纳税人应当于恢复生产经营之前，向税务机关申报办理复业登记，如实填写“停业复业报告书”，领回并启用税务登记证件、发票领购簿及其停业前领购的发票。

纳税人停业期满不能及时恢复生产经营的，应当在停业期满前向税务机关提出延长停业登记，并如实填写“停业复业报告书”。

（五）外出经营活动税收管理

（1）纳税人到外县（市）临时从事生产经营活动的，应当在外出生产经营以前，持税务登记证向主管税务机关申请开具“外出经营活动税收管理证明”（以下简称“外管证”）。

（2）税务机关按照一地一证的原则，核发“外管证”，“外管证”的有效期限一般为30日，最长不得超过180天。

（3）纳税人应当在“外管证”注明地进行生产经营前向当地税务机关报验登记，并提交下列证件、资料：①税务登记证件副本；②“外管证”。

纳税人在“外管证”注明地销售货物的，除提交以上证件、资料外，应如实填写“外出经营货物报验单”，申报查验货物。

（4）纳税人外出经营活动结束，应当向经营地税务机关填报“外出经营活动情况申报表”，并结清税款、缴销发票。

（5）纳税人应当在“外管证”有效期届满后10日内，持“外管证”回原税务登记地税务机关办理“外管证”缴销手续。

二、账簿、凭证的管理

账簿、凭证管理指税务机关对纳税单位的账簿和凭证进行监督管理的一项法律制度。在税收征收管理制度中占有十分重要的地位。

（一）账簿、凭证的设置

1. 设置账簿的范围

（1）从事生产、经营的纳税人应当自领取营业执照或者发生纳税义务之日起15日内，按照国家有关规定设置账簿。

（2）扣缴义务人应当自税收法律、行政法规规定的扣缴义务发生之日起10日内，按照所代扣、代收的税种，分别设置代扣代缴、代收代缴税款账簿。

（3）生产、经营规模小又确无建账能力的纳税人，可以聘请经批准从事会计代理记账业务的专业机构或者经税务机关认可的财务人员代为建账和办理账务；聘请上述机构或者人员有实际困难的，经县以上税务机关批准，可以按照税务机关的规定，建立收支凭证粘贴簿、进货销货登记簿或者使用税控装置。

2. 会计核算的要求

所有的纳税人和扣缴义务人都必须根据合法、有效的凭证进行账务处理。

纳税人、扣缴义务人会计制度健全，能够通过计算机正确、完整计算其收入和所得或者代扣代缴、代收代缴税款情况的，其计算机输出的完整的书面会计记录，可视同会计账簿。

纳税人、扣缴义务人会计制度不健全，不能通过计算机正确、完整计算其收入和所得或者代扣代缴、代收代缴税款情况的，应当建立总账及与纳税或者代扣代缴、代收代缴税款有关的其他账簿。

账簿、会计凭证和报表，应当使用中文。民族自治地方可以同时使用当地通用的一种民族文字。外商投资企业和外国企业可以同时使用一种外国文字。

（二）财务会计制度的管理

从事生产、经营的纳税人应当自领取税务登记证件之日起 15 日内，将其财务、会计制度或者财务、会计处理办法报送主管税务机关备案。纳税人使用计算机记账的，应当在使用前将会计电算化系统的会计核算软件、使用说明书及有关资料报送主管税务机关备案。纳税人建立的会计电算化系统应当符合国家有关规定，并能正确、完整核算其收入或者所得。

纳税人、扣缴义务人的财务、会计制度或者财务、会计处理办法与国务院或者国务院财政、税务主管部门有关税收的规定抵触的，依照国务院或者国务院财政、税务主管部门有关税收的规定计算应纳税款、代扣代缴和代收代缴税款。

（三）账簿、凭证的保管

账簿、记账凭证、报表、完税凭证、发票、出口凭证以及其他有关涉税资料应当合法、真实、完整。账簿、记账凭证、报表、完税凭证、发票、出口凭证以及其他有关涉税资料应当保存 15 年；但是，法律、行政法规另有规定的除外。

三、发票管理

（一）发票印制

增值税专用发票由国务院税务主管部门确定的企业印制；其他发票按照国务院税务主管部门的规定，由省、自治区、直辖市税务机关确定的企业印制。发票应当套印全国统一发票监制章。全国统一发票监制章的式样由国务院税务主管部门规定。发票监制章由省级税务机关制件。

（二）发票领购

依法办理了税务登记的单位和个人申请领购发票，应当向主管税务机关提出购票申请，提供经办人身份证明、税务登记证件，以及发票专用章的印模，经主管税务机关审核后发给发票领购簿。申请人按领购簿核准的种类、数量及购票方式领购发票。

需要临时使用发票的单位和个人，可以凭购销商品、提供或者接受服务以及从事其他经营活动的书面证明、经办人身份证明，直接向经营地税务机关申请代开发票。

临时到外省（自治区、直辖市）从事经营活动的单位和个人，可以凭本地税务机关的证明，按要求提供保证人或交纳保证金后，向经营地的主管税务机关申请领购经营地的发票。

（三）普通发票开具、使用、取得管理

普通发票开具、使用、取得的管理，应注意以下几点（增值税专用发票开具、使用、取得的管理，按增值税有关规定办理）。

（1）销货方按规定填开发票。

（2）购买方按规定索取发票。

（3）纳税人进行电子商务必须开具或取得发票。

（4）发票要全联一次填写。

（5）发票不得跨省、直辖市、自治区使用。发票限于领购单位和个人在本省、自治区、直辖市内开具。发票领购单位未经批准不得跨规定使用区域携带、邮寄、运输空白发票，禁止携带、邮寄或者运输空白发票出入境。

（6）开具发票要加盖财务印章或发票专用章。

（7）开具发票后，如发生销货退回需开红字发票的，必须收回原发票并注明“作废”字样或取得对方有效证明；发生销售折让的，在收回原发票并证明“作废”后，重新开具发票。

销售商品、提供服务以及从事其他经营活动的单位和个人，对外发生经济业务收取款项，收款方应向付款方开具发票；特殊情况下由付款方向收款方开具发票。

（四）发票的保管

开具发票的单位和个人应当建立发票使用登记制度，设置发票登记簿，并定期向主管税务机关报告发票使用情况。发票的存放和保管应当按税务机关的规定办理，不得丢失和擅自销毁。已经开具的发票存根联和发票登记簿，应当保存5年，保存期满，报经税务机关查验后可以销毁。

（五）发票的缴销管理

发票缴销是用票单位和个人按照规定向税务机关上缴已开具和未开具的发票。其管理分为以下几种情形。

（1）用票单位和个人已开具的发票存根保管期满后，向主管税务机关申请缴销。

（2）用票单位和个人发生解散、破产、撤销、合并、联营、分设、迁移等情形，

应当在申报办理变更或注销税务登记的同时，对已领购尚未开具的发票向税务机关申请缴销。

(3) 因税务机关统一换版或更换发票监制章，已超过规定的开具限期尚未开具的发票，用票单位和个人应登记造册，由税务机关缴销。

(4) 从事生产经营的纳税人、扣缴义务人有违反《中华人民共和国税收征收管理法》(以下简称《税收征管法》) 的行为，拒不接受税务机关依法处理的，税务机关可以收缴其已领购的发票。

(5) 对办理停业、歇业及认定为非正常户的纳税人，应收缴其已领购但尚未开具的发票。

四、纳税申报

纳税申报指纳税人、扣缴义务人在发生法定纳税义务后按照税法或税务机关规定的期限和内容，向主管税务机关提交有关纳税书面报告的制度。它是纳税人履行纳税义务的法定程序，是税务机关进行税务管理的一项重要制度。

(一) 纳税申报的对象

纳税申报的对象为纳税人和扣缴义务人。纳税人在纳税期内没有应纳税款的，也应当按照规定办理纳税申报。纳税人享受减税、免税待遇的，在减税、免税期间应当按照规定办理纳税申报。

(二) 纳税申报的内容

纳税申报的内容主要包括税种、税目，应纳税项目或者应代扣代缴、代收代缴税款项目，计税依据，扣除项目及标准，适用税率或者单位税额，应退税项目及税额、应减免税项目及税额，应纳税额或者应代扣代缴、代收代缴税额，税款所属期限、延期缴纳税款、欠税、滞纳金等。

(三) 纳税申报所需报送的资料

纳税人办理纳税申报时，应当如实填写纳税申报表，并根据不同的情况相应报送下列有关证件、资料。

(1) 财务会计报表及其说明材料。

(2) 与纳税有关的合同、协议书及凭证。

(3) 税控装置的电子报税资料。

(4) 外出经营活动税收管理证明和异地完税凭证。

(5) 境内或者境外公证机构出具的有关证明文件。

(6) 税务机关规定应当报送的其他有关证件、资料。

(7) 扣缴义务人办理代扣代缴、代收代缴税款报告时，应当如实填写代扣代缴、代收代缴税款报告表，并报送代扣代缴、代收代缴税款的合法凭证以及税务机关规定的其他有关证件、资料。

(四) 纳税申报的期限要求

纳税人必须依照法律、行政法规规定或者税务机关依照法律、行政法规的规定确定的申报期限、申报内容如实办理纳税申报，报送纳税申报表、财务会计报表以及税务机关根据实际需要要求纳税人报送的其他纳税资料。

扣缴义务人必须依照法律、行政法规规定或者税务机关依照法律、行政法规的规定确定的申报期限、申报内容如实报送代扣代缴、代收代缴税款报告表以及税务机关根据实际需要要求扣缴义务人报送的其他有关资料。

(五) 纳税申报的方式

纳税人、扣缴义务人可以直接到税务机关办理纳税申报或者报送代扣代缴税款报告表，也可以采取邮寄、数据电文或者其他方式办理上述申报、报送事项。

1. 直接申报

直接申报指纳税人直接到税务部门办税服务厅进行纳税申报。

2. 邮寄申报

邮寄申报指纳税人、扣缴义务人采用通过邮局寄送的方法向税务机关办理的纳税申报。

纳税人采取邮寄方式办理纳税申报的，应当使用统一的纳税申报专用信封，并以邮政部门收据作为申报凭据。邮寄申报以寄出的邮戳日期为实际申报日期。

3. 数据电文

数据电文方式指经税务机关确定的电话语音、电子数据交换和网络传输等电子方式。

纳税人采取数据电文方式办理纳税申报的，应当按照税务机关规定的期限和要求保存有关资料，并定期书面报送主管税务机关。

对实行定期定额缴纳税款的纳税人，可以实行简易申报、简并征期等申报纳税方式。

(六) 延期纳税申报

纳税人、扣缴义务人因不可抗力，不能按期办理纳税申报或者报送代扣代缴、代收代缴税款报告表的，可以延期办理；但是，应当在不可抗力情形消除后立即向税务机关报告。税务机关应当查明事实，予以核准。

五、税款征收

（一）税款征收方式

税款征收方式指税务机关根据各税种的不同特点、征纳双方的具体条件而确定的计算征收税款的方法和形式。税款征收方式主要有以下几种。

1. 查账征收

查账征收指税务机关按照纳税人提供的账表所反映的经营情况，依照适用税率计算缴纳税款的方式，适用于账簿、凭证等核算制度比较健全，能够据以如实核算生产经营情况，正确计算应纳税款的纳税人。

2. 查定征收

查定征收指由税务机关根据纳税人的从业人员、生产设备、消耗原材料等因素，在正常生产经营条件下，对其生产的应税产品查实核定产量、销售额并据以征收税款的一种方式。适用于生产规模较小、账册不健全、产品零星、税源分散的小型厂矿和作坊。

3. 查验征收

查验征收指税务机关对纳税人应税商品，通过查验数量，按市场一般销售单价计算其销售收入并据以征税的方式。适用于城乡集贸市场中的临时经营者和机场、码头等所经销商品的课税。

4. 定期定额征收

定期定额征收指对一些营业额、所得额不能准确计算的小型工商户，经过自报评议，由税务机关核定一定时期的营业额和所得税附征率，实行多税种合并征收的一种征收方式。

5. 委托代征税款

委托代征税款指税务机关委托代征人以税务机关的名义征收税款，并将税款纳入国库的方式。这种方式适用于税源零星分散、不易控管的纳税人。

6. 邮寄纳税

邮寄纳税是一种新的纳税方式。这种方式适用于那些有能力按期纳税，但采用其他方式纳税又不方便的纳税人。

7. 其他方式

如利用网络申报、用IC卡纳税等方式。

（二）税款征收制度

1. 延期纳税制度

纳税人、扣缴义务人必须在税法规定的期限内缴纳或者解缴税款。但考虑到纳税人在其履行纳税义务的过程中可能遇到特殊困难的实际情况，为了保护纳税人的合法权益，对纳税人因有特殊困难、不能按期缴纳税款的，经省、自治区、直辖市税务局批准，可以延期缴纳税款，但最长不得超过3个月。

特殊困难：一是因不可抗力导致纳税人发生较大损失、正常生产经营活动受到较大影响的；二是当期货币资金在扣除应付职工工资、社会保险费后，不足以缴纳税款的。

延期纳税应注意以下问题。

（1）延期纳税申请须在申报期之前，以书面形式提出。税务机关应当自收到申请延期缴纳税款报告之日起20日内作出批准或者不予批准的决定；不予批准的，从缴纳税款期限届满之次日起加收滞纳金。

（2）须经省、自治区、直辖区国家税务总局批准。

（3）期限最长不得超过3个月，且在一个纳税年度内同一笔税款只能申请延期缴纳一次。

（4）在批准的延长期限内，不加收滞纳金。

2. 税款的退还和追征制度

（1）税款的退还。纳税人超过应纳税额缴纳的税款，税务机关发现后当立即退还；纳税人自结算缴纳税款之日起3年内发现的，可以向税务机关要求退还多缴的税款并加算银行同期存款利息。

（2）税款的追征。因税务机关的责任，致使纳税人、扣缴义务人未缴或者少缴税款的，税务机关在3年内可以要求纳税人、扣缴义务补缴税款，但是不得加收滞纳金。

因纳税人、扣缴义务人计算错误等失误，未缴或者少缴税款的，税务机关在3年内可以追征税款、滞纳金；有特殊情况的（指数额在10万元以上），追征期可以延长到5年。

对偷税、抗税、骗税的，税务机关追征其未缴或者少缴的税款、滞纳金或者所骗取的税款，不受前款规定期限的限制。

3. 加收滞纳金

纳税人未按照规定期限缴纳税款的，扣缴义务人未按照规定期限解缴税款的，税务机关除责令限期缴纳外，从滞纳税款之日起，按日加收滞纳税款0.5‰的滞纳金。

4. 减税和免税

减税、免税是一种税收优惠，是国家根据一定时期的政治、经济和社会政策的要求而对某些纳税人给予免除部分或全部纳税义务的一种特殊措施。

办理减税、免税应注意下列事项。

（1）减税、免税必须有法律、行政法规的明确规定。

（2）纳税人申请减税、免税，应向主管税务机关提出书面申请，并按规定附送有关资料。

（3）减税、免税的申请须经法律、行政法规规定的减税、免税审查批准机关审批。

（4）纳税人在享受减税、免税待遇期间，仍应按规定办理纳税申报。

（5）纳税人享受减税、免税的条件发生变化时，应当自发生变化之日起 15 日内向税务机关报告，经税务机关审核后，停止其减税、免税；对不报告的，又不再符合减税、免税条件的，税务机关有权追回已减免的税款。

（6）减税、免税期满，纳税人应当自期满次日起恢复纳税。

（7）纳税人同时从事减免税项目与非免税项目的，应分别核算，独立计税减免项目的计税依据以及减免的额度。不能分别核算的，不能享受减免税；核算不清的，由税务机关按合理方法核定。

5. 税收保全措施

税收保全措施指税务机关在规定的纳税期之前，由于纳税人的行为或某些客观原因导致税款难以征收而采取的限制纳税人处理或者转移商品、货物或其他财产的强制措施，其目的是保证国家税款的及时、足额入库。

税务机关有根据认为从事生产、经营的纳税人有逃避纳税义务行为的，可以在规定的纳税期之前，责令限期缴纳税款；在限期内发现纳税人有明显的转移、隐匿其应纳税的商品、货物以及其他财产迹象的，税务机关应责令其提供纳税担保。如果纳税人不能提供纳税担保，经县以上税务局（分局）局长批准，税务机关可以采取下列税收保全措施。

（1）书面通知纳税人开户银行或者其他金融机构冻结纳税人的金额相当于应纳税款的存款。

（2）扣押、查封纳税人的价值相当于应纳税款的商品、货物或其他财产。

纳税人在规定的期限内已缴纳了税款，税务机关必须立即解除税收保全措施。如果因税务机关采取税收保全措施不当而给纳税人造成实际损失的，税务机关应负赔偿责任。个人及其所扶养家属维持生活必需的住房和用品，不在税收保全措施的范围之内。

6. 税收强制执行措施

税收强制执行措施指纳税人、扣缴义务人、纳税担保人等税收管理相对人在规定的期限内未履行法定义务，税务机关采取法定的强制手段，强迫其履行义务的行为。

从事生产、经营的纳税人、扣缴义务人未按照规定的期限缴纳或者解缴税款，纳税担保人未按照规定的期限缴纳所担保的税款，由税务机关责令限期缴纳，逾期仍未缴纳的，经县以上税务局（分局）局长批准，税务机关可以采取下列强制执行措施。

（1）书面通知其开户银行或者其他金融机构从其存款中扣缴税款。

（2）扣押、查封、依法拍卖或者变卖其价值相当于应纳税款的商品、货物或者其他财产，以拍卖或者变卖所得抵缴税款。

税务机关采取强制执行措施时，对上款所列纳税人、扣缴义务人、纳税担保人未缴纳的滞纳金同时强制执行。

个人及其所扶养家属维持生活必需的住房和用品，不在强制执行措施的范围之内。

六、法律责任

（一）违反税务管理基本规定行为的处罚

（1）根据《税收征管法》第六十条和《中华人民共和国税收征收管理法实施细则》第九十条的规定，纳税人有下列行为之一的，由税务机关责令限期改正，可以处2 000元以下的罚款；情节严重的、处2 000元以上10 000元以下的罚款。

①未按照规定的期限申报办理税务登记、变更或者注销登记的；

②未按照规定设置、保管账簿或者保管记账凭证和有关资料的；

③未按照规定将财务、会计制度或者财务、会计处理办法和会计核算软件报送税务机关备查的；

④未按照规定将其全部银行账号向税务机关报告的；

⑤未按照规定安装、使用税控装置，或者损毁或擅自改动税控装置的；

⑥纳税人未按照规定办理税务登记证件验证或者换证手续的。

（2）纳税人不办理税务登记的，由税务机关责令限期改正；逾期不改正的，经税务机关提请由工商行政管理机关吊销其营业执照。

（3）纳税人通过提供虚假的证明资料等手段，骗取税务登记的，处2 000元以下的罚款；情节严重的，处2 000元以上10 000元以下的罚款。纳税人涉嫌其他违法行为的，按有关法律、行政法规的规定处理。

（4）扣缴义务人未按规定办理扣缴税款登记的，税务机关应当自发现之日起3日内责令其限期改正，并可处以1 000元以下的罚款。

（5）纳税人未按照规定使用税务登记证件，或者转借、涂改、损毁、买卖、伪造税务登记证件的，处2 000元以上10 000元以下的罚款；情节严重的，处10 000元以上50 000元以下的罚款。

（二）扣缴义务人违反账簿、凭证管理的处罚

《税收征管法》第六十一条规定："扣缴义务人未按照规定设置、保管代扣代缴、代收代缴税款账簿或者保管代扣代缴、代收代缴税款记账凭证及有关资料的，由税务机关责令限期改正，可以处2 000元以下的罚款；情节严重的，处2 000元以上5 000元以下的罚款。"

（三）纳税人、扣缴义务人未按规定进行纳税申报的法律责任

《税收征管法》第六十二条规定："纳税人未按照规定的期限办理纳税申报和报送

纳税资料的，或者扣缴义务人未按照规定的期限向税务机关报送代扣代缴、代收代缴税款报告表和有关资料的，由税务机关责令限期改正，可以处 2 000 元以下的罚款；情节严重的，可以处 2 000 元以上 10 000 元以下的罚款。”

（四）对偷税的认定及其法律责任

(1)《税收征管法》第六十三条规定：“纳税人伪造、变造、隐匿、擅自销毁账簿、记账凭证，或者在账簿上多列支出或者不列、少列收入，或者经税务机关通知申报而拒不申报或者进行虚假的纳税申报，不缴或者少缴应纳税款的，是偷税。对纳税人偷税的，由税务机关追缴其不缴或者少缴的税款、滞纳金、并处不缴或者少缴的税款 50% 以上 5 倍以下的罚款；构成犯罪的，依法追究刑事责任。

“扣缴义务人采取前款所列手段，不缴或者少缴已扣、已收税款，由税务机关追缴其不缴或者少缴的税款、滞纳金，并处不缴或者少缴的税款 50% 以上 5 倍以下的罚款；构成犯罪的，依法追究刑事责任。”

(2)《中华人民共和国刑法》（以下简称《刑法》）第二百零一条规定：“纳税人采取欺骗、隐瞒手段进行虚假纳税申报或者不申报，逃避缴纳税款数额较大且占应纳税额 10% 以上的，处 3 年以下有期徒刑或者拘役，并处罚金；数额巨大且占应纳税额 30% 以上的，处 3 年以上 7 年以下有期徒刑，并处罚金。

“扣缴义务人采取前款所列手段，不缴或者少缴已扣、已收税款，数额较大的，依照前款的规定处罚。

“对多次实施前两款行为，未经处理的，按照累计数额计算。

“有第一款行为，经税务机关依法下达追缴通知后，补缴应纳税款，缴纳滞纳金，已受行政处罚的，不予追究刑事责任；但是，5 年内因逃避缴纳税款受过刑事处罚或者被税务机关给予两次以上行政处罚的除外。”

（五）进行虚假申报或不进行申报行为的法律责任

《税收征管法》第六十四条规定：“纳税人、扣缴义务人编造虚假计税依据的，由税务机关责令限期改正，并处 5 万元以下的罚款。

“纳税人不进行纳税申报，不缴或者少缴应纳税款的，由税务机关追缴其不缴或者少缴的税款、滞纳金，并处不缴或者少缴税款 50% 以上 5 倍以下的罚款。”

（六）逃避追缴欠税的法律责任

《税收征管法》第六十五条规定：“纳税人欠缴应纳税款，采取转移或者隐匿财产的手段，妨碍税务机关追缴欠缴的税款的，由税务机关追缴欠缴的税款、滞纳金，并处欠缴税款 50% 以上 5 倍以下的罚款；构成犯罪的，依法追究刑事责任。”

《刑法》第二百零三条规定：“纳税人欠缴应纳税款，采取转移或者隐匿财产的手段，致使税务机关无法追缴欠缴的税款，数额在1万元以上不满10万元的，处3年以下有期徒刑或者拘役，并处或者单处欠缴税款1倍以上5倍以下罚金；数额在10万元以上的，处3年以上7年以下有期徒刑，并处欠缴税款1倍以上5倍以下罚金。"

（七）骗取出口退税的法律责任

《税收征管法》第六十六条规定："以假报出口或者其他欺骗手段，骗取国家出口退税款的，由税务机关追缴其骗取的退税款，并处骗取税款1倍以上5倍以下的罚款；构成犯罪的，依法追究刑事责任。"

对骗取国家出口退税款的，税务机关可以在规定期间内停止为其办理出口退税。

《刑法》第二百零四条规定："以假报出口或者其他欺骗手段，骗取国家出口退税款，数额较大的，处5年以下有期徒刑或者拘役，并处骗取税款1倍以上5倍以下罚金；数额巨大或者有其他严重情节的，处5年以上10年以下有期徒刑，并处骗取税款1倍以上5倍以下罚金；数额特别巨大或者有其他特别严重情节的，处10年以上有期徒刑或者无期徒刑，并处骗取税款1倍以上5倍以下罚金或者没收财产。"

（八）抗税的法律责任

《税收征管法》第六十七条规定："以暴力、威胁方法拒不缴纳税款的，是抗税，除由税务机关追缴其拒缴的税款、滞纳金外，依法追究刑事责任。情节轻微，未构成犯罪的，由税务机关追缴其拒缴的税款、滞纳金，并处拒缴税款1倍以上5倍以下的罚金。"

《刑法》第二百零二条规定："以暴力、威胁方法拒不缴纳税款的，处3年以下有期徒刑或者拘役，并处拒缴税款1倍以上5倍以下罚金；情节严重的，处3年以上7年以下有期徒刑，并处拒缴税款1倍以上5倍以下罚金。"

（九）在规定期限内不缴或者少缴税款的法律责任

《税收征管法》第六十八条规定："纳税人、扣缴义务人在规定期限内不缴或者少缴应纳或者应解缴的税款，经税务机关责令限期缴纳，逾期仍未缴纳的，税务机关除依照本法第四十条规定采取强制执行措施追缴其不缴或者少缴的税款外，可以处不缴或者少缴税款50%以上5倍以下的罚款。"

（十）扣缴义务人不履行扣缴义务的法律责任

《税收征管法》第六十九条规定："扣缴义务人应扣未扣、应收而不收税款的，由税务机关向纳税人追缴税款，对扣缴义务人处应扣未扣、应收未收税款50%以上3倍以下的罚款。"

（十一）不配合税务机关依法检查的法律责任

（1）《税收征管法》第七十条规定："纳税人、扣缴义务人逃避、拒绝或者以其他方式阻挠税务机关检查的，由税务机关责令改正，可以处1万元以下的罚款；情节严重的，处1万元以上5万元以下的罚款。"

逃避、拒绝或者以其他方式阻挠税务机关检查的情形。

①提供虚假资料，不如实反映情况，或者拒绝提供有关资料的；

②拒绝或者阻止税务机关记录、录音、录像、照相和复制与案件有关的情况和资料的；

③在检查期间，纳税人、扣缴义务人转移、隐匿、销毁有关资料的；

④有不依法接受税务检查的其他情形的。

（2）税务机关依照《税收征管法》第五十四条第（五）项的规定，到车站、码头、机场、邮政企业及其分支机构检查纳税人有关情况时，有关单位拒绝的，由税务机关责令改正，可以处1万元以下的罚款；情节严重的，处1万元以上5万元以下的罚款。

（十二）非法印制发票的法律责任

（1）《税收征管法》第七十一条规定："违反本法第二十二条规定，非法印制发票的，由税务机关销毁非法印制的发票，没收违法所得和作案工具，并处1万元以上5万元以下的罚款；构成犯罪的，依法追究刑事责任。"

（2）《刑法》第二百零六条规定："伪造或者出售伪造的增值税专用发票的，处3年以下有期徒刑、拘役或者管制，并处2万元以上20万元以下罚金；数量较大或者有其他严重情节的，处3年以上10年以下有期徒刑，并处5万元以上50万元以下罚金；数量巨大或者有其他特别严重情节的，处10年以上有期徒刑或者无期徒刑，并处5万元以上50万元以下罚金或者没收财产。

"单位犯本条规定之罪的，对单位判处罚金，并对其直接负责的主管人员和其他直接责任人员，处3年以下有期徒刑、拘役或者管制；数量较大或者有其他严重情节的，处3年以上10年以下有期徒刑；数量巨大或者有其他特别严重情节的，处10年以上有期徒刑或者无期徒刑。"

（3）《刑法》第二百零九条规定："伪造、擅自制造或者出售伪造、擅自制造的可以用于骗取出口退税、抵扣税款的其他发票的，处3年以下有期徒刑、拘役或者管制，并处2万元以上20万元以下罚金；数量巨大的，处3年以上7年以下有期徒刑，并处5万元以上50万元以下罚金；数量特别巨大的，处7年以上有期徒刑，并处5万元以上50万元以下罚金或者没收财产。

"伪造、擅自制造或者出售伪造、擅自制造的前款规定以外的其他发票的，处2年以下有期徒刑、拘役或者管制，并处或者单处1万元以上5万元以下罚金；情节严重的，处2年以上7年以下有期徒刑，并处5万元以上50万元以下罚金。”

（4）非法印制、转借、倒卖、变造或者伪造完税凭证的，由税务机关责令改正，处2000元以上1万元以下的罚款；情节严重的，处1万元以上5万元以下的罚款；构成犯罪的，依法追究刑事责任。

（十三）有税收违法行为而拒不接受税务机关处理的法律责任

《税收征管法》第七十二条规定：“从事生产、经营的纳税人、扣缴义务人有本法规定的税收违法行为，拒不接受税务机关处理的，税务机关可以收缴其发票或者停止向其发售发票。”

任务三　税务会计概述

一、税务会计的性质

（一）税务会计的概念

税务会计是以国家现行税收法律法规为依据，以货币为主要计量单位，运用会计的专门方法，对纳税人税基的形成、税款的计算与申报和缴纳等涉税活动所引起的资金运动过程和结果，进行连续、系统、全面地反映、核算和监督的专门会计。

（二）税务会计的对象

税务会计对象指其核算和监督的内容。企业在生产经营过程中能以货币计量的税务活动都是税务会计对象。主要包括以下内容。

1. 税基的确定

税基是课税基础。包括两层含义：一是计税基础，如流转税的计税基础是流转额，所得税的计税基础是所得额，财产税的计税基础是财产额等；二是计税依据，既有从价（销售额）计征，又有从量（销售数量）计征。

2. 税款的计算与核算

每一税种应纳税额的计算是税务会计的基本内容。它要求企业在按税法规定正确确认税基的基础上，准确计算应纳税额，并作相应的会计处理。

3. 税款的缴纳，退补与减免

准确计算税额后，应按税法规定的纳税期限、纳税时间、纳税环节和纳税地点的要求，及时进行纳税申报及税款缴纳，并作相应的会计处理。退税、补税、减税、免税都是企业税务活动中的特殊事项，体现了我国税收政策的灵活性和税收杠杆的调节作用，应按规定执行，对其过程与结果应及时进行会计处理。

4. 税收滞纳金与罚款、罚金

企业因逾期缴纳税款或违反税法规定而支付的各种税收滞纳金与罚款、罚金，也属于税务会计对象，应该如实记录和反映。

（三）税务会计的职能

税务会计是会计学的一个分支，其基本职能与一般会计职能相同，主要是核算和监督两大职能。

1. 核算职能

核算职能指根据国家的税收法规、企业会计准则等，全面、系统地记录和核算企业生产经营活动中的税务活动，即税务资金的形成、计算、缴纳、退免等，为国家组织税收提供可靠的依据。

2. 监督职能

监督职能指根据国家的税收法律、政策、规章等，通过一系列核算方法，监督企业税款的形成、计算和解缴情况，监督企业的收益分配，实现税收杠杆的经济调节作用。

二、税务会计的目标、特点和原则

（一）税务会计的目标

税务会计的目标指税务会计工作所要达到的最终目的。税务会计最终是向税务会计信息使用者提供有助于税务决策的会计信息。其使用者是税务征管机关、投资人、经营者等，具体为以下三方面。

1. 依法纳税，认真履行纳税人的义务

税务会计是以国家的现行税法为依据，在财务会计有关资料的基础上，正确进行与税款形成、计算、申报、缴纳有关的会计处理和调整计算，正确及时地填报有关的纳税报表，及时、足额缴纳各种税款，为税务机关及时提供真实的税务会计信息。

2. 正确进行税务会计处理，科学协调与财务会计的关系

税务会计既是以现行税法为准绳，又要按企业会计准则做调整处理，它与财务会计是相互补充、相互依存的关系。财务会计要符合会计准则要求，要保持其稳定性和规范性，税务会计要保持其依法性。两者作为企业会计的重要组成部分，只有相互协调，才能完成各自的具体目标，才能为企业共同的目标服务。

3. 合理选择纳税方案，有效进行税务筹划

财务会计要为投资者、债权人、经营者服务，税务会计同样也要为投资人、经营者服务。但税务会计仅涉及与企业纳税有关的特定领域。在这个领域，要服从企业生产经营的总目标，就是减负增效。在其他各项收入、成本、费用不变的前提下，企业税负与企业盈利呈反比。因此，税务会计的总目标是如何选择税负较轻的纳税方案。在企业经营的各个环节，事先进行税负的测算，选择税负最轻的决策，事后进行税负分析等。通过合理而科学的筹划，降低企业税负。

（二）税务会计的特点

1. 法律性

税务会计以国家现行税收法规为准绳，这是其区别于其他专业会计的一个最重要的特点。企业会计准则规定，对某些会计事项，财务会计可以根据企业生产、经营需要进行会计政策选择。而税务会计则必须遵守国家现行税收法规，企业发生的各种税务活动必须按照税法开征的税种，按照规定的课税对象和适用的税率计算税款，按照法定的程序申报和缴纳税款，这充分体现了税务会计的法律性。

2. 广泛性

按税法规定，所有法人和自然人都可能是纳税义务人。由于法定纳税人的广泛性，决定了税务会计的广泛性。一般企业的财务会计严格执行企业的会计准则，为了纳税的需要，还应设置税务会计；在实际工作中，小型企业则只有以税法为导向的会计，它实际上是税务会计，而不能称为财务会计。

3. 统一性

由于税务会计是融会计和税收法规于一体的会计，税法的统一性决定了税务会计的统一性。这就是说，同一种税对不同企业（纳税人）的规定都是一样的，因此其税务会计处理也是统一的。而财务会计在会计准则的范围内，可以根据企业的具体情况，进行会计政策选择，允许企业判断。当然在统一的前提下，税务会计也不排除特殊情况的灵活性，如减免税规定、个体工商业户因条件限制确实无力建账的经批准可暂免建账等。

4. 协调性

因税务会计是从财务会计中分离出来的，对财务会计的确认、计量、记录和报告的事项及其结果，只要与税法规定不相违背，就可以直接采用，只有对不符合税法规定者，才进行纳税调整，即进行税务会计处理，使之符合税法的要求。因此，税务会计是对财务会计的调整，两者具有协调性。

5. 筹划性

企业通过税务会计履行纳税义务，同时还应体现纳税人的权利，减轻税负，努力实现企业的财务目标。为此，税务会计在不违背税法的前提下，通过对税务活动的事先筹划，巧妙安排会计事项，合理选择会计政策。

（三）税务会计的原则

1. 遵从税法原则

纳税会计在核算和监督企业的纳税活动时，必须以税法为依据，严格遵守税收法律法规的相关规定，正确确定计税依据，准确计算应纳税额，及时上缴税款，严格履行纳税义务。同时，纳税人还必须依照税收征收管理法的要求进行税务登记，建立、健全账簿凭证管理制度，严格按照规定使用发票、及时进行纳税申报。

2. 慎用谨慎性原则

谨慎性原则指企业在处理经济业务时应保持谨慎的态度，以达到规避风险的目的。该原则一般在安排税务计划时运用。为了保证国家的财政收入，税法很少运用该原则，一般不允许纳税人像财务会计那样预计未来费用，只有在有客观证据表明费用已经发生的情况下才能扣除。在企业税收实务中，处理可以预见的损失费用、不确定的收入或收益时，必须慎用谨慎性原则。

3. 纳税筹划原则

纳税筹划指纳税人为了达到减轻税收负担和实现税收零风险的目的，在税法所允许的范围内，对企业的经营、投资、理财、组织、交易等各项活动进行事先安排的过程。企业的税务会计在提供准确的纳税资料和信息的同时，要深刻理解税法的精神，认真学习税收法律法规，积极研究纳税筹划，以获得经济利益最大化。

4. 接受监督检查原则

企业税务工作的办理直接关系着国家的财政收入，企业税收实务工作资料的真实性必须接受税务机关的监督检查，以便及时堵塞漏洞，保证企业应纳税款及时、足额入库。任何违反税收法律的行为，都将受到处罚。

（四）税务会计与财务会计的关系

1. 联系

税务会计作为企业一个特定岗位，其会计工作并非独立存在，而是以财务会计为基础，是会计中的税务。税务会计既不要求企业在财务会计的凭证、报表、账簿之外另设一套会计账表，也不需要独立设置税务会计机构。企业只需要设置一套完整的会计账表，平时只需按企业会计准则作会计处理，需要时按现行税法调整。所以，税务会计的资料来源于财务会计。其在计量单位、使用文字、通用的会计原则等方面，税务会计与财务会计一致。

2. 区别

税务会计与财务会计除了目标不同、对象不同外，主要有以下区别。

（1）核算基础和处理依据不同。税收原则与会计准则存在某些差异，其中最主要的差别在于收益实现的时间和费用的可扣除性方面。税务会计确认应税收入、准予扣除成本费用等统一按税法规定执行，对税收收益的核算基础是收付实现制与权责发生制的结合，是修正的权责发生制。财务会计对于收入、成本费用的核算基础是权责发生制，遵循具体会计准则处理各类经济业务。

(2) 计算损益的程序不同。税务会计根据年度应收收入与准予扣除项目金额相抵计算企业的应税所得，其依据是企业所得税法规。财务会计根据收入与费用相抵后的差额计算企业的损益（即会计利润）。实际工作中，税务会计通常在企业确定会计利润的基础上，按税法规定调整为企业的应税所得。当财务会计的核算结果与税务会计不一致时，财务会计的核算应服从于税务会计的核算，符合税法的要求。

三、税务会计核算方法

税务会计核算方法是对企业缴纳税款的形成、计算和缴纳过程的经济业务进行连续、系统、完整地记录和计算，提供纳税信息所应用的方法。

（一）主要会计账户的设置

企业应设置“应交税费”“税金及附加”等账户进行涉税经济业务的会计核算。此外，还应根据所涉税种的具体业务，设置“所得税费用”“在建工程”“固定资产”等对应账户。

1. 应交税费

本账户属于负债类账户，核算企业按照税法规定计算应缴纳的各种税费，该账户按应缴纳的税费种类进行明细核算。企业按照税法规定计算的各种应交税费记在贷方；企业实际缴纳的各项税费记在借方。本账户期末若为贷方余额，反映企业应缴而尚未缴纳的税费；期末若为借方余额，反映企业多交或尚未抵扣的税费。

企业代扣代缴的个人所得税，也通过本账户核算。

2. 税金及附加

本账户属于损益类账户，核算企业从事相关业务活动发生的按规定计算并确认应缴纳的消费税、关税、城市维护建设税、教育费附加、资源税等相关税费。

企业计提或计算应缴相关税费时，应分税种计入有关账户。如表 1 –1 所示。

表 1 –1　　各税种税额计算与确认的对应账户

会计账户	对应税种
税金及附加	消费税、关税、资源税、城市维护建设税、教育费附加、印花税、土地增值税、城镇土地使用税、房产税、车船税
所得税费用	企业所得税

续　表

会计账户	对应税种
应付职工薪酬	个人所得税
在建工程	耕地占用税
固定资产	契税、车辆购置税
固定资产清理	土地增值税

（二）相关核算依据

1. 发票

纳税人发生税务活动时取得或开具的发票。如购进（或销售）货物或服务时取得（或开具）的增值税专用发票或普通发票。

2. 完税凭证

税款是由纳税人直接缴纳的，其完税凭证是税务机关填发的“税收缴款书”，企业缴税后，以加盖收款专用章的“收据联”所载金额，作为完成纳税义务和账务处理的依据。纳税人采用电子缴税方式的，以开户行领取的“电子缴税付款凭证”作为完税单据，进行会计核算。进出口货物，应当缴纳关税的，以“海关进（出）口关税专用缴款书”作为进出口纳税人的完税凭证，进行会计处理。

项目二 增值税纳税实务

学习任务

熟悉增值税的相关法规及条例；掌握一般纳税人应纳税额的计算、会计处理和增值税纳税申报。

任务导入

A 公司是从事生产加工并销售各种汽车配件的小规模纳税人，2019 年年销售额为 804 万元，2020 年 1 月该公司接到主管税务机关的通知，要求该企业登记为一般纳税人，否则将按销售额的13%计算征收增值税，而且不得使用增值税专用发票，不得抵扣进项税额。该公司怎样才能成为一般纳税人，成为一般纳税人后如何使用发票？如何计算应纳增值税额？如何进行纳税申报？

任务一 认识增值税

一、增值税的概念

增值税是以单位和个人生产经营过程中取得的增值额作为课税对象而征收的一种流转税。1954 年法国首次确立并开征增值税，由于增值税征税范围广泛，计税合理，能显著增加财政收入，很快流行世界各国。我国于 1979 年开始选择部分城市对农业机具、机械等行业进行增值税的试点，并于 1983 年在全国的国营和集体工业企业中试行。1984 年改革税制，把增值税从原来的工商税分离出来，独立设置税种，并逐步扩大征收范围，我国正式建立增值税制度。经过近 10 年的完善，1993 年 12 月 13 日国务院颁布《中华人民共和国增值税暂行条例》（以下简称《增值税暂行条例》）构建起生产型增值税体系。2009 年 1 月 1 日起，全国推行增值税转型改革，将生产型增值税转为消费型增值税。2012 年在上海试点营业税改征增值税工作，并逐步将试点扩展到全国。2016 年 5 月 1 日起，在全国范围内全面推开营业税改征增值税试点。

所谓增值额，就是劳动者在生产过程中新创造的那一部分价值额，也就是企业或其他经营者从事生产经营（或提供劳务）在购入的商品（或取得的劳务）的价值额基础上新增加的价值额。具体可以从以下几个方面来理解。

（1）从理论上讲，增值额相当于产品总价值中 $C+V+M$ 中的 $V+M$ 部分。V 是劳动者必要劳动为自己所创造的价值，M 是劳动者剩余劳动为社会所创造的剩余价值。因此，劳动者在生产过程中新创造的价值为 $V+M$，在增值税中称为增值额。

（2）就某一个生产经营单位而言，增值额相当于该单位销售货物或提供劳务的收入额扣除为生产经营这种货物或劳务而外购的那部分货物价款后的余额。

（3）就货物生产经营的全过程而言，增值额相当于该货物最终实现销售时的销售价格，即相当于该货物从生产到最终销售各个生产经营环节增值额之和。这也是将增值税归属于流转税的根本原因。

表 2－1　某商品最后销售价格与各生产流通环节增值额的关系　单位：元

生产流通环节	销售额	环节增值额	累计增值额
原材料生产环节	200	200	200
产成品加工环节	450	250	450
商业批发环节	650	200	650
商业零售环节	800	150	800
合计	2 100	800	2 100

从表 2－1 可以看出，该货物各个生产经营环节的销售额，与各个环节累计增值额相等，最后销售额与所有经营环节的增值额总和相等。

（4）从税收实践上分析，增值额则体现为法定的增值额。所谓法定增值额，指各国政府根据各国的国情、政策要求，在增值税制度中人为确定的增值额。也就是说，国家可以根据需要通过税法规定在购进的项目中，允许扣除什么而不允许扣除什么。因此，法定增值额就是货物或劳务收入额扣除税法规定允许扣除的项目金额之后的差额。法定增值额可以等于理论上的增值额，也可以大于或小于理论上的增值额。造成两者不一致的原因主要是各国税法对规定扣除项目范围不同，尤其对外购固定资产的处理办法不同。因此，增值税是以法定增值额为计税依据征收的一种税。

二、增值税的类型

实行增值税的国家，对企业购入固定资产的已纳税金是否允许扣除，以及如何扣除，政策不一，在处理上也不尽相同，由此产生了三种不同类型的增值税。

（一）生产型增值税

生产型增值税，指计算增值税时不允许扣除任何外购固定资产价值额。就整个社会来说，由于增值税允许抵扣的范围只限于原材料等劳动对象，所以实际的征税对象相当于固定资产和各种消费品的生产总值，即国民生产总值，所以称为生产型增值税。这种类型的增值税虽然不利于鼓励投资，但可以保证财政收入。

（二）收入型增值税

收入型增值税，指对购置用于生产的固定资产，在以后的使用过程中，只允许扣除固定资产已提取的折旧价值额部分。就整个社会来说，征税对象相当于社会产品扣除补偿消耗的生产资料以后的余额，即国民收入，所以称为收入型增值税。

（三）消费型增值税

消费型增值税，指允许将外购的用于生产的固定资产价值额在购入的当期一次性全部扣除。这些固定资产虽然在以前经营环节已经征过税，但是，当购入作为“资本资产”使用时，允许将其已纳税金扣除，实际上对这部分的商品是不征税的。所以，就整个社会来说，征税对象仅限于消费资料，对生产资料不征税，所以称为消费型增值税。

一般来说，经济发达的国家为了鼓励投资，加速固定资产更新，一般采用消费型增值税或收入型增值税；而发展中国家一般采用生产型增值税。我国是发展中的社会主义国家，在当初的税制改革中一方面出于稳定国家财政收入的需要，另一方面考虑到抑制投资膨胀，因此选择了生产型增值税。但是生产型增值税不允许企业抵扣购进固定资产的进项税额，存在重复征税问题，制约了企业技术改进的积极性。为了进一步消除重复征税因素，降低企业设备投资税收负担，鼓励企业技术进步和促进产业结构调整，我国从 2009 年 1 月 1 日起，在全国推行增值税转型改革，由生产型增值税改为消费型增值税。

三、增值税的纳税人

（一）增值税纳税人的基本规定

凡在我国境内销售货物、劳务、服务、无形资产或者不动产，以及进口货物的单位和个人，为增值税的纳税人。

单位，指企业、行政单位、事业单位、军事单位、社会团体及其他单位。个人，指个体工商户及其他个人。

单位租赁或者承包给其他单位或者个人经营的，以承租人或者承包人为纳税人。

境外的单位或个人在境内提供应税劳务而境内未设有经营机构的，其应纳税款以其境内代理人为扣缴义务人；在境内没有代理人的，以购买方为扣缴义务人。

（二）增值税纳税人的分类

由于增值税实行凭专用发票抵扣税款的制度，必然要求纳税人具备健全的会计核算制度和能力。在实际经济生活中，我国增值税纳税人众多，会计核算水平差异较大，大量的小企业和个人还不具备用发票抵扣税款的条件，为了简化增值税计算和征收，减少税收征管漏洞，将增值税纳税人按会计核算水平和经营规模分为一般纳税人和小规模纳税人两类，分别采用不同的增值税计税方法。

1. 小规模纳税人

小规模纳税人是指年销售额在规定标准以下，并且会计核算不健全，不能按规定报送有关税务资料的增值税纳税人。

会计核算不健全是指不能正确核算增值税的销项税额、进项税额和应纳税额。

年应税销售额是指纳税人在连续不超过 12 个月或 4 个季度的经营期内累计应征增值税销售额，包括纳税申报销售额、稽查查补销售额、纳税调整销售额。

销售服务、无形资产或者不动产有扣除项目的纳税人，其年应税销售额按未扣除之前的销售额计算。纳税人偶然发生的销售无形资产、转让不动产的销售额，不计入年应税销售额。

小规模纳税人的认定标准有以下四方面。

（1）年应征增值税销售额 500 万元及以下。

（2）年应税销售额超过小规模纳税人标准的其他个人，按小规模纳税人纳税。

（3）年应税销售额超过规定标准但不经常发生应税行为的单位和个体工商户，可选择按小规模纳税人纳税。

（4）非企业性单位、不经常发生应税行为的企业，可选择按小规模纳税人纳税。

小规模纳税人实行简易办法征收增值税。

小规模纳税人在年应税销售额超过规定标准的月份（或季度）的所属申报期结束后 15 日内按照规定办理相关手续；未按规定时限办理的，主管税务机关应当在规定期限结束后 5 日内制作“税务事项通知书”，告知纳税人应当在 5 日内向主管税务机关办理相关手续；逾期仍不办理的，次月起按销售额依照增值税税率计算应纳税额，不得抵扣进项税额。

2. 一般纳税人

一般纳税人是指年应税销售额超过小规模纳税人标准的企业或企业性单位。

一般纳税人的认定标准有以下两方面。

（1）年应税销售额超过小规模纳税人标准的企业和企业性单位，应当向主管税务机关办理一般纳税人登记。

（2）年应税销售额未超过规定标准的纳税人，如果会计核算健全，并能够提供准确税务资料的，可以向主管税务机关办理一般纳税人资格登记，成为一般纳税人。

会计核算健全，指能够按照国家统一的会计制度规定设置账簿，根据合法、有效凭证核算。

四、增值税的征税范围

根据《增值税暂行条例》等法律法规的规定，我们将增值税的征税范围分为一般规定和特殊规定。

（一）征税范围的一般规定

1. 销售货物

销售货物是指有偿转让货物的所有权，包括从购买方收取货币、货物或其他经济利益。货物是指有形动产，包括电力、热力、气体。

2. 销售劳务

劳务是加工和修理修配劳务。加工是指受托加工货物，即委托方提供原料及主要材料，受托方按照委托方的要求制造货物并收取加工费的业务；修理修配是指受托对损伤和丧失功能的货物进行修复，使其恢复原状和功能的业务。

提供加工、修理修配劳务是指有偿提供加工、修理修配劳务，但单位或者个体工商户聘用的员工为本单位或者雇主提供加工、修理修配劳务，不包括在内。

3. 销售服务

销售服务，指提供交通运输服务、邮政服务、电信服务、建筑服务、金融服务、现代服务、生活服务。

（1）交通运输服务，指利用交通运输工具将货物或者旅客送达目的地，使其空间位置得到转移的业务活动。交通运输服务包括陆路运输服务、水路运输服务、航空运输服务和管道运输服务。

①陆路运输服务是指通过陆路（地上或地下）运送货物或旅客的运输业务，包括铁路运输、公路运输、缆车运输、索道运输、地铁运输、城市轻轨运输等。

出租车公司向使用本公司自有出租车的出租车司机收取的管理费用，按陆路运输服务征收增值税。

②水路运输服务是指通过江、河、湖、川等天然、人工水道或海洋航道运送货物或旅客的运输业务活动。

水路运输的程租、期租业务，属于水路运输服务。

程租业务，指运输企业为租船人完成某一特定航次的运输任务并收取租赁费的业务。

期租业务，指运输企业将配备有操作人员的船舶承租给他人使用一定期间，承租期内听候承租方调遣，不论是否经营，均按天向承租方收取租赁费，发生的固定费用均由船东负担的业务。

③航空运输服务是指通过空中航空线运送货物或者旅客的运输业务活动。航天运输服务按照航空运输服务征收增值税。

航空运输的湿租业务属于航空运输服务。

湿租业务，指航空运输企业将配备有机组人员的飞机承租给他人使用一定期限，承租期内听候承租方调遣，不论是否经营，均按一定标准向承租方收取租赁费，发生的固定费用均由承租方承担的业务。

④管道运输服务是指通过管道设施输送气体、液体、固体物资的运输业务活动。

无运输工具承运业务，按照交通运输服务缴纳增值税。无运输工具承运业务，指经营者以承运人身份与托运人签订运输服务合同，收取运费并承担承运人责任，然后委托实际承运人完成运输服务的经营活动。

（2）邮政服务。邮政服务，指中国邮政集团公司及所属邮政企业提供邮件寄递、邮政汇兑和机要通信等邮政基本业务活动。邮政服务包括邮政普通服务、邮政特殊服务和其他邮政服务。

①邮政普遍服务是指函件、包裹等邮件寄递，以及邮票发行、报刊发行和邮政汇兑等业务活动。

②邮政特殊服务是指义务兵平常信函、机要通信、盲人读物和革命烈士遗物的寄递等业务活动。

③其他邮政服务是指邮册等邮品销售、邮政代理等业务活动。

（3）电信服务。电信服务是指利用有线、无线的电磁系统或者光电系统等各种通信网络资源，提供语音通话服务，传送、发射、接收或者应用图像、短信等电子数据和信息的业务活动。包括基础电信服务和增值电信服务。

①基础电信服务是指利用固网、移动网、卫星、互联网提供语音通话服务以及出租出售宽带、波长等网络元素的业务活动。

②增值电信服务是指利用固网、移动网、卫星、互联网、有线电视网络，提供短信、彩信、电子数据和信息传输及应用服务、互联网接入服务等业务活动。

（4）建筑服务。建筑服务是指各类建筑物、构造物及其附属设施的建造、修缮、装饰、线路、管道、设备、设施等的安装以及其他工程作业的业务活动。建筑服务包括工程服务、安装服务、修缮服务、装饰服务和其他建筑服务。

①工程服务是指新建、改建、扩建各种建筑物、构筑物的工程作业，包括与建筑物相连的各种设备或支柱、操作平台的安装或装设工程作业，以及各种窑炉和金属结构工程作业。

②安装服务是指生产设备、动力设备、起重设备、运输设备、传动设备、医疗实验设备及其他各种设备、设施的装配、安置工程作业，包括与被安装设备相连的工作台、梯子、栏杆的装设工程作业和被安装设备的绝缘、防腐、保温、油漆等工程作业。

固定电话、有线电视、宽带、水、电、燃气、暖气等经营者向用户收取的安装费、初装费、开户费、扩容费以及类似收费，按照安装服务缴纳增值税。

③修缮服务是指对建筑物、构筑物进行修补、加固、养护、改善，使之恢复原来的使用价值或延长其使用期限的工程作业。

④装饰服务是指对建筑物、构筑物进行修饰装修，使之美观或具有特定用途的工程作业。

⑤其他建筑服务是指上列工程作业以外的各种工程作业。

物业服务企业为业主提供的装修服务，按照建筑服务缴纳增值税。

纳税人将建筑施工设备出租给他人使用并配备操作人员，均按建筑服务缴纳增值税。

（5）金融服务，指经营金融保险的业务活动。金融服务包括贷款服务、直接收费金融服务、保险服务和金融商品转让。

①贷款服务是指将资金贷与他人使用而取得利息收入的业务活动。这里的利息收入包括各种占用、拆借资金取得的收入，融资性售后回租、押汇、罚息、票据贴现、转贷等业务取得的利息及利息性质的收入。

②直接收费金融服务是指为货币资金融通及其他金融业务提供相关服务并收取费用的业务活动，包括提供货币兑换、账户管理、电子银行、信用卡、信用证、财务担保、资产管理、信托管理、基金管理、金融交易场所（平台）管理、资金结算、资金清算、金融支付等业务。

③保险服务是指投保人根据合同约定，向保险人支付保险费的业务活动，包括人身保险服务和财产保险服务。

④金融商品转让是指转让外汇、有价证券、非货物期货和其他金融商品的所有权的业务活动。

纳税人购入基金、信托、理财产品等各类资产管理产品持有至到期，不属于金融商品转让。

（6）现代服务，指围绕制造业、文化产业、现代物流产业等提供技术性、知识性服务的业务活动，包括研发和技术服务、信息技术服务、文化创意服务、物流辅助服务、租赁服务、鉴证咨询服务、广播影视服务、商务辅助服务和其他现代服务。

①研发和技术服务包括研发服务、合同能源管理服务、工程勘察勘探服务、专业技术服务。

②信息技术服务包括软件服务、电路设计及测试服务、信息系统服务、业务流程管理服务和信息系统增值服务。

③文化创意服务包括设计服务、知识产权服务、广告服务和会议展览服务。

宾馆、旅馆、旅社、度假村和其他经营性住宿场所提供会议场地及配套服务的活动，按会议展览服务缴纳增值税。

④物流辅助服务包括航空服务、港口码头服务、货运客运场站服务、打捞救助服

务、装卸搬运服务、仓储服务、收派服务。

⑤租赁服务包括融资租赁服务和经营租赁服务。

将建筑物、构筑物等不动产或者飞机、车辆等有形动产的广告位出租给其他单位或者个人用于发布广告的，按照经营租赁服务缴纳增值税。

车辆停放服务、道路通行服务（包括过路费、过桥费、过闸费等）等按照不动产经营租赁服务缴纳增值税。

水路运输的光租业务、航空业务的干租业务，属于经营租赁服务。

光租业务，指运输企业将船舶在约定的时间内出租给他人使用，不配备操作人员，不承担运输过程中发生的各项费用，只收取固定租赁费的业务活动。

干租业务，指航空运输企业将飞机在约定的时间内出租给他人使用，不配备机组人员，不承担运输过程中发生的各项费用，只收取固定租赁费的业务活动。

⑥鉴证咨询服务包括认证服务、鉴证服务和咨询服务。

翻译服务和市场调查服务按照咨询服务缴纳增值税。

⑦广播影视服务包括广播影视节目（作品）的制作服务、发行服务和播映（含放映）服务。

⑧商务辅助服务包括企业管理服务、经纪代理服务、人力资源服务、安全保护服务。

拍卖行受托拍卖取得的手续费或佣金收入，按照经纪代理服务缴纳增值税。

纳税人提供武装守护押运服务，按安全保护服务缴纳增值税。

⑨其他现代服务是指除研发和技术服务、信息技术服务、文化创意服务、物流辅助服务、租赁服务、鉴证咨询服务、广播影视服务和商务辅助服务以外的现代服务。

纳税人为客户办理退票而向客户收取的退票费、手续费等收入，按照其他现代服务缴纳增值税。

纳税人对安装运行后的电梯提供的维护保养服务，按照其他现代服务缴纳增值税。

（7）生活服务，指为满足城乡居民日常生活需求提供的各类服务活动，包括文化体育服务、教育医疗服务、旅游娱乐服务、餐饮住宿服务、居民日常服务和其他生活服务。

①文化体育服务包括文化服务和体育服务。纳税人在游览场所经营索道、摆渡车、电瓶车、游船等取得的收入，按照文化体育服务缴纳增值税。

②教育医疗服务包括教育服务和医疗服务。各类培训、演讲、讲座、报告会等属于教育医疗服务。

③旅游娱乐服务包括旅游服务和娱乐服务。

④餐饮住宿服务包括餐饮服务和住宿服务。

提供餐饮服务的纳税人销售的外卖食品，按照餐饮服务缴纳增值税。

纳税人以长（短）租形式出租酒店式公寓并提供配套服务的，按照住宿服务缴纳增值税。

⑤居民日常服务包括市容市政管理、家政、婚庆、养老、殡葬、照料和护理、救助救济、美容美发、按摩、桑拿、氧吧、足疗、沐浴、洗染、摄影扩印等服务。

⑥其他生活服务是指除文化体育服务、教育医疗服务、旅游娱乐服务、餐饮住宿服务和居民日常服务之外的生活服务。

纳税人提供植物养护服务，按照其他生活服务缴纳增值税

4. 销售无形资产

销售无形资产，指有偿转让无形资产的所有权或使用权的业务活动。无形资产包括技术、商标、著作权、商誉、自然资源使用权和其他权益性无形资产。

技术包括专利技术和非专利技术。

自然资源使用权，包括土地使用权、海域使用权、探矿权、采矿权、取水权和其他自然资源使用权。

其他权益性无形资产，包括基础设施资产经营权、公共事业特许权、配额、经营权（包括特许经营权、连锁经营权、其他经营权）、经销权、分销权、代理权、网络游戏虚拟道具、域名、肖像权、冠名权、转会费等。

5. 销售不动产

销售不动产，指有偿转让不动产所有权的业务活动，包括销售建筑物或构筑物。

在转让建筑物或者构筑物时一并转让其所占土地的使用权的，按照销售不动产缴纳增值税。

6. 进口货物

进口货物是指经过国境或关境进入我国境内的货物。我国税法规定，凡进入我国国境或关境的货物，在报关进口环节，除了依法缴纳关税之外，还必须缴纳增值税。

（二）征税范围的特殊规定

1. 视同销售货物行为

单位或个体工商户的下列行为，应视同销售货物，征收增值税。

（1）将货物交付其他单位和个人代销。

（2）销售代销货物。

（3）设有两个以上机构并实行统一核算的纳税人，将货物从一个机构移送到其他机构用于销售，但相关机构设在同一县（市）的除外。

（4）将自产或委托加工的货物用于非增值税应税项目。

（5）将自产或委托加工的货物用于集体福利或者个人消费。

（6）将自产、委托加工或购买的货物作为投资，提供给其他单位或者个体工商户。

（7）将自产、委托加工或购买的货物分配给股东或投资者。

（8）将自产、委托加工或购买的货物无偿赠送给其他单位和个人。

（9）单位或者个体工商户向其他单位或者个人无偿销售应税服务、无偿转让无形资产或者不动产，但用于公益事业或者以社会公众为对象的除外。

（10）财政部和国家税务总局规定的其他情形。

上述行为确定为视同销售行为，均要征收增值税。其目的主要是保证增值税税款抵扣制度的实施，不致因发生上述行为而造成各相关环节税款抵扣链条的中断，避免因发生上述行为而造成应税销售行为之间税收负担不平衡的矛盾，防止上述行为逃避纳税的现象，同时也体现增值税计算的配比原则，即购进货物、劳务、服务、无形资产、不动产已经在购进环节实施了进项税额抵扣，这些购进货物、劳务、服务、无形资产、不动产应该产生相应的销售额，同时就应该产生相应的销项税额，否则就会产生不配比情况。

2. 混合销售行为

混合销售行为，指一项销售行为既涉及货物又涉及服务的行为。其涉及的销售货物和销售服务发生在同一销售业务中，销售服务是为了直接销售一批货物而提供的，二者之间是紧密相连的从属关系，销售货款及服务价款是同时从一个购买方取得的，两者难以分开。如某电视机厂向外地某商场批发100台彩色电视机，为了保证及时供货，双方协定由该厂动用自己的卡车向商场送货，电视机厂除了收取彩电货款外还收取运输费。

税法规定，从事货物生产、批发或零售的单位及个体工商户的混合销售行为，视为销售货物，征收增值税；其他单位和个体工商户的混合销售行为，按销售服务缴纳增值税。

3. 兼营行为

兼营行为，指纳税人的经营范围既包括销售货物和加工修理修配劳务，又包括销售服务、无形资产或者不动产。但是，销售货物、加工修理修配劳务、服务、无形资产或者不动产不同时发生在同一项销售行为中。如某购物中心既销售商品，又提供餐饮服务。

税法规定，纳税人销售货物、加工修理修配劳务、服务、无形资产或者不动产适用不同税率或征收率的，应当分别核算适用不同税率或者征收率的销售额；未分别核算销售额的，按照下列方法适用税率或者征收率。

（1）兼有不同税率的应税销售行为，从高适用税率。

（2）兼有不同征收率的应税销售行为，从高适用征收率。

（3）兼有不同税率和征收率的应税销售行为，从高适用税率。

与混合销售行为相区别，兼营行为并不发生于同一项销售行为之中，两者之间不存在着从属关系，一般可以明确区分并分别核算。

4. 不征收增值税的项目

（1）纳税人在资产重组中，通过合并、分立、出售、置换等方式，将全部或部分实物资产以及与其相关的债权、债务和劳动力一并转让给其他单位和个人，转让的货物不征收增值税。

（2）纳税人取得的中央财政补贴，不属于增值税应税收入。

（3）纳税人根据国家指令无偿提供的铁路运输服务、航空运输服务，属于以公益活动为目的的服务，不征收增值税。

（4）存款利息。

（5）被保险人获得的保险赔付。

（6）房地产主管部门或者其指定机构、公积金管理中心、开发企业以及物业管理单位代收的住宅专项维修资金。

五、增值税的税率和征收率

一般纳税人一般情况下采用一般计税方法并适用税率，小规模纳税人采用简易计税方法并适用征收率。

（一）增值税税率

1. 13%的税率

纳税人销售货物、劳务、有形动产租赁服务或者进口货物。

2. 9%的税率

（1）纳税人销售交通运输、邮政、基础电信、建筑、不动产租赁服务，销售不动产，转让土地使用权。

（2）销售或者进口下列货物。

①粮食等农产品、食用植物油、食用盐。

②自来水、暖气、冷气、热水、煤气、石油液化气、天然气、二甲醚、沼气、居民用煤炭制品。

③图书、报纸、杂志、音像制品、电子出版物。

④饲料、化肥、农药、农机、农膜。

⑤国务院规定的其他货物。

3. 6%的税率

纳税人销售增值电信服务、金融服务、现代服务和生活服务，销售土地使用权以外的无形资产。

4. 零税率

（1）纳税人出口货物、劳务，适用零税率。但国务院另有规定的除外。

（2）境内的单位和个人跨境销售国务院规定范围内的服务、无形资产，适用零税率。

（二）增值税征收率

增值税征收率指对特定的货物或特定的纳税人发生应税销售行为在某一生产流通环节应纳税额与销售额的比率。增值税征收率适用两种情况：一是小规模纳税人；二是一般纳税人发生应税销售行为按规定可以选择简易计税方法计税的。

1. 小规模纳税人征收率

（1）销售货物、加工修理修配劳务、销售服务、无形资产征收率为3%。

（2）小规模纳税人销售、出租其取得的不动产按5%征收率征收增值税。

（3）小规模纳税人销售自己使用过的固定资产减按2%征收率征收增值税；销售自己使用过的其他物品按3%的征收率征收增值税。

（4）销售旧货减按2%征收率征收增值税。

2. 一般纳税人采用简易办法征收增值税

（1）一般纳税人选择简易计税方法计税的不动产销售，按5%征收率征收增值税。

（2）一般纳税人出租其2016年4月30日前取得的不动产，选择适用简易计税方法的，按5%征收率征收增值税。

（3）一般纳税人提供人力资源外包服务，选择适用简易计税方法的，按5%征收率征收增值税。

（4）一般纳税人销售自己使用过的不得抵扣且未抵扣进项税额的固定资产，按照简易办法依照3%征收率减按2%征收增值税。

3. 个人出租住房征收率

个人出租住房，按照5%的征收率减按1.5%计算纳税。

纳税人提供适用不同税率或者征收率的货物、应税劳务和应税行为，应分别核算适用不同税率或者征收率的销售额，未分别核算的，从高适用税率或者征收率。

六、增值税的税收优惠

（一）法定的免税项目

（1）农业生产者销售自产的农业产品，包括种植业、养殖业、林业、牧业和水产业生产的各种初级产品，农产品的具体范围由财政部、国家税务总局确定。

单位和个人销售的外购的农产品，以及外购农产品生产、加工后销售，不属于免税的范围，应当按照规定税率征收增值税。

（2）避孕药品和用具。

（3）古旧图书指向社会收购的古书和旧书。

（4）直接用于科学研究、科学试验和教学的进口仪器、设备。

（5）外国政府、国际组织无偿援助的进口物资和设备。

（6）由残疾人组织直接进口供残疾人专用的物品。

（7）销售自己使用过的物品。自己使用过的物品指其他个人销售自己使用过的物品。

除上述规定以外，增值税的免税、减税项目由国务院规定，任何地区、任何部门都不得规定免税、减税项目。

纳税人兼营免税、减税项目的，应当分别核算免税、减税项目的销售额；未分别核算的，不得免税、减税。

纳税人销售货物或者应税劳务适用免税规定的，可以放弃免税，但放弃后，36 个月内不得再申请免税。

（二）《财政部　国家税务总局关于全面推开营业税改征增值税试点的通知》规定的免征增值税的项目

（1）托儿所、幼儿园提供的保育和教育服务。

（2）养老机构提供的养老服务。

（3）残疾人福利机构提供的育养服务。

（4）婚姻介绍服务。

（5）殡葬服务。

（6）残疾人员本人为社会提供的服务。残疾人员本人提供的加工修理修配劳务，免征增值税。

（7）医疗机构提供的医疗服务。

（8）从事学历教育的学校（不包括职业培训机构）提供的教育服务。

按照国家规定的收费标准向学生收取的学费、住宿费、课本费、作业本费、考试报名费收入以及高校学生公寓住宿费收入、高校学生食堂为高校师生提供餐饮服务取得的收入，免征增值税。

学校以各种名义收取的赞助费、择校费等，不属于免征增值税的范围。

（9）学生勤工俭学提供的服务。

（10）农业机耕、排灌、病虫害防治、植物保护、农牧保险以及相关技术培训业务，家禽、牲畜、水生动物的配种和疾病防治。

（11）纪念馆、博物馆、文化馆、文物保护单位管理机构、美术馆、展览馆、书画院、图书馆在自己的场所提供文化体育服务取得的第一道门票收入。

（12）寺院、宫观、清真寺和教堂举办文化、宗教活动的门票收入。

（13）行政单位之外的其他单位收取的符合规定条件的政府性基金和行政事业性收费。

（14）个人转让著作权。

（15）个人销售自建自用住房。

（16）下列利息收入。

①国家助学贷款。

②国债、地方政府债。

③人民银行对金融机构的贷款。

④住房公积金管理中心用住房公积金在指定的委托银行发放的个人住房贷款。

⑤外汇管理部门在从事国家外汇储备经营过程中，委托金融机构发放的外汇贷款。

（17）被撤销金融机构以货物、不动产、无形资产、有价证券、票据等财产清偿债务。

（18）保险公司开办的一年期以上人身保险产品取得的保费收入。

（19）下列金融商品转让收入。

①合格境外投资者（QFII）委托境内公司在我国从事证券买卖业务。

②香港市场投资者（包括单位和个人）通过沪港通买卖上海证券交易所上市 A 股。

③对香港市场投资者（包括单位和个人）通过基金互认买卖内地基金份额。

④证券投资基金管理人运用基金买卖股票、债券。

⑤个人从事金融商品转让业务。

（20）金融同业往来利息收入。

（21）纳税人为农户、小微企业及个体工商户借款、发行债券提供融资担保取得的担保费收入，以及为上述融资担保提供再担保取得的再担保费收入。

（22）纳税人提供技术转让、技术开发和与之相关的技术咨询、技术服务收入。

（23）国家商品储备管理单位及其直属企业承担商品储备任务，从中央或者地方财政取得的利息收入和价差补贴收入。

（24）政府举办的从事学历教育的高等、中等和初等学校（不含下属单位），举办进修班、培训班取得的全部归该学校所有的收入。

（25）政府举办的职业学校设立的主要为在校学生提供实习场所、并由学校出资自办、由学校负责经营管理、经营收入归学校所有的企业，从事“现代服务”（不含融资租赁服务、广告服务和其他现代服务）、“生活服务”（不含文化体育服务、其他生活服务和桑拿、氧吧）业务活动取得的收入。

（26）家政服务企业由员工制家政服务员提供家政服务取得的收入。

（27）福利彩票、体育彩票的发行收入。

（28）军队空余房产租赁收入。

（29）为了配合国家住房制度改革，企业、行政事业单位按房改成本价、标准价出售住房取得的收入。

（30）将土地使用权转让给农业生产者用于农业生产。

纳税人采取转包、出租、互换、转让、入股等方式将承包地流转给农业生产者用于农业生产取得的收入，免征增值税。

（31）涉及家庭财产分割的个人无偿转让不动产、土地使用权。

（32）土地所有者出让土地使用权和土地使用者将土地使用权归还给土地所有者。

（33）县级以上地方人民政府或自然资源行政主管部门出让、转让或收回自然资源使用权（不含土地使用权）。

（34）企业安置随军家属就业或者随军家属从事个体经营的，3 年内免征增值税。

（35）从事个体经营的军队转业干部，3 年内免征增值税。

（36）广播电视运营服务企业收取的有线数字电视基本收视维护费和农村有线电视基本收视费收入。

（37）社会团体收取的会费收入。

（38）《财政部　国家税务总局关于全面推开营业税改征增值税试点的通知》规定的其他免税项目。

（三）增值税的起征点

增值税起征点仅适用于认定为小规模纳税人的个体工商户和其他个人。具体起征点幅度规定如下。

（1）按期纳税的，为月销售额 5 000 ~ 20 000 元（含本数）。

（2）按次纳税的，为每次（日）销售额 300 ~ 500 元（含本数）。

起征点的调整由财政部和国家税务总局规定。各地起征点的具体标准由各省、自治区、直辖市财政厅（局）和国家税务总局根据本地区的实际情况在上述规定的幅度内确定，并报财政部和国家税务总局备案。

任务二　增值税应纳税额的计算

一、增值税一般计税方法下应纳税额的计算

我国增值税一般纳税人在一般计税方法下应纳税额的计算采用国际上通行的购进扣税法，即先按当期销售额和适用税率计算出销项税额，然后对当期购进项目已经缴纳的税款进行抵扣，从而间接计算出当期增值额部分的应纳税额。其计算公式如下：

应纳税额 = 当期销项税额 - 当期准予抵扣的进项税额

= 当期不含税销售额 × 适用税率 - 当期准予抵扣的进项税额

增值税一般纳税人当期应纳税额，取决于当期销项税额和当期准予抵扣的进项税额两个因素。当期销项税额的确定关键在于确定当期销售额。

(一)销项税额

销项税额是纳税人发生应税销售行为时，按销售额和规定的增值税税率计算并向购买方收取的增值税额。其计算公式如下：

销项税额 = 不含税销售额 × 税率

1. 一般销售方式下销售额的确定

销售额是指纳税人发生应税销售行为时向购买方收取的全部价款和价外费用。价外费用是指价外向购买方收取的手续费、补贴、基金、集资费、返还利润、奖励费、违约金、滞纳金、延期付款利息、赔偿金、代收款项、代垫款项、包装费、包装物租金、储备费、优质费、运输装卸费及其他各种性质的价外收费。但下列项目不包括在内。

(1)受托加工应征消费税的消费品所代收代缴的消费税。

(2)同时符合以下条件的代垫运输费用。

①承运部门将运输发票开具给购货方；

②由纳税人将该项发票转交给购货方。

(3)同时符合以下条件代为收取的政府性基金或者行政事业性收费。

①由国务院或者财政部批准设立的政府性基金，由国务院或者省级人民政府及其财政、价格主管部门批准设立的行政事业性收费；

②收取时开具省级以上(含省级)财政部门监(印)制的财政票据；

③所收款项全额上缴财政。

(4)销售货物的同时代办保险等而向购买方收取的保险费，以及向购买方收取的代购买方缴纳的车辆购置税、车辆牌照费。

凡随同应税销售行为向购买方收取的价外费用，无论其会计制度如何核算，均应并入销售额计算应纳税额。应当注意的是，对纳税人向购买方收取的价外费用，应视为含税收入，需换算为不含税收入再并入销售额计税。

【例2-1】某饭店(一般纳税人)2019年6月取得含税餐饮收入430 000元，另收取服务费15 000元。要求：计算该饭店当月销项税额(结果取小数点后两位)。

销项税额 =(430 000 + 15 000)÷(1 + 6%)× 6% ≈ 25 188.68(元)

2. 特殊销售方式下销售额的确定

在销售活动中，纳税人为了达到促销的目的，有多种销售方式。不同销售方式下，销售者所取得的销售额会有所不同。税法对以下几种销售方式的销售额分别作了规定。

(1)采取折扣方式销售。

①折扣销售(商业折扣)是指销货方在发生应税销售行为时，因购货方购货数量较大等原因，而给予购货方的价格优惠(例如，购买10件，销售价格折扣10%；购买20件，折扣20%)。纳税人采取折扣方式销售货物的，如果销售额和折扣额在同一张发票上的“金额”栏分别注明的，可按折扣后的销售额计征增值税；如果将折扣额另

开发票，不论其在财务上如何处理，均不得从销售额中减除折扣额。

折扣销售仅限于货物价格的折扣。如果折扣销售属于实物折扣的，则该实物款不能从货物销售额中减除，且该实物应按税法规定“视同销售货物”中的“赠送他人”计算征收增值税。

②销售折扣（现金折扣）是指销货方在发生应税销售行为后，为鼓励购货方及早付款而给予的一种折扣优待，如2/10、1/20、*N*/30。销售折扣发生在销售之后，是一种融资性质的理财费用，因此销售折扣不得从销售额中减除。

③销售折让是指货物销售后，由于其品种、质量等原因购货方未予退货，但销货方需给予购货方的一种价格折让。对销售折让可以通过开具红字发票按折让后的货款为销售额。

（2）采取以旧换新方式销售。

以旧换新是指纳税人在销售过程中，有偿收回旧货物的行为。税法规定，纳税人采取以旧换新方式销售货物的，应按新货物的同期销售价格确定销售额，不得扣减旧货物的收购价格。

对金银首饰以旧换新业务，可以按销货方实际收取的不含增值税的全部价款征收增值税。

（3）采取还本销售方式销售。

还本销售指纳税人在销售货物后，到一定期限由销售方一次或分次退还给购货方全部或部分价款。这种方式实际上是一种以货物换取资金的使用价值，到期还本不付息的筹集资金方法。税法规定，纳税人采取还本销售方式销售货物的，其销售额就是货物的销售价格，不得从销售额中减除还本支出。

（4）采取以物易物方式销售。

以物易物是一种较为特殊的购销活动，指购销双方不是以货币结算，而是以同等价款的货物相互结算，实现货物购销的一种方式。税法规定，纳税人采取以物易物方式销售货物的，双方都应作购销处理，以各自发出的货物核算销售额并计算销项税额，以各自收到的货物按规定核算购货额并计算进项税额。但如果双方均未开具增值税专用发票，此业务只有销项税额，那么不得抵扣进项税额。

（5）直销方式销售。

直销企业先将货物销售给直销员，直销员再将货物销售给消费者的，直销企业的销售额为其向直销员收取的全部价款和价外费用。

直销企业通过直销员向消费者销售货物，直接向消费者收取货款，直销企业销售额为其向消费者收取的全部价款和价外费用。

3. 包装物出租、出借方式下销售额的确定

纳税人为销售货物而出租、出借包装物收取的押金，单独记账核算的，不并入销售额征税。

对逾期未收回包装物而不再退还的押金，应按所包装货物的适用税率计算销项税额。这里的“逾期”指按合同约定实际逾期或以1年为期限，对收取1年以上的押金，无论是否退还，均应换算为不含税价后并入销售额征税。

对销售除啤酒、黄酒外的其他酒类产品收取的包装物押金，无论是否返还以及会计上如何核算，均应并入当期销售额征税。

包装物的租金在销货时作为价外费用并入销售额计算销项税额。

4. 贷款服务销售额的确定

贷款服务，以提供贷款服务取得的全部利息及利息性质的收入为销售额。

5. 直接收费金融服务销售额的确定

直接收费金融服务，以提供直接收费金融服务收取的手续费、佣金、酬金、管理费、服务费、经手费、开户费、过户费、结算费、转托费等各类费用为销售额。

6. 下列项目按差额确定销售额

（1）金融商品转让。金融商品转让，按卖出价扣除买入价后的余额为销售额。

转让金融商品出现的正负差，按盈亏相抵后余额为销售额。若相抵后出现负差，可结转下一纳税期与下期转让金融商品销售额相抵，但年末时仍出现负差的，不得转入下一个会计年度。

金融商品的买入价，可以选择加权平均法或者移动加权平均法进行核算，选择后36个月内不得变更。

（2）经纪代理服务。经纪代理服务，以取得的全部价款和价外费用，扣除向委托方收取并代为支付的政府性基金或者行政事业性收费后的余额为销售额。

（3）融资租赁和融资性售后回租业务。纳税人提供融资租赁服务，以取得的全部价款和价外费用，扣除支付的借款利息（包括外汇借款和人民币借款利息）、发行债券利息和车辆购置税后的余额为销售额。

纳税人提供融资性售后回租服务，以取得的全部价款和价外费用（不含本金），扣除对外支付的借款利息（包括外汇借款和人民币借款利息）、发行债券利息后的余额为销售额。

（4）航空运输企业。航空运输企业的销售额，不包括代收的机场建设费和代售其他航空企业客票而代收转付的价款。

航空运输销售代理企业提供境外航段机票代理服务，以取得的全部价款和价外费用，扣除向客户收取并支付给其他单位或者个人的境外航段机票结算款和相关费用后的余额为销售额。

（5）客运场站服务。一般纳税人提供客运场站服务，以其取得的全部价款和价外费用扣除支付给承运方运费后的余额为销售额。

（6）旅游服务。纳税人提供旅游服务，以取得的全部价款和价外费用，扣除向旅游服务购买方收取并支付给其他单位或者个人的住宿费、餐饮费、交通费、签证费、门票费和支付给其他接团旅游企业的旅游费用后的余额为销售额。

（7）按差额确定销售额的其他规定。

7. 视同销售行为销售额的确定

纳税人发生应税销售行为的情形，价格明显偏低且无正当理由的，或者发生视同销售货物的行为而无销售额的，主管税务机关有权按下列顺序核定其销售额。

（1）按纳税人最近时期同类应税行为的平均销售价格确定。

（2）按其他纳税人最近时期同类应税行为的平均销售价格确定。

（3）按组成计税价格确定。计算公式如下：

组成计税价格 = 成本 ×（1 + 成本利润率）

属于应征消费税的货物，其组成计税价格中应加计消费税额。计算公式如下：

组成计税价格 = 成本 ×（1 + 成本利润率）+ 消费税

或　　组成计税价格 = 成本 ×（1 + 成本利润率）÷（1 − 消费税税率）

成本利润率一般情况下为10%，但属于从价定率征收消费税的货物，则应按消费税有关规定确定的成本利润率计算。成本利润率由国家税务总局确定。

【例2-2】某企业（一般纳税人）2019年6月研制一种新型食品，为了进行市场推广和宣传，无偿赠送200盒给消费者品尝，该食品无同类产品市场价，生产成本60元/盒，成本利润率为10%。要求：计算企业该笔业务的销项税额。

销项税额 = 200 × 60 ×（1 + 10%）× 13% = 1 716（元）

8. 含税销售额的换算

一般纳税人发生应税销售行为，一般应向购买者开具增值税专用发票，并在专用发票上分别注明销售额和销项税额。然而，在实际工作中，常常会出现一般纳税人将发生应税销售行为采用销售额和销项税额合并定价的情况，即形成了含税销售额。在计算增值税时，如果不将含税销售额换算为不含税销售额，就会导致增值税计税环节出现重复纳税的现象。因此，一般纳税人采用销售额和销项税额合并定价的，必须将其换算为不含税的销售额。换算公式如下：

不含税销售额 = 含税销售额 ÷（1 + 增值税税率）

9. 外汇结算销售额的确定

纳税人以人民币以外的货币结算销售额的，应当折合成人民币计算。其销售额的人民币折合率可以选择销售额发生的当天或者当月1日的人民币汇率中间价。纳税人应事先确定采用何种折合率，确定后1年内不得变更。

（二）进项税额

进项税额是纳税人购进货物、加工修理修配劳务、服务、无形资产、不动产支付或者负担的增值税额。进项税额与销项税额是相对应的概念，一项销售业务中，在开具增值税专用发票的情况下，销货方收取的销项税额，就是购货方支付的进项税额。

在购进扣税法中，进项税额的多少直接关系纳税人的纳税金额，但并不是所有的进项税额都能从销项税额中抵扣。

1. 准予从销项税额中抵扣的进项税额

根据税法的规定，准予从销项税额中抵扣的进项税额，限于下列增值税扣税凭证上注明的增值税税额或者按规定的扣除率计算的进项税额。

（1）从销售方取得的增值税专用发票上注明的增值税额。

（2）从海关取得的海关进口增值税专用缴款书上注明的增值税额。

（3）从境外单位或个人购进劳务、服务、无形资产或者境内的不动产，从税务机关或者扣缴义务人取得的代扣代缴税款的完税凭证上注明的增值税额。

（4）纳税人购进农产品，按下列规定抵扣进项税额。

①取得一般纳税人开具的增值税专用发票或海关进口增值税专用缴款书的，以增值税专用发票或专用缴款书上注明增值税额为进项税额。

②从按照简易计税方法依照3%征收率计算缴纳增值税的小规模纳税人处取得增值税专用发票的，以增值税专用发票上注明金额和9%扣除率计算进项税额。

③取得（开具）农产品销售发票或收购发票的，以农产品销售或收购发票上注明的农产品买价和9%扣除率计算进项税额（买价是指纳税人购进农产品在农产品收购发票或者销售发票上注明的价款和按规定缴纳的烟叶税）。

④纳税人购进用于生产或者委托加工13%税率货物的农产品，按照10%的扣除率计算进项税额。

购进农产品进项税额的计算公式如下：

$$进项税额 = 买价 \times 扣除率$$

【例2-3】某生产企业为增值税一般纳税人，生产的产品均适用13%的增值税税率。2019年5月从农业生产者购进农产品作为生产用原材料，收购发票上注明买价56万元，购进其他原材料，取得增值税专用发票注明的金额100万元，税额13万元。要求：计算该企业的进项税额。

进项税额 $=56\times10\%+13=18.6$（万元）

（5）纳税人购进国内旅客运输服务，其进项税额允许从销项税额中抵扣。

（6）纳税人未取得增值税专用发票准予扣除的进项税额的确定。

①取得增值税电子普通发票的，为发票上注明的税额。

②取得注明旅客身份信息的航空运输电子客票行程单的，按下列公式计算进项税额：

$$航空旅客运输进项税额 = （票价 + 燃油附加费）\div（1+9\%）\times9\%$$

③取得注明旅客身份信息的铁路车票的，按下列公式计算进项税额：

$$铁路旅客运输进项税额 = 票面金额 \div（1+9\%）\times9\%$$

④取得注明旅客身份信息的公路、水路等其他客票的，按下列公式计算进项税额：

$$公路、水路等其他旅客运输进项税额 = 票面金额 \div（1+3\%）\times3\%$$

2. 不得从销项税额中抵扣的进项税额

下列项目的进项税额不得从销项税额中抵扣。

（1）用于简易计税方法计税项目、免征增值税项目、集体福利或者个人消费的购进货物、劳务、服务、无形资产和不动产。其中涉及的固定资产、无形资产和不动产，仅指专用于上述项目的固定资产、无形资产（不包括其他权益性无形资产）、不动产。纳税人的交际应酬消费属于个人消费。

自2018年1月1日起，纳税人租入固定资产、不动产，既用于一般计税方法计税项目，又用于简易计税方法计税项目、免征增值税项目、集体福利或者个人消费的，其进项税额准予从销项税额中全额抵扣。

（2）非正常损失的购进货物及相关的加工修理修配劳务和交通运输服务。

（3）非正常损失的在产品、产成品所耗用的购进货物（不包括固定资产）、加工修理修配劳务和交通运输服务。

（4）非正常损失的不动产，以及该不动产所耗用的购进货物、设计服务和建筑服务。

（5）非正常损失的不动产在建工程所耗用的购进货物、设计服务和建筑服务。

非正常损失是指因管理不善造成货物被盗、丢失、霉烂变质，以及因违反法律法规造成货物或者不动产被依法没收、销毁、拆除的情形。

（6）购进的餐饮服务、居民日常服务和娱乐服务。

（7）购进的贷款服务（即利息支出）和纳税人接受贷款服务向贷款方支付的与该笔贷款直接相关的投融资顾问费、手续费、咨询费等费用，其进项税额不得从销项税额中抵扣。

（8）财政部和国家税务总局规定的其他情形。

（9）适用一般计税方法的纳税人，兼营简易计税方法计税项目、免征增值税项目而无法划分不得抵扣的进项税额，按照下列公式计算不得抵扣的进项税额。

不得抵扣的进项税额＝当期无法划分的全部进项税额×（当期简易计税方法计税项目销售额＋免征增值税项目销售额）÷当期全部销售额

（10）一般纳税人已抵扣进项税额的固定资产、无形资产或者不动产，用于不得从销项税额中抵扣进项税额项目的，应在当月按下列公式计算不得抵扣的进项税额。

不得抵扣的进项税额＝固定资产、无形资产或者不动产净值×适用税率

固定资产、无形资产或者不动产净值，指纳税人根据财务会计制度计提折旧或摊销后的余额。

【例2－4】2019年5月，纳税人买了一座楼办公用，增值税专用发票注明价款1 000万元，税额90万元。2019年10月，纳税人将办公楼改造成员工食堂。假设不动产净值率为90%。要求：计算该纳税人不得抵扣的进项税额。

不得抵扣进项税额＝1 000×90%×9%＝81（万元）

按规定不得抵扣且未抵扣进项税额的固定资产、无形资产、不动产，发生用途改变，用于允许抵扣进项税额的应税项目，可在用途改变的次月按照下列公式计算可以抵扣的进项税额：

可以抵扣的进项税额 = 固定资产、无形资产、不动产净值 ÷（1 + 适用税率）× 适用税率

【例 2 – 5】甲企业 2019 年 6 月外购包装物，取得增值税专用发票，注明金额 200 000元、增值税 26 000 元，运输途中发生损失 5%，经查实属于非正常损失；当月向农民收购一批免税农产品，准备生产罐头食品，收购凭证上注明买价 400 000 元，支付运输费用，取得运费增值税专用发票上注明运费 30 000 元，购进后将其中的 60% 用于企业职工食堂。要求：计算甲企业准予抵扣的进项税额。

准予抵扣的进项税额 = 26 000 ×（1 – 5%）+（400 000 × 10% + 30 000 × 9%）×（1 – 60%）= 41 780（元）

（三）应纳税额的计算

一般纳税人在确定了销项税额和准予抵扣的进项税额后，就可计算出实际应纳税额，基本计算公式如下：

应纳增值税税额 = 当期销项税额 – 当期准予抵扣的进项税额

如当期销项税额小于当期准予抵扣的进项税额时，其不足部分可以结转到下期继续抵扣。

1. 扣减当期销项税额的规定

纳税人在发生应税销售行为时，因质量、规格、服务质量等原因而发生销售退回或销售折让，由于应税销售行为的退回或折让不仅涉及价款或折让价款的退回，还涉及增值税的退回，因此，销售方应对当期销项税额进行调整。税法规定，一般纳税人因发生应税销售行为退回或者折让而退还给购买方的增值税税额，应从发生应税销售行为退回或折让当期的销项税额中扣减。

2. 扣减当期进项税额的规定

（1）购进退回或折让进项税额的税务处理。纳税人在购进货物时，因质量、规格等原因而发生购进退回或折让，由于购进退回或折让不仅涉及货款或折让价款的收回，还涉及增值税的收回，因此，购货方应对当期进项税额进行调整。税法规定，一般纳税人因购进货物退回或折让而从销货方收回的增值税税额，应从发生进货退回或折让当期的进项税额中扣减。

（2）已经抵扣进项税额的购进货物发生用途改变。由于增值税采用购进扣税法，当期购进的货物或劳务如果事先并未确定将用于不得抵扣进项税额项目，其进项税额会在当期销项税额中予以抵扣。但已经抵扣进项税额的购进货物如果事后改变用途，如用于集体福利、个人消费，购进货物发生非正常损失，在产品以及产成品发生非正

常损失，税法规定，应将该项购进货物的进项税额从当期的进项税额中扣减，无法确定该项进项税额的，按当期实际成本（即进价 + 运费 + 保险费 + 其他有关费用）计算应扣减的进项税额。

【例2-6】甲公司为增值税一般纳税人，2019 年 6 月产品、材料领用情况：在建的职工文体中心领用 4 月外购的材料，购进成本 25 万元（4 月进项税额已抵扣）；生产车间领用外购原材料，购进成本 125 万元。要求：计算甲公司进项税额转出。

将购进货物用于集体福利，不得抵扣进项税。

进项税额转出 = 25 × 13% = 3.25（万元）

（3）向供货方取得返还收入的税务处理。对商业企业向供货方收取的与商品数量、销售额挂钩（如以一定比例、金额、数量计算）的各种返还收入，均应按平销返利行为的有关规定冲减当期进项税额。应冲减进项税额的计算公式如下：

当期应冲减进项税额 = 当期取得的返还资金 ÷（1 + 所购货物适用的增值税税率）× 所购货物适用的增值税税率

商业企业向供货方收取的各种返还收入，一律不得开具增值税专用发票。

（四）一般计税方法下应纳增值税税额计算举例

【例2-7】某大型商场为增值税一般纳税人，2019 年 6 月零售各类商品销售额为 2 000 000元；本月购进商品 1 800 000 元，增值税专用发票上注明增值税 234 000 元；支付电费 40 000 元，专用发票上注明增值税 5 200 元。要求：计算该商场 6 月应纳增值税税额（结果取小数点后一位）。

本月应税销售额 = 2 000 000 ÷（1 + 13%）≈ 1 769 911.5（元）

本月销项税额 = 1 769 911.5 × 13% = 230 088.5（元）

本月进项税额 = 234 000 + 5 200 = 239 200（元）

本月应纳增值税税额 = 230 088.5 − 239 200 = −9 111.5（元）

由于当期准予抵扣的进项税额大于当期销项税额，该商场 6 月无须缴纳增值税，且未抵扣完的进项税额可留待下期继续抵扣。

【例2-8】某有限责任公司是增值税一般纳税人，除农产品外，公司的原材料和产品均适用 13% 的增值税税率。2019 年 7 月，公司发生下列经济业务：

（1）1 日，购入原材料一批，取得的增值税专用发票上注明的价款 2 000 000 元，增值税税额 260 000 元，款项已支付，材料尚未收到。

（2）2 日，购进免税农产品作为原材料，共支付买价 700 000 元，材料已验收入库。

（3）6 日，1 日购进的原材料运到并验收入库，向运输公司支付运费 200 000 万元，取得运输公司开具的增值税专用发票。

（4）10 日，收到联营单位捐赠的原材料，取得的增值税专用发票上注明价款

1 000 000元，增值税税额130 000元。

(5) 12日，销售A产品，开具的增值税专用发票注明价款10 000 000元，增值税税额1 300 000元，款项已转账收讫。

(6) 15日，没收出借包装物押金22 600万元。

(7) 21日，将新试制产品作为福利发放给职工，该产品无市场同类产品，其生产成本为1 500 000元，成本利润率为10%。

(8) 25日，购进一台生产设备，取得的增值税专用发票注明的价款为3 000 000元。

(9) 26日，将外购的账面成本为200 000元的原材料用于对外投资，这批原材料的市价为250 000元。

(10) 期末原材料盘亏100 000元，经查系管理不善造成材料被盗。

以上相关票据均符合税法的规定，上月尚未抵扣增值税进项税额350 000元。要求：计算该公司2019年7月的应纳增值税税额。

第一步，计算当月销项税额。

(1) 12日，销售A产品的销项税额。

销项税额 = 10 000 000 × 13% = 1 300 000（元）

(2) 15日，没收的押金应并入销售额征税，而且押金应视为含税收入。

销项税额 = 22 600 ÷（1 + 13%）× 13% = 2 600（元）

(3) 21日，将自产的产品用于集体福利属于视同销售货物行为，其销售额的确定先看有无同类价。有则按同类价，无则按组成计税价格。

销项税额 = 1 500 000 ×（1 + 10%）× 13% = 214 500（元）

(4) 26日，将外购的原材料用于对外投资属于应视同销售货物行为，其销售额的确定先看有无同类价。有则按同类价，无则按组成计税价格。

销项税额 = 250 000 × 13% = 32 500（元）

当月销项税额 = 1 300 000 + 2 600 + 214 500 + 32 500 = 1 549 600（元）

第二步，计算当月进项税额。

(1) 1日，购入的原材料取得了增值税专用发票，可以抵扣。

进项税额 = 260 000（元）

(2) 2日，购进免税农产品，抵扣买价的10%。

进项税额 = 700 000 × 10% = 70 000（元）

(3) 6日，支付的运费取得了增值税专用发票，可以抵扣。

进项税额 = 200 000 × 9% = 18 000（元）

(4) 10日，取得了增值税专用发票可以抵扣。

进项税额 = 130 000（元）

(5) 25日，按税法规定，购进生产设备的进项税额可以抵扣。

进项税额 = 3 000 000 × 13% = 390 000（元）

（6）期末因管理不善造成的非正常损失的原材料所对应的进项税额不能抵扣。

进项税额转出 = 100 000 × 13% = 13 000（元）

当月进项税额 = 260 000 + 70 000 + 18 000 + 130 000 + 390 000 − 13 000

= 855 000（元）

第三步，计算当月应纳税额。

当月应纳增值税税额 = 当月销项税额 − 当月进项税额 − 月初留抵税额

= 1 549 600 − 855 000 − 350 000

= 344 600（元）

二、增值税简易计税方法下纳税人应纳税额的计算

小规模纳税人销售货物、加工修理修配劳务、服务、无形资产或不动产，按简易方法计算，即按不含税销售额和规定的征收率计算应纳增值税额，不得抵扣进项税额。一般纳税人特殊情况下也采用简易计税方法。应纳税额的计算公式如下：

应纳增值税税额 = 销售额 × 征收率

简易计税方法的销售额不包括其应纳增值税税额。纳税人采用销售额和应纳增值税税额合并定价方法的，应将其换算为不含税销售额。其计算公式如下：

销售额 = 含税销售额 ÷（1 + 征收率）

一般纳税人发生财政部和国家税务总局规定的特定应税行为，可以选择按照简易计税方法计税，但一经选定，36 个月内不得变更。

自 2020 年 2 月 1 日起，增值税小规模纳税人（其他个人除外）发生增值税应税行为，需要开具增值税专用发票的，可以自愿使用增值税发票管理系统自行开具。选择自行开具增值税专用发票的小规模纳税人，税务机关不再为其代开增值税专用发票。

【例 2−9】某食品加工厂为小规模纳税人，2019 年 5 月销售产品收入 30 000 元；购进原材料、动力等支付价款 10 000 元，增值税专用发票上注明增值税税额 1 300 元。要求：计算本月应纳增值税税额（结果取小数点后两位）。

销售额 = 30 000 ÷（1 + 3%）≈ 29 126.21（元）

应纳增值税税额 = 29 126.21 × 3% = 873.79（元）

【例 2−10】某餐馆为小规模纳税人，2019 年 6 月取得含增值税的餐饮收入总额为 123 600 元。要求：计算该餐馆 6 月应缴纳的增值税税额。

6 月取得的不含税销售额 = 123 600 ÷（1 + 3%）= 120 000（元）

6 月应缴纳增值税税额 = 120 000 × 3% = 3 600（元）

三、进口货物应纳税额的计算

（一）进口货物的纳税人

进口货物的纳税人是进口货物的收货人或办理报关手续的单位和个人，包括国内一切从事进口业务的企事业单位、机关团体和个人。

对于企业、单位和个人委托代理进口应征增值税的货物，鉴于代理进口货物的海关完税凭证，有的开具给委托方、有的开具给受托方的特殊性，对代理进口货物，以海关开具的完税凭证上的纳税人为增值税纳税人。

（二）进口货物征税的范围

根据税法规定，申报进入中华人民共和国海关境内的货物，均应缴纳增值税。一般来说，境外产品只要输入境内，都必须向我国海关申报进口，并办理有关报关手续。国家在规定对进口货物征税的同时，对某些进口货物制定了减免税的特殊规定。

（三）进口货物的适用税率

进口货物增值税税率与增值税一般纳税人在国内销售同类货物的税率相同。

（四）进口货物应纳增值税的计算

纳税人进口货物，按组成计税价格和规定的税率计算应纳增值税额，不得抵扣任何税额。组成计税价格和应纳税额的计算公式如下：

应纳税额 = 组成计税价格 × 税率

组成计税价格 = 关税完税价格 + 关税 + 消费税

= （关税完税价格 + 关税） ÷ （1 − 消费税税率）

【例2－11】某外贸进出口公司2019年7月进口彩电一批，关税完税价格（到岸价）为500万元，在海关应缴的关税是150万元。要求：计算应纳增值税税额。

组成计税价格 = 500 + 150 = 650（万元）

应纳增值税税额 = 650 × 13% = 84.5（万元）

【例2－12】某企业2019年4月从日本进口2辆汽车，其到岸价折合人民币为120 000元/辆，汽缸容量为2.0升，适用关税税率25%，消费税税率5%。要求：计算应纳增值税税额（结果取小数点后两位）。

组成计税价格 = 2 × 120 000（1 + 25%）/（1 − 5%）≈315 789.47（元）

应纳增值税税额 = 315 789.47 × 13% = 41 052.63（元）

（五）跨境电子商务零售进口税收政策

（1）跨境电子商务零售进口商品按照货物征收关税和进口环节增值税、消费税，购买跨境电子商务零售进口商品的个人作为纳税义务人，实际交易价格（包括货物零售价格、运费和保险费）作为完税价格，电子商务企业、电子商务交易平台企业或物流企业可作为代收代缴义务人。

（2）跨境电子商务零售进口商品的单次交易限值为人民币5 000元，个人年度交易限值为人民币26 000元。在限值以内进口的跨境电子商务零售进口商品，关税税率暂设为0；进口环节增值税、消费税取消免征税额，暂按法定应纳税额的70%征收。

（3）跨境电子商务零售进口商品自海关放行之日起30日内退货的，可申请退税，并相应调整个人年度交易总额。

（4）跨境电子商务零售进口商品购买人（订购人）的身份信息应进行认证；未进行认证的，购买人（订购人）身份信息应与付款人一致。

四、出口货物、劳务和服务退（免）税的计算

出口货物、劳务和服务退（免）税，指在国际贸易业务中，对报关出口的货物、劳务和服务退还在国内各生产环节和流通环节按税法规定已缴纳的增值税，或免征应缴纳的增值税，是国际贸易中通常采用并为国际普遍接受的、旨在鼓励各国出口货物、劳务和服务公平竞争的一项税收措施。

（一）出口退（免）税的基本政策

我国对出口货物、劳务和服务坚持宏观调控、公平税负的原则，根据我国的实际情况，采取出口退税与免税相结合的政策，具体分为以下三种形式。

1. 出口免税并退税

出口免税指对货物、劳务和服务在出口销售环节不征增值税、消费税；出口退税指对货物、劳务和服务在出口前实际承担的税收负担，按规定的退税率计算后予以退还。

2. 出口免税不退税

出口不退税是指适用这个政策的出口货物、劳务和服务因在前一道生产、销售环节或进口环节是免税的，因此，出口时该货物、劳务和服务的价格中本身就不含税，也无须退税。

3. 出口不免税也不退税

出口不免税是指对国家限制或禁止出口的某些货物、劳务和服务的出口环节视同内销环节，照常征税；出口不退税是指对这些货物、劳务和服务出口不退还出口前其所负担的税款。适用这个政策主要是税法列举限制或禁止出口的货物，如天然牛黄、麝香和白银等。

（二）增值税出口退税率

除财政部和国家税务总局根据国务院决定而明确的增值税出口退税率外，出口货

物的退税率为其适用税率；应税服务退税率为应税服务适用的增值税税率。退税率有调整的，除另有规定外，其执行时间以货物出口货物报关单上注明的出口日期为准。

出口企业应将不同税率的货物、劳务及服务，分开报关、核算并申报退（免）税，未分开报关、核算或划分不清的，从低适用退税率计算退（免）税。

（三）增值税"免、抵、退"税和"免、退"税的计算

1. 生产企业出口货物、劳务和服务的增值税"免、抵、退"税

（1）当期应纳税额的计算。

当期应纳税额 = 当期内销销项税额 -（当期进项税额 - 当期不得免征和抵扣税额）- 上期留抵税额

其中，

当期不得免征和抵扣税额 =（当期出口货物离岸价 - 当期免税购进原材料价格）×（出口货物征税率 - 出口货物退税率）

当期出口货物离岸价一般指企业当期账面的出口销售收入。

免税购进原材料包括从国内购进的免税原材料和进料加工免税进口料件，其中进料加工免税进口料件的价格为组成计税价格。计算公式如下：

进料加工免税进口料件的组成计税价格 = 货物到岸价格 + 海关实征关税 + 海关实征消费税

（2）当期免抵退税额的计算。

当期免抵退税额 =（当期出口货物离岸价 - 当期免税购进原材料价格）× 出口货物退税率

（3）当期应退税额和免抵税额的计算。

①当期期末留抵税额≤当期免抵退税额，则：

当期应退税额 = 当期期末留抵税额

当期免抵税额 = 当期免抵退税额 - 当期应退税额

②当期期末留抵税额 > 当期免抵退税额，则：

当期应退税额 = 当期免抵退税额

当期免抵税额 = 0

期末留抵税额是计算确定应退税额、应免抵税额的重要依据，应以当期"增值税纳税申报表"的"期末留抵税额"的审核数栏为准。

【例2-13】某自营出口的生产企业为增值税一般纳税人，进口货物的征税税率为13%，退税率为11%。2019年8月有关经营业务：购原材料一批，取得的税控专票注明的价款200万元，外购货物准予抵扣进项税额26万元，货已验收入库。当月进料加工免税进口料件的组成计税价格100万元。上期末留抵税额4万元，本月内销货物不含税销售额100万元，收款113万元存入银行。本月出口货物销售额折合人民币200万

元。要求：计算该企业当期的“免、抵、退”税额。

（1）当期免抵退税不得免征和抵扣税额 =（200 - 100）×（13% - 11%）

=2（万元）

（2）当期应纳税额 =100×13% -（26 - 2）-4 = -15（万元）

（3）免抵退税额 =（200 - 100）×11% =11（万元）

（4）当期期末留抵税额≥当期免抵退税额时：

当期应退税额 =11（万元）

当期免抵税额 = 当期免抵退税额 - 当期应退税额 =11 - 11 =0（万元）

结转下期留抵税额 =15 - 11 =4（万元）

2. 外贸企业出口货物、劳务和服务增值税“免、退”税

（1）外贸企业出口委托加工修理修配货物以外的货物。

增值税应退税额 = 增值税退（免）税计税依据 × 出口货物退税率

【例2 - 14】 某进出口公司2019年6月出口美国平纹布2 000米，进货增值税专用发票列明单价20元/米，计税金额40 000元，增值税出口退税率为11%。要求：计算当期应退增值税税额。

应退增值税税额 =40 000×11% =4 400（元）

（2）外贸企业出口委托加工修理修配货物。

出口委托加工修理修配货物的应退增值税税额 = 委托加工修理修配的增值税退（免）税计税依据 × 出口货物退税率

【例2 - 15】 某进出口公司2019年6月购进牛仔布委托加工成服装出口，取得牛仔布增值税专用发票一张，注明计税金额10 000元；取得服装加工费计税金额2 000元，受托方将原材料成本并入加工修理修配费用并开具了增值税专用发票。假设增值税出口退税率为13%。要求：计算当期应退增值税税额。

应退增值税税额 =（10 000 +2 000）×13% =1 560（元）

（3）外贸企业兼营的零税率应税服务增值税免退税的计算。

外贸企业兼营的零税率应税服务应退税额 = 外贸企业兼营的零税率应税服务免退税计税依据 × 零税率应税服务增值税退税率

凡从小规模纳税人购进税务机关代开的增值税专用发票的出口货物，按以下公式退税。

应退税额 = 增值税专用发票所列的销售额 × 退税率

【例2 - 16】 某进出口公司2019年7月购进服装5 000件，增值税专用发票上注明金额为77 500元，出口至美国，离岸价为13 000美元（汇率为1美元 =6.4元人民币），服装退税率为13%。要求：计算该公司当月应退增值税税额。

应退增值税税额 =77 500×13% =10 075（元）

任务三　增值税的会计核算

一、会计科目的设置

（一）一般纳税人增值税会计科目的设置

在进行增值税会计处理时，为了核算增值税的应交、抵扣、已交、退税、转出等情况，在“应交税费”科目下设置“应交增值税”“未交增值税”“预交增值税”“待抵扣进项税额”“待认证进项税额”“待转销项税额”“增值税留抵税额”“简易计税”“转让金融商品应交增值税”“代扣代缴增值税”“增值税检查调整”十一个明细科目。

1. “应交税费——应交增值税”科目

“应交增值税”明细科目的借方发生额，反映企业购货、接受劳务、服务、无形资产、不动产等支付的进项税额、已交纳的增值税、减免税款、出口抵减内销产品应纳税额及月末转入“未交增值税”的当月发生的应交未交增值税额等；贷方发生额反映企业销售货物、提供应税劳务应交纳的增值税额、出口货物退税、转出已支付或应分摊的增值税以及月末转入“未交增值税”的当月多交的增值税额等。

为了详细核算企业应交增值税的计算和解缴、抵扣等情况，在“应交增值税”明细科目下，可设置以下专栏。

（1）“进项税额”专栏。记录企业购进货物、劳务、服务、无形资产或不动产而支付或负担的、准予从当期销项税额中抵扣的增值税额。企业购进货物、劳务、服务、无形资产或不动产支付或负担的进项税额，用蓝字登记；退回所购货物应冲销的进项税额，用红字登记。

（2）“销项税额抵减”专栏。记录一般纳税人按照现行增值税制度规定因扣减销售额而减少的销项税额。

（3）“已交税金”专栏。记录企业当月上缴本月增值税额。企业已交纳的增值税用蓝字登记；退回多交的增值税用红字登记。

（4）“减免税款”专栏。记录企业按规定准予减免的增值税额。按规定直接减免的增值税用蓝字登记，应冲销直接减免的增值税用红字登记。

（5）“出口抵减内销产品应纳税额”专栏。记录企业按规定的退税率计算的出口货物的进项税额抵减内销产品的应纳税额。

（6）“转出未交增值税”专栏。记录企业月终转出当月发生的应交未交的增值税。转账核算后，“应交税费——应交增值税”科目的期末余额不再包括当期应交未交增值税税额。

（7）“销项税额”专栏。记录企业销售货物、劳务、服务、无形资产或不动产应收取的增值税额。企业销售货物、劳务、服务、无形资产或不动产应收取的销项税额，用蓝字登记；退回销售货物应冲销销项税额，用红字登记。

（8）“出口退税”专栏。记录企业出口货物、劳务、服务、无形资产，向海关办理报关出口退税而收到退回的税款。出口货物、劳务、服务、无形资产退回的增值税额，用蓝字登记；出口货物办理退税后发生退货或者退关而补交已退的税款，用红字登记。

（9）“进项税额转出”专栏。记录企业的购进货物、劳务、服务、无形资产或不动产等发生非正常损失，以及其他原因而不应从销项税额中抵扣，按照规定转出的进项税额。

（10）“转出多交增值税”专栏。记录企业月末将当月多交增值税转出的金额，此项转账后，“应交税费——应交增值税”科目期末余额不包含多交增值税额。

2.“应交税费——未交增值税”科目

借方发生额反映企业上交以前月份未交增值税以及月末自“应交税费——应交增值税”科目转入的当月多交的增值税额，贷方反映月末自“应交税费——转出未交增值税”科目转入的当月未交的增值税额。月末借方余额反映企业期末留抵税额和专用税票预交等多交的增值税，贷方余额反映期末结转下期的应交的增值税。

（二）小规模纳税人增值税会计科目的设置

小规模纳税人只核算增值税的应交、已交及欠交或多交即可。因此，只需在“应交税费”科目下设置“应交增值税”二级科目，无须再设其他明细科目。贷方发生额反映应交的增值税，借方发生额反映实际上交的增值税；期末贷方余额反映尚未上交或欠交的增值税，期末借方余额反映多交的增值税。

二、会计处理

（一）一般纳税人增值税的会计处理

1. 增值税进项税额的会计处理

（1）国内购进货物、劳务、服务、无形资产或不动产。企业从国内购进的货物、劳务、服务、无形资产或不动产，并取得增值税专用发票，按照采购成本的金额借记“在途物资”“材料采购”“原材料”“制造费用”“无形资产”“固定资产”等科目，按照增值税专用发票上注明的金额，借记“应交税费——应交增值税（进项税额）”，按照应付或实际支付的金额，贷记“银行存款”“应付账款”“应付票据”等科目。

【例2－17】某公司2019年5月购进原材料一批，增值税专用发票上注明价款50 000元，增值税税额6 500元。材料已验收入库，贷款未付。会计处理如下所示。

借：原材料　50 000

　应交税费——应交增值税（进项税额）　6 500

　贷：应付账款　56 500

【例2－18】某公司2019年6月购进设备一台，取得的增值税专用发票上注明价款80 000元，增值税税额为10 400元，款项以银行存款支付。会计处理如下所示。

借：固定资产　80 000

　应交税费——应交增值税（进项税额）　10 400

　贷：银行存款　90 400

【例2－19】某企业2019年6月购入免税农产品一批，买价200 000元，款项未付，料已入库。会计处理如下所示。

允许抵扣的进项税额 = 200 000 × 10% = 20 000（元）

借：原材料　180 000

　应交税费——应交增值税（进项税额）　20 000

　贷：应付账款　200 000

【例2－20】某企业2019年7月委托东方木器厂加工产品包装用木箱，发出材料价款16 000元，支付加工费3 600元和增值税468元。会计处理如下所示。

发出材料时：

借：委托加工物资　16 000

　贷：原材料　16 000

支付加工费和增值税时：

借：委托加工物资　3 600

　应交税费——应交增值税（进项税额）　468

　贷：银行存款　4 068

结转加工材料成本时：

借：原材料——包装物　19 600

　贷：委托加工物资　19 600

（2）进口货物。一般纳税人进口货物，按照海关提供的完税凭证上注明的增值税税额，借记“应交税费——应交增值税（进项税额）”科目，按进口货物应计入采购成本的金额，借记“原材料”“材料采购”等科目，按应付或实际支付的金额，贷记“应付账款”“银行存款”等科目。

【例2－21】某企业2019年9月从国外进口电子元件一批，到岸价格1 000 000元，从海关取得的完税凭证上注明：进口关税50 000元，进口增值税136 500元。另发生国内运费1 000元并取得增值税专用发票。以上费用以银行存款支付，电子元件已验收入库。会计处理如下所示。

准予抵扣的进项税额＝136 500＋1 000×9%＝136 590（元）

电子元件采购成本＝1 000 000＋50 000＋（1 000－90）＝1 050 910（元）

借：原材料　　1 050 910

　　应交税费——应交增值税（进项税额）　　136 590

　贷：银行存款　　1 187 500

（3）接受投资。企业接受投资转入的货物、无形资产等，按照增值税专用发票上注明的增值税额，借记“应交税费——应交增值税（进项税额）”科目，按照双方确认的货物价值借记“原材料”等科目，按其在注册资本中所占的份额，贷记“实收资本”科目，按其差额贷记“资本公积”科目。

【例2－22】甲公司2019年5月接受乙公司投资转入原材料一批，增值税专用发票上注明双方确认的价值为200 000元，增值税为26 000元。该项投资占甲公司20%的股份，甲公司注册资本为1 100 000元。会计处理如下所示。

借：原材料　　200 000

　　应交税费——应交增值税（进项税额）　　26 000

　贷：实收资本　　220 000

　　　资本公积　　6 000

（4）接受捐赠。企业接受捐赠转入的货物等，按照增值税专用发票上注明的增值税税额借记“应交税费——应交增值税（进项税额）”科目，按照双方确认捐赠的价值借记“原材料”等科目，按增值税与货物价值的合计数，贷记“营业外收入”科目。

【例2－23】某公司2019年7月收到某企业捐赠的原材料一批，双方协议确认价值为100 000元，取得捐赠方提供的专用发票，注明增值税款13 000元。会计处理如下所示。

借：原材料　　100 000

　　应交税费——应交增值税（进项税额）　　13 000

　贷：营业外收入　　113 000

（5）进项税额转出的会计处理。

①购进货物改变用途。原已经抵扣进项税额的外购货物改变用途，用于简易计税方法计税项目、免征增值税项目、集体福利或者个人消费时，应将其负担的增值税转入有关成本、费用科目，借记“在建工程”“应付职工薪酬”等科目，贷记“应交税费——应交增值税（进项税额转出）”科目。

【例2－24】大华食品公司2019年6月购进10吨白糖，取得增值税专用发票上注明材料价款为80 000元，增值税税额为10 400元，增值税专用发票已在6月抵扣，8月将其中的2吨作为福利发给职工。会计处理如下所示。

8月份作为福利发给职工时：

借：应付职工薪酬——非货币性福利 18 080

贷：原材料 16 000

应交税费——应交增值税（进项税额转出） 2 080

②货物发生非正常损失。非正常损失的在产品、产成品所耗用的购进货物、劳务的进项税额不得从销项税额中抵扣。当发生非正常损失时，按非正常损失的在产品、产成品的实际成本与负担的进项税额的合计数，借记“待处理财产损溢——待处理流动资产损溢”科目，按实际损失的在产品、产成品成本，贷记“生产成本——基本生产成本”“库存商品”等科目，按计算出的应转出的税额，贷记“应交税费——应交增值税（进项税额转出）”科目。

【例2-25】某企业2019年6月发生火灾，烧毁库存外购材料10吨，账面成本总计40 000元。会计处理如下所示。

不得抵扣的进项税额 = 40 000 × 13% = 5 200（元）

借：待处理财产损溢——待处理流动资产损溢 45 200

贷：原材料 40 000

应交税费——应交增值税（进项税额转出） 5 200

2. 增值税销项税额的会计处理

（1）一般方式销售。一般方式销售货物、劳务、服务、无形资产或不动产，按应收或实际收到的价税合计，借记“应收账款”“应收票据”“银行存款”等科目，按照实现的销售收入，贷记“主营业务收入”“其他业务收入”等科目，按照规定收取的增值税额，贷记“应交税费——应交增值税（销项税额）”科目。

【例2-26】某企业2019年7月向光明厂销售甲产品360件，售价600元/件，增值税28 080元，货款尚未收到。会计处理如下所示。

借：应收账款——光明厂 244 080

贷：主营业务收入 216 000

应交税费——应交增值税（销项税额） 28 080

（2）折扣销售。一般分为商业折扣和现金折扣，而商业折扣也就是税法所称的折扣销售，它是在实现销售时确认的。销售方必须在开出的同一张增值税专用发票上分别写明销售额和折扣额，方可按折扣后的余额作为计算销项税额的依据，其会计处理同一般方式销售货物处理。如果是现金折扣，我国会计实务中规定采用总价法。即在销售业务发生时，以未扣减销售折扣的销售价格和增值税额，确认销售收入、销项税额和应收账款，企业实际发生现金折扣时，应借记“财务费用”等科目，贷记“应收账款”科目。

【例2-27】某企业2019年5月销售一批产品给A企业，全部价款为200 000元，增值税26 000元，规定现金折扣条件为“2/10，1/20，*N*/30”。假定折扣时不考虑增值税。会计处理如下所示。

产品发出时：

借：应收账款　　226 000

　贷：主营业务收入　　200 000

　　应交税费——应交增值税（销项税额）　　26 000

如果上述货款在10天内付款时：

借：银行存款　　222 000

　财务费用　　4 000

　贷：应收账款　　226 000

如果上述货款在30天付款时：

借：银行存款　　226 000

　贷：应收账款　　226 000

（3）销售退回及销售折让。企业在销售过程中，如果发生退货或要求折让，不论是当月销售的退货与折让、还是以前月份销售的退货与折让，除特殊情况外，一般应冲减当月的主营业务收入，在收到购货单位退回的增值税专用发票或寄来的“证明单”后，分不同情况进行会计处理。

①购买方未付款并且未做账情况下的处理。在这种情况下，购货方须将原发票联和税款抵扣联主动退还销售方。销售方收到后，应在该发票联和税款抵扣联及有关的存根联、记账联上注明“作废”字样，作为扣减当期销项税额的凭证。借记“主营业务收入”科目，贷记“应交税费——应交增值税（销项税额）”（红字），“应收账款”“银行存款”等科目。未收到购买方退还的专用发票前，销售方不得扣减当期销项税额。属于销售折让的，销售方应按折让后的货款重开专用发票。

②购买方已付货款或者货款未付但已做账情况下的处理。在这种情况下，销货方在收到进货退回及索取折让证明单后，根据退回货物的数量、价款或折让金额向购买方开具红字专用发票。红字专用发票的存根联、记账联作为销售方扣减当期销项税额的凭证，其发票联、税款抵扣联作为购买方扣减进项税额的凭证。

【例2-28】光华公司2019年6月销售给大明公司一批产品，增值税专用发票注明销售额60 000元，增值税额7 800元，货款已支付，双方均已做账务处理。由于质量原因，双方协商折让30%，7月收到大明公司转来的当地主管税务机关开具的索取折让证明单。会计处理如下所示。

借：主营业务收入　　18 000

　贷：银行存款　　20 340

　　应交税费——应交增值税（销项税额）　　2 340（红字）

(4) 视同销售。视同销售是没有直接现金流入的“销售”。按照财务会计准则、制度的规定，这类行为并非销售行为，而是为了计税的需要，将其视同销售。

①将自产或委托加工的货物用于集体福利和个人消费。纳税人将自产或委托加工的货物用于集体福利和个人消费，应视同销售计算应交增值税。按货物的正常含税销售额，借记“应付职工薪酬”等科目，按货物的不含税销售额，贷记“主营业务收入”，按应纳增值税贷记“应交税费——应交增值税（销项税额）”科目。

【例2-29】某一般纳税人企业2019年9月作为职工福利发给职工电器100台，产品成本100元/台，售价200元/台。会计处理如下所示。

确认视同销售收入时：

借：应付职工薪酬——非货币性福利　　22 600

　贷：主营业务收入　　20 000

　　　应交税费——应交增值税（销项税额）　　2 600

结转成本时：

借：主营业务成本　　10 000

　贷：库存商品　　10 000

②将自产、委托加工或购买的货物作为投资、分配给股东的。纳税人将自产、委托加工或购买的货物对外投资或作为利润分配给股东，应在货物移送时，按照税法核定的销售额与增值税销项税额的合计数，借记“长期股权投资”“应付股利”科目，按核定的销售额，贷记“主营业务收入”等科目，按计算出的增值税销项税额，贷记“应交税费——应交增值税（销项税额）”科目。

【例2-30】某一般纳税人企业2019年6月将自产的产品一批对外投资，产品成本10 000元，该产品经双方协议，其评估价值为22 600元，未发生相关费用。会计处理如下所示。

借：长期股权投资　　22 600

　贷：主营业务收入　　20 000

　　　应交税费——应交增值税（销项税额）　　2 600

借：主营业务成本　　10 000

　贷：库存商品　　10 000

【例2-31】某一般纳税人企业2019年6月将自产的甲产品作为应付股利分配给投资者。甲产品正常销售额为50 000元，产品成本为40 000元。会计处理如下所示。

借：应付股利　　56 500

　贷：主营业务收入　　50 000

　　　应交税费——应交增值税（销项税额）　　6 500

借：主营业务成本　　40 000

　贷：库存商品　　40 000

③将自产、委托加工或购买的货物无偿赠送他人的。纳税人将自产、委托加工或购买的货物无偿赠送他人的，应在货物移送时，按移送货物的成本和计算的增值税销项税额，借记“营业外支出”等科目，按货物成本贷记“库存商品”“自制半成品”等科目，按计算出的销项税额贷记“应交税费——应交增值税（销项税额）”科目。

【例2－32】某企业2019年6月将A产品一批，作为礼物赠送给自己的客户，该批产品无同类产品的销售价格，已知该批产品实际成本12 000元，成本利润率为10%。会计处理如下所示。

组成计税价格＝12 000×（1＋10%）＝13 200（元）

增值税销项税额＝13 200×13%＝1 716（元）

借：营业外支出　　　　13 716

　贷：库存商品——A产品　　　　12 000

　　　应交税费——应交增值税（销项税额）　　　　1 716

3. 上缴增值税的会计处理

（1）增值税结转的会计处理。

企业平时在“应交税费——应交增值税”多栏式账户中核算增值税业务，在纳税期限届满时，结出借方、贷方合计和差额。如果当月“应交税费——应交增值税”为借方余额，表示本月尚未抵扣的进项税额，则继续留在“应交税费——应交增值税”科目的借方，月末不做结转；如果当月“应交税费——应交增值税”为贷方余额，表示本月应交增值税税额，通过“应交税费——应交增值税（转出未交增值税）”科目，转入“应交税费——未交增值税”的贷方。会计处理如下：

借：应交税费——应交增值税（转出未交增值税）

　贷：应交税费——未交增值税

（2）增值税上缴的会计处理。

①按月缴纳增值税的会计处理。按月缴纳增值税时，当月的增值税要到下月才进行缴纳，因此以一个月为纳税期限的企业不存在当月预缴的情况。缴纳时的会计处理：

借：应交税费——未交增值税

　贷：银行存款

②按日缴纳增值税的会计处理。若主管税务机关核定纳税人按日缴纳增值税，企业平时按核定纳税期限纳税时，属预缴性质，下月初进行清缴。平时预缴时的会计处理：

借：应交税费——应交增值税（已交税金）

　贷：银行存款

【例2－33】甲公司为增值税一般纳税人，2019年5月申报期内缴纳4月应纳增值税后，“应交税费——应交增值税”科目无余额；2019年5月发生允许抵扣的进项税额合计120 000元，销项税额合计140 000元，其他增值税明细科目无发生额，当月未缴纳当月增值税。会计处理如下所示。

月末应纳增值税 = 140 000 - 120 000 = 20 000（元）

月末转出未缴增值税时：

借：应交税费——应交增值税（转出未缴增值税）　　20 000

　贷：应交税费——未交增值税　　20 000

下月缴纳增值税时：

借：应交税费——未交增值税　　20 000

　贷：银行存款　　20 000

（二）小规模纳税人增值税的会计处理

1. 小规模纳税人购进货物、劳务、服务、无形资产或不动产的会计处理

增值税对小规模纳税人的征收管理采取简易办法，不实行进项税抵扣制度，适用3%的综合征收率。因此，小规模纳税人购进货物、劳务、服务、无形资产或不动产，均按应付或实际支付的价款借记“材料采购”“原材料”“管理费用”等科目，贷记“应付账款”“银行存款”等科目。

【例2-34】 某电脑贸易公司为增值税小规模纳税人，2019年5月购进计算机，取得增值税专用发票，发票上注明价款100 000元，增值税13 000元，货款以银行存款支付。会计处理如下所示。

借：库存商品　　113 000

　贷：银行存款　　113 000

2. 小规模纳税人销售货物、劳务、服务、无形资产或不动产的会计处理

小规模纳税人销售货物、劳务、服务、无形资产或不动产，按实现的销售收入和按规定收取的增值税额，借记“应收账款”“银行存款”等科目；按实现的销售收入，贷记“主营业务收入”“其他业务收入”等科目；按销售收入与征收率的乘积贷记“应交税费——应交增值税”科目。

【例2-35】 某工业企业属于小规模纳税人，2019年4月产品销售收入10 300元，货款已收到。会计处理如下所示。

应纳增值税税额 = 10 300 ÷（1 + 3%）× 3% = 300（元）

借：银行存款　　10 300

　贷：主营业务收入　　10 000

　　　应交税费——应交增值税　　300

3. 小规模纳税人上缴税款的核算

小规模纳税人按规定的纳税期限缴纳税款时，借记“应交税费——应交增值税”科目，贷记“银行存款”等科目。收到退回多交的增值税时，做相反的会计处理。

任务四　增值税的申报缴纳

一、纳税义务发生的时间

（一）应税销售行为纳税义务发生时间的一般规定

（1）纳税人发生应税销售行为，其纳税义务发生时间为收讫销售款项或者取得索取销售款项凭据的当天；先开具发票的，为开具发票的当天。

（2）进口货物，为报关进口的当天。

（3）增值税扣缴义务发生时间为纳税人增值税纳税义务发生的当天。

（二）应税销售行为纳税义务发生时间的具体规定

（1）采取直接收款方式销售货物，不论货物是否发出，均为收到销售款或者取得索取销售款凭据的当天。

（2）采取托收承付和委托银行收款方式销售货物，为发出货物并办妥托收手续的当天。

（3）采取赊销和分期收款方式销售货物，为书面合同约定的收款日期的当天；无书面合同的或者书面合同没有约定收款日期的，为货物发出的当天。

（4）采取预收货款方式销售货物，为货物发出的当天；但生产销售生产工期超过12个月的大型机械设备、船舶、飞机等货物，为收到预收款或者书面合同约定的收款日期的当天。

（5）委托其他纳税人代销货物，为收到代销单位的代销清单或者收到全部或者部分货款的当天；未收到代销清单及货款的，为发出代销货物满180天的当天。

（6）销售劳务，为提供劳务同时收讫销售款或者取得索取销售款凭据的当天。

（7）纳税人提供租赁服务采取预收款方式的，其纳税义务发生时间为收到预收款的当天。

（8）纳税人从事金融商品转让的，为金融商品所有权转移的当天。

（9）纳税人发生除将货物交付其他单位或者个人代销和销售代销货物以外的视同销售货物行为的，为货物移送的当天。

（10）纳税人发生视同销售服务、无形资产或者不动产情形的，其纳税义务发生时间为服务、无形资产转让完成的当天或者不动产权属变更的当天。

二、纳税期限

根据税法规定，增值税的纳税期限分别为1日、3日、5日、10日、15日、1个月或者1个季度。以1个季度为纳税期限的规定适用于小规模纳税人、银行、财务公司、信托投资公司、信用社以及财政部和国家税务总局规定的其他纳税人。纳税人的具体纳税期限由主管税务机关根据纳税人应纳税额的大小分别核定；不能按照固定期限纳税的，可以按次纳税。

纳税人以1个月或者1个季度为一个纳税期的，自期满之日起15日内申报纳税；以1日、3日、5日、10日或者15日为一个纳税期的，自期满之日起5日内预缴税款，于次月1日起15日内申报纳税并结清上月应纳税款。

扣缴义务人解缴税款的期限，按照上述规定执行。

纳税人进口货物，应当自海关填发进口增值税专用缴款书之日起15日内缴纳税款。

三、纳税地点

（一）固定业户的纳税地点

（1）固定业户应向其机构所在地主管税务机关申报纳税。总机构和分支机构不在同一县（市）的，应当分别向各自所在地的主管税务机关申报纳税；经财政部和国家税务总局或者其授权的财政、税务机关批准，可以由总机构汇总向总机构所在地主管税务机关申报纳税。

（2）固定业户到外县（市）销售货物或者劳务，应当向其机构所在地主管税务机关报告外出经营事项，并向其机构所在地主管税务机关申报纳税。未报告的，应当向销售地或劳务发生地主管税务机关申报纳税；未向销售地或者劳务发生地主管税务机关申报纳税的，由其机构所在地主管税务机关补征税款。

（二）非固定业户增值税纳税地点

非固定业户销售货物或者劳务，应当向销售地或者劳务发生地的主管税务机关申报纳税；未向销售地或者劳务发生地的主管税务机关申报纳税的，由其机构所在地或者居住地主管税务机关补征税款。

另外，进口货物应当向报关地海关申报纳税。扣缴义务人应当向其机构所在地或者居住地的主管税务机关申报缴纳其扣缴的税款。

四、纳税申报

增值税纳税人应按有关规定及时办理纳税申报，并如实填写“增值税纳税申报表”（见表2-2、表2-3）。

表 2－2　　增值税纳税申报表

（一般纳税人适用）

根据国家税收法律法规及增值税相关的规定制定本表。纳税人不论有无销售额，均应按税务机关核定的纳税期限按期填写本表，并向当地税务机关申报。

税款所属时间：自　年　月　日至　年　月　日　　填表日期：　年　月　日　　金额单位：元至角分

<table>
<tr><td colspan="2">纳税人识别号</td><td colspan="3"></td><td colspan="2">所属行业：</td></tr>
<tr><td colspan="2">纳税人名称</td><td>（公章）</td><td>法定代表人姓名</td><td></td><td>注册地址</td><td>生产经营地址</td></tr>
<tr><td colspan="2">开户银行及账号</td><td></td><td>登记注册类型</td><td></td><td>电话号码</td><td></td></tr>
<tr><td colspan="2" rowspan="2">项目</td><td rowspan="2">栏次</td><td colspan="2">一般项目</td><td colspan="2">即征即退项目</td></tr>
<tr><td>本月数</td><td>本年累计</td><td>本月数</td><td>本年累计</td></tr>
<tr><td rowspan="10">销售额</td><td>（一）按适用税率计税销售额</td><td>1</td><td></td><td></td><td></td><td></td></tr>
<tr><td>其中：应税货物销售额</td><td>2</td><td></td><td></td><td></td><td></td></tr>
<tr><td>应税劳务销售额</td><td>3</td><td></td><td></td><td></td><td></td></tr>
<tr><td>纳税检查调整的销售额</td><td>4</td><td></td><td></td><td></td><td></td></tr>
<tr><td>（二）按简易办法计税销售额</td><td>5</td><td></td><td></td><td></td><td></td></tr>
<tr><td>其中：纳税检查调整的销售额</td><td>6</td><td></td><td></td><td></td><td></td></tr>
<tr><td>（三）免、抵、退办法出口销售额</td><td>7</td><td></td><td></td><td>—</td><td>—</td></tr>
<tr><td>（四）免税销售额</td><td>8</td><td></td><td></td><td>—</td><td>—</td></tr>
<tr><td>其中：免税货物销售额</td><td>9</td><td></td><td></td><td>—</td><td>—</td></tr>
<tr><td>免税劳务销售额</td><td>10</td><td></td><td></td><td>—</td><td>—</td></tr>
</table>

续 表

项目		栏次	一般项目		即征即退项目	
			本月数	本年累计	本月数	本年累计
税款计算	销项税额	11				
	进项税额	12				
	上期留抵税额	13				—
	进项税额转出	14				
	免、抵、退应退税额	15			—	—
	按适用税率计算的纳税检查应补缴税额	16			—	—
	应抵扣税额总计	17 = 12 + 13 − 14 − 15 + 16		—		—
	实际抵扣税额	18（如 17 < 11，则为 17，否则为 11）				
	应纳税额	19 = 11 − 18				
	期末留抵税额	20 = 17 − 18				—
	简易计税办法计算的应纳税额	21				
	按简易计税办法计算的纳税检查应补缴税额	22			—	—
	应纳税额减征额	23				
	应纳税额合计	24 = 19 + 21 − 23				
税款缴纳	期初未缴税额（多缴为负数）	25				
	实收出口开具专用缴款书退税额	26			—	—
	本期已缴税额	27 = 28 + 29 + 30 + 31				
	①分次预缴税额	28		—		—
	②出口开具专用缴款书预缴税额	29		—	—	—
	③本期缴纳上期应纳税额	30				
	④本期缴纳欠缴税额	31				
	期末未缴税额（多缴为负数）	32 = 24 + 25 + 26 − 27				
	其中：欠缴税额（≥0）	33 = 25 + 26 − 27		—		—

续 表

<table>
<tr><td colspan="2" rowspan="2">项目</td><td rowspan="2">栏次</td><td colspan="2">一般项目</td><td colspan="2">即征即退项目</td></tr>
<tr><td>本月数</td><td>本年累计</td><td>本月数</td><td>本年累计</td></tr>
<tr><td rowspan="5">税款缴纳</td><td>本期应补（退）税额</td><td>34 =24 −28 −29</td><td></td><td>—</td><td></td><td>—</td></tr>
<tr><td>即征即退实际退税额</td><td>35</td><td>—</td><td>—</td><td></td><td></td></tr>
<tr><td>期初未缴查补税额</td><td>36</td><td></td><td></td><td>—</td><td>—</td></tr>
<tr><td>本期入库查补税额</td><td>37</td><td></td><td></td><td>—</td><td>—</td></tr>
<tr><td>期末未缴查补税额</td><td>38 =16 +22 +36 −37</td><td></td><td></td><td>—</td><td>—</td></tr>
<tr><td>授权声明</td><td colspan="2">如果你已委托代理人申报，请填写下列资料：
为代理一切税务事宜，现授权
（地址）　　　　　　　　为本纳税人的代理申报人，任何与本申报表有关的往来文件，都可寄予此人。

授权人签字：</td><td>申报人声明</td><td colspan="3">本纳税申报表是根据国家税收法律法规及相关规定填报的，我确定它是真实的、可靠的、完整的。

声明人签字：</td></tr>
</table>

主管税务机关：　　　　　　　　接收人：　　　　　　　　接收日期：

表 2 −3　　　　　　增值税纳税申报表

（小规模纳税人适用）

纳税人识别号：□□□□□□□□□□□□□□□□□□□□

纳税人名称（公章）：　　　　　　　　金额单位：元至角分

税款所属期：　年　月　日至　年　月　日　　填表日期：　年　月　日

<table>
<tr><td colspan="2" rowspan="2">项目</td><td rowspan="2">栏次</td><td colspan="2">本期数</td><td colspan="2">本年累计</td></tr>
<tr><td>货物及劳务</td><td>服务、不动产和无形资产</td><td>货物及劳务</td><td>服务、不动产和无形资产</td></tr>
<tr><td rowspan="5">一、计税依据</td><td>（一）应征增值税不含税销售额（3%征收率）</td><td>1</td><td></td><td></td><td></td><td></td></tr>
<tr><td>税务机关代开的增值税专用发票不含税销售额</td><td>2</td><td></td><td></td><td></td><td></td></tr>
<tr><td>税控器具开具的普通发票不含税销售额</td><td>3</td><td></td><td></td><td></td><td></td></tr>
<tr><td>（二）应征增值税不含税销售额（5%征收率）</td><td>4</td><td>—</td><td></td><td>—</td><td></td></tr>
<tr><td>税务机关代开的增值税专用发票不含税销售额</td><td>5</td><td>—</td><td></td><td>—</td><td></td></tr>
</table>

续　表

项目		栏次	本期数		本年累计	
			货物及劳务	服务、不动产和无形资产	货物及劳务	服务、不动产和无形资产
一、计税依据	税控器具开具的普通发票不含税销售额	6	—		—	
	（三）销售使用过的固定资产不含税销售额	7（7≥8）		—		—
	其中：税控器具开具的普通发票不含税销售额	8		—		—
	（四）免税销售额	9＝10＋11＋12				
	其中：小微企业免税销售额	10				
	未达起征点销售额	11				
	其他免税销售额	12				
	（五）出口免税销售额	13（13≥14）			—	—
	其中：税控器具开具的普通发票销售额	14			—	—
二、税款计算	本期应纳税额	15				
	本期应纳税额减征额	16				
	本期免税额	17				
	其中：小微企业免税额	18				
	未达起征点免税额	19				
	应纳税额合计	20＝15－16				
	本期预缴税额	21			—	—
	本期应补（退）税额	22＝20－21			—	—

纳税人或代理人声明：	如纳税人填报，由纳税人填写以下各栏：
本纳税申报表是根据国家税收法律法规及相关规定填报的，我确定它是真实的、可靠的、完整的。	办税人员：　　　　财务负责人： 法定代表人：　　　　联系电话：
	如委托代理人填报，由代理人填写以下各栏：
	代理人名称（公章）：　　　　经办人： 联系电话：

主管税务机关：　　　　接收人：　　　　接收日期：

任务五　增值税专用发票的使用与管理

增值税实行凭国家印发的增值税专用发票注明的税款进行抵扣的制度。专用发票不仅是纳税人经济活动中的重要商业凭证，而且是兼记销货方销项税额和购货方进项税额进行税款抵扣的凭证，对增值税的计算和管理起着决定性的作用，因此，正确使用和管理增值税专用发票是十分重要的。为此，国家税务总局专门制定颁发了《增值税专用发票使用规定》等管理办法，对增值税发票的领购、使用、保管等问题作了具体要求。

一、增值税专用发票的联次

增值税专用发票由基本联次或者基本联次附加其他联次构成，专用发票的基本联次为三联：发票联、抵扣联和记账联。其中，发票联作为购买方核算采购成本和增值税进项税额的记账凭证；抵扣联作为购买方报送主管税务机关认证和留存备查的凭证；记账联作为销售方核算销售收入和销项税额的记账凭证。其他联次用途，由一般纳税人自行确定。

二、增值税专用发票的开票限额

增值税专用发票实行最高开票限额管理。最高开票限额，指单份专用发票开具的销售额合计数不得达到的上限额度。

最高开票限额由一般纳税人申请，区县税务机关依法审批。一般纳税人申请最高开票限额时，需填报“增值税专用发票最高开票限额申请单”。主管税务机关受理纳税人申请以后，根据需要进行实地查验。实地查验的范围和方法由各省税务机关确定。最高开票限额不超过10万元的，主管税务机关不需要事前进行实地查验。

三、增值税专用发票的领购

增值税专用发票只限于增值税一般纳税人领购使用，小规模纳税人和非增值税纳税人一般不得领购使用。

一般纳税人有下列情形之一的，不得领购使用专用发票。

（1）会计核算不健全，不能向税务机关准确提供增值税销项税额、进项税额、应纳税额数据及其他有关增值税税务资料的。

（2）有《税收征管法》规定的税收违法行为，拒不接受税务机关处理的。

（3）有下列行为之一，经税务机关责令限期改正而仍未改正者。

①虚开增值税专用发票。

②私自印制专用发票。

③向税务机关以外的单位和个人买取专用发票。

④借用他人专用发票。

⑤未按规定开具专用发票。

⑥未按规定保管专用发票和专用设备；有下列情形之一的，为未按规定保管专用发票和专用设备。

a. 未设专人保管专用发票和专用设备。

b. 未按税务机关要求存放专用发票和专用设备。

c. 未将认证相符的专用发票抵扣联、“认证结果通知书”和“认证结果清单”装订成册。

d. 未经税务机关查验，擅自销毁专用发票基本联次。

⑦未按规定申请办理防伪税控系统变更发行。

⑧未按规定接受税务机关检查。

有上列情形的，如已领购专用发票，主管税务机关应暂扣其结存的专用发票和IC卡。

四、增值税专用发票的开具范围

（一）专用发票的开具范围

（1）一般纳税人发生应税销售行为，应当向索取增值税专用发票的购买方开具增值税专用发票。

（2）一般纳税人有下列销售情形，不得开具增值税专用发票。

①商业企业一般纳税人零售的烟、酒、食品、服务、鞋帽（不包括劳保专用部分）、化妆品等消费品不得开具增值税专用发票。

②发生应税销售行为适用免税规定的。

③销售报关出口的货物、在境外销售应税劳务。

④将货物用于集体福利或个人消费。

⑤将货物无偿赠送他人（如果受赠者为一般纳税人，可根据受赠人的要求开具增值税专用发票）。

⑥向小规模纳税人销售应税项目，可以不开具增值税专用发票。

⑦应税行为的购买方为消费者个人。

⑧城镇公共供水企业缴纳的水资源税对应的水费收入，不计征增值税，按“不征税自来水”项目开具增值税普通发票。

（二）小规模纳税人申请代开发票

小规模纳税人需要开具增值税专用发票，可以向主管税务机关申请代开。

（三）小规模纳税人自行开具增值税专用发票

自2019年3月1日起，住宿业、鉴证咨询业、建筑业、工业、信息传输、软件和信息技术服务业、租赁和商业服务业、科学研究和技术服务业以及居民服务、修理和其他服务业的小规模纳税人发生增值税应税行为，需要开具增值税专用发票的，可以自愿使用增值税发票管理系统自行开具，不受月销售额标准的限制。

五、增值税专用发票的开具要求

专用发票应按下列要求开具。

（1）项目齐全，与实际交易相符。

（2）字迹清楚，不得压线、错格。

（3）发票联和抵扣联加盖发票专用章。

（4）按照增值税纳税义务的发生时间开具。

对不符合上述要求的专用发票，购买方有权拒收。

一般纳税人销售货物或者提供应税劳务可汇总开具专用发票。汇总开具专用发票的，同时使用防伪税控系统开具“销售货物或者提供应税劳务清单”，并加盖发票专用章。

六、红字专用发票开具

（1）增值税一般纳税人开具增值税专用发票后，发生销货退回、开票有误、应税服务中止等情况但不符合发票作废条件，或者因销货部分退回及发生销售折让，需要开具红字专用发票的，应视不同情况分别按以下规定办理。

①购买方取得专用发票已用于申报抵扣的，购买方可在增值税发票管理新系统（以下简称新系统）中填开并上传“开具红字增值税专用发票信息表”（以下简称“信息表”），在填开“信息表”时不填写相对应的蓝字专用发票信息，应暂依“信息表”所列增值税税额从当期进项税额中转出，待取得销售方开具的红字专用发票后，与“信息表”一并作为记账凭证。

购买方取得专用发票未用于申报抵扣，但发票联与抵扣联无法退回的，购买方填开“信息表”时应填写相对应的蓝字专用发票信息。

销售方开具专用发票尚未交付购买方，以及购买方未用于申报抵扣并将发票联及抵扣联退回的，销售方可在新系统中填开并上传“信息表”。销售方填开“信息表”时应填写相对应的蓝字专用发票信息。

②主管税务机关通过网络接收纳税人上传的“信息表”，系统自动校验通过后，生成带有“红字发票信息表编号”的“信息表”，并将信息同步至纳税人端系统中。

③销售方凭税务机关系统校验通过的“信息表”开具红字专用发票，在新系统中以销项负数开具。红字专用发票应与“信息表”一一对应。

④纳税人也可凭“信息表”电子信息或纸质资料到税务机关对“信息表”内容进行系统校验。

（2）税务机关为小规模纳税人代开专用发票，需要开具红字专用发票的，比照一般纳税人开具红字专用发票的处理办法。

（3）纳税人需要开具红字增值税普通发票的，可以在所对应的蓝字发票金额范围内开具多份红字发票。红字机动车销售统一发票需与原蓝字机动销售统一发票一一对应。

七、对丢失已开具专用发票的发票联和抵扣联的处理

1. 一般纳税人丢失已开具专用发票的发票联和抵扣联

（1）如果丢失前已认证相符的，购买方凭销售方提供的相应专用发票记账联复印件及销售方所在地主管税务机关出具的“丢失增值税专用发票已报税证明单”，经购买方主管税务机关审核同意后，可作为增值税进项税额的抵扣凭证。

（2）如果丢失前未认证的，购买方凭销售方提供的相应专用发票记账联复印件到主管税务机关进行认证，认证相符的凭该专用发票记账联复印件及销售方所在地主管税务机关出具的“丢失增值税专用发票已报税证明单”，可作为增值税进项税额的抵扣凭证。

2. 一般纳税人丢失已开具专用发票的抵扣联

（1）如果丢失前已认证相符的，可使用专用发票发票联复印件留存备查。

（2）如果丢失前未认证的，可使用专用发票发票联到主管税务机关认证，专用发票发票联复印件留存备查。

3. 一般纳税人丢失已开具专用发票的发票联

一般纳税人丢失已开具专用发票的发票联的，可将专用发票抵扣联作为记账凭证，专用发票抵扣联复印件留存备查。

八、对虚开增值税专用发票的处理

虚开发票是指在没有任何购销事实的前提下，为他人、为自己或让他人为自己或介绍他人开具发票的行为。虚开发票的行为是严重的违法行为。对虚开专用发票的，一律按票面所列货物的适用税率全额征补税款，并按《税收征收管理法》的规定按偷税给予处罚。对纳税人取得虚开的增值税专用发票，不得作为增值税合法抵扣凭证抵扣进项税额。虚开发票构成犯罪的，按《全国人民代表大会常务委员会关于惩治虚开、

伪造和非法出售增值税专用发票犯罪的决定》处以刑罚。

九、对纳税人善意取得虚开的增值税专用发票处理

纳税人善意取得虚开的增值税专用发票指购货方与销售方存在真实交易，且购货方不知取得的增值税专用发票是非法手段获得的。

1. 善意取得虚开增值税专用发票的处理

善意取得虚开增值税专用发票，对购买方应做处理如下。

（1）不以偷税或者骗取出口退税论处。

（2）取得的增值税专用发票应按有关法规，不予抵扣进项税款或者不予出口退税；已经抵扣的进项税款或者取得的出口退税，应依法追缴。

（3）如能重新取得合法、有效的增值税专用发票，准许其抵扣进项税款；如不能重新取得合法、有效的增值税专用发票，不准其抵扣进项税款或追缴其已抵扣的进项税款。

（4）因善意取得虚开的增值税专用发票被依法追缴已抵扣的税款，不属于纳税人未按规定期限缴纳税款，不需要缴纳滞纳金。

2. 不属善意取得增值税专用发票及处理

有下列情形之一的，无论购货方（受票方）与销售方是否进行了实际的交易，增值税专用发票所注明的数量、金额与实际交易是否相符，均不属于善意取得增值税专用发票。

（1）购货方取得的增值税专用发票所注明的销售方名称、印章与其进行实际交易的销售方不符的。

（2）购货方取得的增值税专用发票为销售方所在省（自治区、直辖市和计划单列市）以外地区的。

（3）其他有证据表明购货方明知取得的增值税专用发票系销售方以非法手段获得的。

十、对被盗、丢失增值税专用发票的处理

（1）纳税人必须严格按《增值税专用发票使用规定》保管使用专用发票，对违反规定发生被盗、丢失专用发票的纳税人，按《税收征收管理法》和《中华人民共和国发票管理办法》的规定，处以 1 万元以下的罚款，并可视具体情况，对丢失专用发票的纳税人，在一定期限内（最长不超过半年）停止领购专用发票、对纳税人申报遗失的专用发票，如发现非法代开、虚开问题的，该纳税人应承担偷税、骗税的连带责任。

（2）纳税人丢失专用发票后，必须按规定程序向当地主管税务机关、公安机关报失。

十一、增值税专用发票的作废处理

专用发票的作废处理有即时作废和符合条件作废两种。即时作废是指开具时发现有误的；符合条件作废是指一般纳税人在开具专用发票当月，发生销售退回、开票有误等情形，收到退回的发票联、抵扣联符合作废条件的。符合作废条件是指同时具有下列情形。

（1）收到退回的发票联、抵扣联时间未超过销售方开票当月。

（2）销售方未抄税且未记账。

（3）购买方未认证或者认证结果为“纳税人识别号认证不符”“专用发票代码、号码认证不符”。

作废专用发票须在防伪税控系统中将相应的数据电文按“作废”处理，在纸质专用发票（含未打印的专用发票）各联次上注明“作废”字样，全联次留存。

十二、专用发票缴销

一般纳税人注销税务登记或者转为小规模纳税人，应将专用设备和结存未用的纸质专用发票送交主管税务机关。

主管税务机关应缴销其专用发票，并按有关安全管理的要求处理专用设备。

专用发票的缴销，指主管税务机关在纸质专用发票监制章处按“V”形剪角作废，同时作废相应的专用发票数据电文。

被缴销的纸质专用发票应退还纳税人。

十三、防伪税控系统增值税专用发票的管理

（1）税务机关专用发票管理部门在运用防伪税控发售系统进行发票入库管理或向纳税人发售专用发票时，要认真录入发票代码、号码，并与纸质专用发票进行仔细核对，确保发票代码、号码电子信息与纸质发票的代码、号码完全一致。

（2）纳税人在运用防伪税控系统开具专用发票时，应认真检查系统中的电子发票代码、号码与纸质发票是否一致。如发现税务机关错填电子发票代码、号码的，应持纸质专用发票和税控 IC 卡到税务机关办理退回手续。

（3）对税务机关错误录入代码或号码后又被纳税人开具的专用发票，按以下办法处理。

①纳税人当月发现上述问题的，应按照专用发票使用管理的有关规定，对纸质专用发票和防伪税控开票系统中专用发票电子信息同时进行作废，并及时报主管税务机关。纳税人在以后月份发现的，应按有关规定开具负数专用发票。

②主管税务机关按照有关规定追究有关人员责任。同时将有关情况，如发生原因、主管税务机关名称、编号、纳税人名称、纳税人识别号、发票代码号码（包括错误的

和正确的）、发生时间、责任人以及处理意见或请求等，逐级上报至总局。

③对涉及发票数量多、影响面较大的，总局将按规定程序对“全国作废发票计算机数据库”进行修正。

（4）在未收回专用发票抵扣联及发票联、或虽已收回专用发票抵扣联及发票联、但购货方已将专用发票抵扣联报送税务机关认证的情况下，销货方一律不得作废已开具的专用发票。

项目三　消费税纳税实务

学习任务

熟悉消费税法规；掌握消费税应纳税额的计算、会计处理和消费税纳税申报。

任务导入

B企业是从事卷烟生产并销售的企业，为增值税一般纳税人，2019年9月销售A种卷烟50标准箱，调拨价为每箱20 000元，成本为7 000元/箱。会计在交纳税款时既交了增值税，又交了消费税，而且交消费税时既按价格交，还要按“箱”来交。销售部经理认为这样对企业不公平，企业税负太重。那么什么是消费税？征税范围包括哪些？如何计算应纳消费税额？

任务一　认识消费税

一、消费税的概念

消费税是对在我国境内从事生产、委托加工和进口应税消费品的单位和个人，就其销售额或销售数量征收的一种税。简单地说，消费税是对特定消费品和消费行为征收的一种税。

消费税是世界各国广泛实行的税种。根据荷兰克劳森教授收集的129个国家的资料，没有开征消费税的国家不到10个。我国的消费税是1994年税制改革在流转税中新设置的一个税种，国务院于2008年11月5日修订通过了《中华人民共和国消费税暂行条例》，并于2009年1月1日起实施，目的是引导消费、调节收入、引导生产结构、增加财政收入。

二、消费税的纳税义务人

在中华人民共和国境内生产、委托加工和进口应税消费品的单位和个人，以及国务院确定的销售消费税条例规定的消费品的其他单位和个人，为消费税的纳税义务人。

具体来说，消费税的纳税义务人包括生产应税消费品的单位和个人；进口应税消费品的单位和个人；委托加工应税消费品的单位和个人；国务院确定的销售应税消费品的单位和个人。

金银首饰、钻石及钻石饰品消费税的纳税人为在我国境内从事商业零售金银首饰、钻石及钻石饰品的单位和个人。

将超豪华小汽车销售给消费者的单位和个人为超豪华小汽车零售环节纳税人。

三、消费税的税目

根据《中华人民共和国消费税暂行条例》的规定及相关法规规定，确定征收消费税的只有烟、酒、化妆品等15个税目，有的税目还进一步划分了若干子目。具体的税目为以下内容。

1. 烟

凡是以烟叶为原料加工生产的产品，不论使用何种辅料，均属于本税目的征收范围。包括卷烟、雪茄烟、烟丝。

2. 酒

酒指酒精度在1度以上的各种酒类饮料。包括白酒、黄酒、啤酒和其他酒。

对饮食业、商业、娱乐业举办的啤酒屋（啤酒坊）利用啤酒生产设备生产的啤酒，应当征收消费税；无醇啤酒比照啤酒征消费税；果啤属于啤酒征消费税；调味料酒不征消费税。

3. 高档化妆品

本税目征收范围包括高档美容、修饰类化妆品、高档护肤类化妆品和成套化妆品。

高档美容、修饰类化妆品和高档护肤类化妆品指生产（进口）环节销售（完税）价格（不含增值税）在10元/毫升（克）或15元/片（张）及以上的美容、修饰类化妆品和护肤类化妆品。

美容、修饰类化妆品是指香水、香水精、香粉、口红、指甲油、胭脂、眉笔、唇笔、蓝眼油、眼睫毛以及成套化妆品。

舞台、戏剧、影视演员化妆用的上妆油、卸妆油、油彩、发胶和头发漂白剂等，不属于本税目征收范围。

4. 贵重首饰及珠宝玉石

本税目征收范围包括凡以金、银、白金、宝石、珍珠、钻石、翡翠、珊瑚、玛瑙等高贵稀有物质以及其他金属、人造宝石等制作的各种纯金银首饰及镶嵌首饰（含人造金银、合成金银首饰等）和经采掘、打磨、加工的各种珠宝玉石。

5. 鞭炮、焰火

本税目征收范围包括各种鞭炮、焰火。体育上用的发令纸，鞭炮药引线，不按本税目征收。

6. 成品油

本税目包括汽油、柴油、石脑油、溶剂油、航空煤油、润滑油、燃料油 7 个子目。航空煤油暂缓征收。

7. 摩托车

本税目征收范围包括轻便摩托车、摩托车。对最大设计车速不超过 50 千米/小时，发动机汽缸工作容量不超过 50 毫升的三轮摩托车不征收消费税。

8. 小汽车

小汽车指由动力装置驱动，具有 4 个和 4 个以上车轮的非轨道承载的车辆。

本税目征收范围包括以下内容。

（1）乘用车：含驾驶员座位在内最多不超过 9 个座位（含）的，在设计和技术特性上用于载运乘客和货物的各类乘用车。

（2）中轻型商用客车：含驾驶员座位在内的座位数在 10～23 座（含）的在设计和技术特性上用于载运乘客和货物的各类中轻型商用客车。

（3）超豪华小汽车：每辆零售价格 130 万元（不含增值税）及以上的乘用车和中轻型商用客车。

用排气量小于 1.5 升（含）的乘用车底盘（车架）改装、改制的车辆属于乘用车征收范围。用排气量大于 1.5 升的乘用车底盘（车架）或用中轻型商用客车底盘（车架）改装、改制的车辆属于中轻型商用客车征收范围。

含驾驶员人数（额定载客）为区间值的（如 8～10 人；17～26 人）小汽车，按其区间值下限人数确定征收范围。

电动汽车不属于本税目征收范围。车身长度大于 7 米（含），并且座位在 10～23 座（含）以下的商用客车，不属于中轻型商用客车征税范围，不征收消费税。沙滩车、雪地车、卡丁车、高尔夫车不属于消费税征收范围，不征收消费税。

9. 高尔夫球及球具

高尔夫球及球具是指从事高尔夫球运动所需的各种专用装备，包括高尔夫球、高尔夫球杆及高尔夫球包（袋）等。

本税目征收范围包括高尔夫球、高尔夫球杆、高尔夫球包（袋）。高尔夫球杆的杆头、杆身和握把属于本税目的征收范围。

10. 高档手表

高档手表是指销售价格（不含增值税）每只在 10 000 元（含）以上的各类手表。

11. 游艇

游艇是指长度大于 8 米小于 90 米，船体由玻璃钢、钢、铝合金、塑料等多种材料制作，可以在水上移动的水上浮载体。按照动力划分，游艇分为无动力艇、帆艇和机动艇。

本税目征收范围包括艇身长度大于 8 米（含）小于 90 米（含），内置发动机，可以在水上移动，一般为私人或团体购置，主要用于水上运动和休闲娱乐等非营利活动的各类机动艇。

12. 木制一次性筷子

木制一次性筷子，又称卫生筷子，指以木材为原料经过锯段、浸泡、旋切、刨切、烘干、筛选、打磨、倒角、包装等环节加工而成的各类供一次性使用的筷子。

本税目征收范围包括各种规格的木制一次性筷子。未经打磨、倒角的木制一次性筷子属于本税目征税范围。

13. 实木地板

实木地板指以木材为原料，经锯割、干燥、刨光、截断、开榫、涂漆等工序加工而成的块状或条状的地面装饰材料。实木地板按生产工艺不同，可分为独板（块）实木地板、实木指接地板、实木复合地板三类；按表面处理状态不同，可分为未涂饰地板（白坯板、素板）和漆饰地板两类。

本税目征收范围包括各类规格的实木地板、实木指接地板、实木复合地板及用于装饰墙壁、天棚的侧端面为榫、槽的实木装饰板。未经涂饰的素板属于本税目征税范围。

14. 电池

本税目征税范围包括原电池、蓄电池、燃料电池、太阳能电池和其他电池。

15. 涂料

涂料指涂于物体表面能形成具有保护、装饰或特殊性能的固态涂膜的一类液体或固体材料的总称。

四、消费税的税率

消费税采用比例税率和定额税率两种形式，以适应不同应税消费品的实际情况。对黄酒、啤酒和成品油这3个税目采用定额税率，实行从量定额征收；对卷烟、白酒采用比例税率和定额税率复合征税；其余的税目在税率设计上采用产品差别比例税率。消费税税目、税率的调整，由国务院决定。消费税税目税率（额）如表3－1所示。

表3－1　消费税税目税率（额）表

税目	计税单位	税率
一、烟		
1. 卷烟		
（1）甲类卷烟［调拨价70元（不含增值税）/条以上（含70元）］	标准箱（5万支）	56%；150元/箱
（2）乙类卷烟［调拨价70元（不含增值税）/条以下］	标准箱（5万支）	36%；150元/箱

续　表

税目	计税单位	税率
(3) 商业批发	标准箱（5万支）	11%；250元/箱
2. 雪茄烟		36%
3. 烟丝		30%
二、酒		
1. 白酒	克或者500毫升	20%；0.5元
2. 黄酒	吨	240元
3. 啤酒		
(1) 甲类啤酒［出厂价（含包装物及押金）3 000元（含3 000元，不含增值税）以上］	吨	250元
(2) 乙类啤酒［出厂价（含包装物及押金）3 000元（不含增值税）以下］	吨	220元
(3) 娱乐业和饮食业自制的	吨	250元
4. 其他酒		10%
三、高档化妆品		15%
四、贵重首饰及珠宝玉石		
1. 金银首饰、铂金首饰和钻石及钻石饰品		5%
2. 其他贵重首饰和珠宝玉石		10%
五、鞭炮、焰火		15%
六、成品油		
1. 汽油	升	1.52元
2. 柴油	升	1.20元
3. 航空煤油	升	1.20元
4. 石脑油	升	1.52元
5. 溶剂油	升	1.52元
6. 润滑油	升	1.52元
7. 燃料油	升	1.20元
七、摩托车		
1. 气缸容量（排气量，下同）250毫升的		3%
2. 气缸容量在250毫升以上的		10%

续 表

税目	计税单位	税率
八、小汽车		
1. 乘用车		
（1）气缸容量（排气量，下同）在 1.0 升（含 1.0 升）以下的		1%
（2）气缸容量在 1.0 升以上至 1.5 升（含 1.5 升）的		3%
（3）气缸容量在 1.5 升以上至 2.0 升（含 2.0 升）的		5%
（4）气缸容量在 2.0 升以上至 2.5 升（含 2.5 升）的		9%
（5）气缸容量在 2.5 升以上至 3.0 升（含 3.0 升）的		12%
（6）气缸容量在 3.0 升以上至 4.0 升（含 4.0 升）的		25%
（7）气缸容量在 4.0 升以上的		40%
2. 中轻型商用客车		5%
3. 超豪华小汽车（零售环节）		10%
九、高尔夫球及球具		10%
十、高档手表		20%
十一、游艇		10%
十二、木制一次性筷子		5%
十三、实木地板		5%
十四、电池		4%
十五、涂料		4%

纳税人兼营不同税率的应税消费品，即生产销售两种税率以上的应税消费品时，应当分别核算不同税率应税消费品的销售额、销售数量；未分别核算销售额、销售数量，或者将不同税率的应税消费品组成成套消费品销售的，从高适用税率。

任务二　消费税应纳税额的计算

一、直接对外销售应纳消费税的计算

按照现行消费税的基本规定，消费税应纳税额的计算分为从价计征、从量计征和从价从量复合计征三种方法。

（一）实行从价定率计算方法

在从价定率计征办法下，应纳税额的计算取决于应税消费品的销售额和适用比例税率两个因素。其基本计算公式如下。

应纳税额 = 应税消费品的销售额 × 比例税率

1. 销售额确定的一般规定

应税消费品的销售额是指纳税人销售应税消费品向购买方收取的全部价款和价外费用。价外费用，指价外向购买方收取的手续费、补贴、基金、集资费、返还利润、奖励费、违约金、滞纳金、延期付款利息、赔偿金、代收款项、代垫款项、包装费、包装物租金、储备费、优质费、运输装卸费以及其他各种性质的价外收费。但下列项目不包括在内。

（1）同时符合以下条件的代垫运输费用。

①承运部门的运输费用发票开具给购买方的。

②纳税人将该项发票转交给购买方的。

（2）同时符合以下条件代为收取的政府性基金或者行政事业性收费。

①由国务院或者财政部批准设立的政府性基金，由国务院或者省级人民政府及其财政、价格主管部门批准设立的行政事业性收费。

②收取时开具省级以上财政部门印制的财政票据。

③所收款项全额上缴财政。

2. 包装物及押金的计税销售额的确定。

应税消费品连同包装物销售的，无论包装物是否单独计价，也不论在会计上如何核算，均应并入应税消费品的销售额中缴纳消费税。如果包装物不作价随同产品销售，而是收取押金，此项押金则不应并入应税消费品的销售额中征税。但对因逾期未收回的包装物不再退还的或者已收取的时间超过 12 个月的押金，应并入应税消费品的销售额，按照应税消费品的适用税率缴纳消费税。

对既作价随同应税消费品销售、又另外收取押金的包装物的押金，凡纳税人在规定的期限内没有退还的，均应并入应税消费品的销售额，按照应税消费品的适用税率缴纳消费税。

对销售啤酒、黄酒外的其他酒类产品生产企业销售酒类产品而收取的包装物押金，无论押金是否返还及会计上如何核算，均应并入酒类产品销售额中征收消费税。

3. 销售额确定的特殊规定

（1）纳税人通过自设非独立核算门市部销售的自产应税消费品，应当按照门市部对外销售额或者销售数量征收消费税。

【例 3－1】 某酒厂为增值税一般纳税人，2019 年 7 月移送一批 60 度白酒给自设的非独立核算门市部，同批次白酒不含税出厂价格 260 元/斤，门市部销售 150 斤、每斤不含税价格为360元，本月酒厂销售白酒的均价不含税300元/斤。要求：计算该酒厂本月应纳的消费税。

应纳消费税 $=360\times150\times20\%+150\times0.5=10\ 875$（元）

（2）纳税人用于换取生产资料和消费资料，投资入股和抵偿债务等方面的应税消费品，应当以纳税人同类应税消费品的最高销售价格为依据计算消费税。

【例3-2】 某化妆品厂为增值税一般纳税人，2019年6月发生以下业务：8日销售高档化妆品400箱，每箱不含税价6 000元；15日销售同类化妆品500箱，每箱不含税价6 500元。当月以200箱同类化妆品与某公司换取高档精油。要求：计算该厂当月应纳消费税。

应纳消费税 $=(6\ 000\times400+6\ 500\times500+6\ 500\times200)\div10\ 000\times15\%$

$=104.25$（万元）

（3）白酒生产企业向商业销售单位收取的品牌使用费是随着应税白酒的销售而向购货方收取的，属于应税白酒销售价款的组成部分，因此，不论企业采取何种方式以何种名义收取价款，均应并入白酒的销售额中缴纳消费税。

（4）金银首饰销售额的确定。对既销售金银首饰，又销售非金银首饰的生产、经营单位，应将两类商品划分清楚，分别核算销售额。凡划分不清楚或不能分别核算的，在生产环节销售的，一律从高适用税率征收消费税；在零售环节销售的，一律按金银首饰征收消费税。金银首饰与其他产品组成成套消费品销售的，应按销售额全额征收消费税。

金银首饰连同包装物销售的，无论包装是否单独计价，也无论会计上如何核算，均应并入金银首饰的销售额计征消费税。

带料加工的金银首饰，应按受托方销售同类金银首饰的销售价格确定计税依据征收消费税。没有同类金银首饰销售价格的，按照组成计税价格计算纳税。

纳税人采用以旧换新（含翻新改制）方式销售的金银首饰，应按实际收取的不含增值税的全部价款计算纳税。

（5）白酒生产企业销售给销售单位的白酒，生产企业消费税计税价格低于销售单位对外销售价格（不含增值税）70%以下的，税务机关应核定消费税最低计税价格。已核定最低计税价格的白酒，销售单位对外销售价格持续上涨或下降时间达到3个月以上、累计上涨或下降幅度在20%（含）以上的白酒，税务机关重新核定最低计税价格。

4. 纳税人销售的应税消费品

纳税人销售的应税消费品，以人民币以外的货币结算销售额的，其销售额的人民币折合率可以选择销售额发生的当天或者当月1日的人民币汇率中间价。纳税人应在事先确定采用何种折合率，确定后1年内不得变更。

5. 含税销售额的换算

应税消费品在缴纳消费税的同时，与一般货物一样，还应缴纳增值税。按规定，应税消费品的销售额，不包括向购货方收取的增值税税款。如果纳税人应税消费品的销售额中未扣除增值税税款，或者因不得开具增值税专用发票而发生价款和增值税税款合并收取的，在计算消费税时，应将含增值税的销售额换算为不含增值税税款的销售额。其换算公式如下。

应税消费品的销售额＝含增值税的销售额÷（1＋增值税的税率或征收率）

【例3－3】某化工厂为增值税一般纳税人，2019年6月销售情况如下：销售高档化妆品给超市，开具增值税专用发票，取得不含税销售额90万元；销售高档化妆品给小商店，开具普通发票，取得销售额11.3万元。要求：计算该化妆品厂应缴纳的消费税和增值税。

应纳消费税＝90×15%＋11.3÷（1＋13%）×15%＝15（万元）

应纳增值税＝90×13%＋11.3÷（1＋13%）×13%＝13（万元）

（二）实行从量定额计算方法

在从量计征办法下，应纳税额的计算取决于应税消费品的销售数量和单位税额两个因素。其基本计算公式如下。

应纳税额＝应税消费品的销售数量×单位税额

1. 销售数量的确定

销售数量指纳税人生产、加工和进口应税消费品的数量。具体规定如下。

（1）销售应税消费品的，为应税消费品的销售数量。

（2）自产自用的应税消费品，为应税消费品的移送使用数量。

（3）委托加工的应税消费品，为纳税人收回的应税消费品数量。

（4）进口的应税消费品，为海关核定的应税消费品进口征税数量。

2. 计量单位的换算

根据税法规定，黄酒、啤酒以吨为计税单位；成品油以升为计税单位。但在实际销售过程中，纳税人会把两种计量单位混用。为了规范不同产品的计量单位，以准确地计算应纳消费税额，税法规定了吨与升两个计量单位的换算标准：

啤酒1吨＝988升　　石脑油1吨＝1 385升

黄酒1吨＝962升　　溶剂油1吨＝1 282升

汽油1吨＝1 388升　　润滑油1吨＝1 126升

柴油1吨＝1 176升　　燃料油1吨＝1 015升

航空煤油1吨＝1 246升

【例3－4】某啤酒厂当月销售啤酒296 400升，每吨啤酒出厂价格为2 500元（不含增值税）。要求：计算该啤酒厂当月应纳的消费税。

应纳消费税＝296 400÷988×220＝66 000（元）

（三）实行从价定率和从量定额复合计算方法

现行消费税的征税范围中，只有卷烟、白酒采用复合计算方法。其基本计算公式如下。

应纳税额＝应税销售数量×定额税率＋应税销售额×比例税率

【例3－5】某酒厂以粮食为原料加工生产白酒，本月销售白酒10 000瓶（500毫升/瓶），每瓶不含税价格150元。要求：计算该酒厂当月应纳的消费税。

应纳消费税＝10 000×0.5＋150×10 000×20%＝305 000（元）

二、自产自用应税消费品应纳税额的计算

自产自用的应税消费品，指纳税人生产应税消费品后，不是用于直接对外销售，而是用于自己连续生产应税消费品或用于其他方面。自产自用的使用方向不同，消费税的纳税规定也不同。

（一）用于连续生产的应税消费品

纳税人自产自用的应税消费品，用于连续生产的应税消费品，不纳税。这种自产自用的应税消费品，指该消费品是作为生产最终应税消费品的直接材料，并构成最终产品实体的应税消费品。如果对中间产品和最终产品均征税，必然会出现重复计税的现象。因此，税法规定，对用于连续生产应税消费品的中间产品不征消费税，仅对最终产品征税。例如，卷烟厂用自己生产的烟丝加工成卷烟，烟丝和卷烟都是应税消费品，这种情况下，只对最终销售的卷烟征税，对自产自用的烟丝不征税。但是，如果将烟丝直接用于对外销售，应缴消费税。

（二）用于其他方面的应税消费品

纳税人自产自用的应税消费品，用于其他方面的，于移送使用时纳税。用于其他方面的，指纳税人用于生产非应税消费品、在建工程、管理部门、非生产机构、提供劳务，以及用于馈赠、赞助、集资、广告、样品、职工福利、奖励等方面的应税消费品。例如，生产企业将自产石脑油用于本企业连续生产汽油等应税消费品的，不缴纳消费税；用于连续生产乙烯等非应税消费品或其他方面的，于移送使用时缴纳消费税。

（三）组成计税价格的确定

纳税人自产自用的应税消费品，凡用于其他方面的，应当纳税。具体分以下两种情况。

1. 有同类消费品的销售价格的

按照纳税人生产的同类消费品的销售价格计算纳税，其计算公式如下。

应纳税额＝同类消费品销售单价×自产自用数量×适用税率

同类消费品的销售价格，指纳税人当月销售的同类消费品的销售价格。如果当月同类消费品各期销售价格高低不同，应按销售数量加权平均计算。但纳税人销售的应税消费品有下列情况之一的，不得列入加权平均计算：

（1）销售价格明显偏低又无正当理由的。

（2）无销售价格的。

如果当月无销售或者当月未完结，应按照同类消费品上月或最近月份的销售价格计算纳税。

2. 没有同类消费品的销售价格的

按照组成计税价格计算纳税，组成计税价格的计算公式如下。

（1）实行从价定率办法计算纳税的组成计税价格。

组成计税价格 =（成本 + 利润）÷（1 - 消费税税率）

= 成本 ×（1 + 成本利润率）÷（1 - 消费税税率）

应纳税额 = 组成计税价格 × 适用税率

（2）实行复合计税办法计算纳税的组成计税价格。

组成计税价格 =（成本 + 利润 + 自产自用数量 × 定额税率）÷（1 - 消费税税率）

应纳税额 = 组成计税价格 × 消费税税率 + 自产自用数量 × 定额税率

公式中的成本指应税消费品的产品生产成本；利润指根据应税消费品的全国平均成本利润率计算的利润。

应税消费品全国平均成本利润率由国家税务总局统一规定。应税消费品全国平均成本利润率如表 3 - 2 所示。

表 3 - 2　应税消费品全国平均成本利润率

应税消费品名称	成本利润率（%）	应税消费品名称	成本利润率（%）
甲类卷烟	10	摩托车	6
乙类卷烟	5	高尔夫球及球具	10
雪茄烟	5	高档手表	20
烟丝	5	游艇	10
粮食白酒	10	木制一次性筷子	5
薯类白酒	5	实木地板	5
其他酒	5	乘用车	8
高档化妆品	5	中轻型商用客车	5
鞭炮、焰火	5	电池	4
贵重首饰及珠宝玉石	6	涂料	7

【例3－6】某化妆品公司将一批自产的化妆品用作职工福利，这批化妆品的成本8 000元。要求：计算该公司应纳的消费税（结果保留小数点后两位）。

组成计税价格＝（成本＋利润）÷（1－消费税税率）

＝（8 000＋8 000×5%）÷（1－15%）≈9 882.35（元）

应纳消费税税额＝9 882.35×15%≈1 482.35（元）

三、委托加工应税消费品应纳税额的计算

（一）委托加工应税消费品的界定

委托加工的应税消费品，指由委托方提供原料和主要材料，受托方只收取加工费和代垫部分辅助材料加工的应税消费品。对于由受托方提供原材料生产的应税消费品，或者受托方先将原材料卖给委托方，然后再接受加工的应税消费品，以及由受托方以委托方名义购进原材料生产的应税消费品，不论在财务上是否做销售处理，都不得作为委托加工应税消费品，而应当按照销售自制应税消费品缴纳消费税。

（二）代收代缴税款的规定

（1）对于委托加工的应税消费品，税法规定，由受托方向委托方交货时代收代缴消费税。

（2）如果纳税人委托个体经营者加工应税消费品的，一律于委托方收回后在委托方所在地缴纳消费税。

对于受托方没有按规定代收代缴税款的，委托方要补缴税款。同时，按照《税收征收管理法》的规定，对受托方处以应代收代缴税款50%以上3倍以下的罚款。委托方补缴税款的计税依据为以下两方面。

①已经直接销售的，按销售额计税。

②尚未销售或不能直接销售的（如收回后用于连续生产等），按组成计税价格计税。组成计税价格的计算公式与下文“（三）组成计税价格的确定”中的相关公式一致。

（三）组成计税价格的确定

委托加工应税消费品组成计税价格的确定，根据不同的情况有两种确定方法。

（1）委托加工的应税消费品，按照受托方的同类消费品的销售价格计算纳税，同类消费品的销售价格，指受托方（即代收代缴义务人）当月销售的同类消费品的销售价格。如果当月同类消费品各期销售价格高低不同，应按销售数量加权平均计算。但销售的应税消费品有下列情况之一的，不得列入加权平均计算。

①销售价格明显偏低又无正当理由的。

②无销售价格的。

如果当月无销售或者当月未完结，应按照同类消费品上月或最近月份的销售价格计算纳税。

（2）没有同类消费品销售价格的，按组成计税价格计算纳税。组成计税价格的计算公式如下。

①实行从价定率办法计算纳税的组成计税价格。

组成计税价格 =（材料成本 + 加工费）÷（1 − 消费税税率）

应纳税额 = 组成计税价格 × 消费税税率

②实行复合计税办法计算纳税的组成计税价格。

组成计税价格 =（材料成本 + 加工费 + 委托加工数量 × 定额税率）÷（1 − 消费税税率）

应纳税额 = 组成计税价格 × 消费税税率 + 委托加工数量 × 定额税率

公式中的材料成本指委托方所提供加工材料的实际成本。按规定，委托加工应税消费品的纳税人，必须在委托加工合同上注明（或以其他方式提供）材料成本，凡未提供材料成本的，受托方主管税务机关有权核定其材料成本。

公式中的加工费指受托方加工应税消费品向委托方所收取的全部费用（包括代垫辅助材料的实际成本），但不包括收取的增值税。

【例3−7】某化妆品厂为增值税一般纳税人，委托某工厂加工一批高档化妆品，提供原材料价值30 000元，受托方开具的增值税专用发票上注明加工费5 000元，该批加工产品已收回（受托方没有同类化妆品的销售价格）。要求：计算该化妆品厂应缴纳的消费税（结果保留小数点后两位）。

组成计税价格 =（30 000 + 5 000）÷（1 − 15%）≈41 176.47（元）

应纳消费税 =41 176.47 ×15% =6 176.47（元）

（四）委托加工的应税消费品已纳税额的其他规定

委托加工的应税消费品，受托方在交货时已代收代缴消费税，委托方将收回的应税消费品，以不高于受托方的计税价格出售的，为直接出售，不再征收消费税。委托方以高于受托方的计税价格出售的，需按照规定申报缴纳消费税，在计税时准予扣除受托方已代收代缴的消费税。

委托加工的应税消费品，委托方用于连续生产应税消费品的，其在委托加工环节已纳的消费税款准予从连续生产的应税消费品应纳消费税税额中扣除。按规定，下列应税消费品准予从应纳税额中扣除已纳消费税税款。

（1）以委托加工收回的已税烟丝为原料生产的卷烟。

（2）以委托加工收回的已税高档化妆品为原料生产的高档化妆品。

（3）以委托加工收回的已税珠宝玉石为原料生产的贵重首饰及珠宝玉石。

（4）以委托加工收回的已税鞭炮、焰火为原料生产的鞭炮、焰火。

（5）以委托加工收回的已税汽油、柴油、石脑油、燃料油、润滑油为原料生产的应税成品油。

（6）以委托加工收回的已税杆头、杆身和握把为原料生产的高尔夫球杆。

（7）以委托加工收回的已税木制一次性筷子为原料生产的木制一次性筷子。

（8）以委托加工收回的已税实木地板为原料生产的实木地板。

（9）以委托加工收回的已税电池为原料生产应税电池。

上述当期准予扣除委托加工收回的应税消费品已纳消费税税款的计算公式如下：

当期准予扣除的委托加工应税消费品已纳税款＝期初库存的委托加工应税消费品已纳税款＋当期收回的委托加工应税消费品已纳税款－期末库存的委托加工应税消费品已纳税款

需要说明的是，纳税人用委托加工收回的已税珠宝玉石生产的改在零售环节征收消费税的金银、钻石首饰，在计税时一律不得扣除委托加工收回的珠宝玉石的已纳消费税税款。

【例3－8】某卷烟厂发往B烟厂烟叶一批，委托B烟厂加工烟丝，发出烟叶成本20万元，支付加工费8万元，B烟厂没有同类烟丝销售价格，委托B烟厂加工的烟丝收回，一半出售，生产卷烟领用另一半。本月销售卷烟20标准箱，取得收入100万元。要求：计算该卷烟厂当月应纳的消费税额。

B烟厂代收代缴的消费税＝（200 000＋80 000）÷（1－30%）×30%＝120 000（元）

当月销售的应纳消费税＝1 000 000×56%＋20×150＝563 000（元）

准予扣除的消费税＝120 000×50%＝60 000（元）

当月应纳的消费税＝563 000－60 000＝503 000（元）

四、进口应税消费品应纳税额的计算

（一）实行从价定率计征应纳税额的计算

组成计税价格＝（关税完税价格＋关税）÷（1－消费税税率）

应纳税额＝组成计税价格×消费税比例税率

公式中的关税完税价格指海关核定的关税计税价格。

（二）实行从量定额计征应纳税额的计算

应纳税额＝应税消费品数量×消费税定额税率

公式中的应税消费品数量指海关核定的应税消费品的进口数量。

（三）实行从价定率和从量定额复合计税办法应纳税额的计算

组成计税价格＝（关税完税价格＋关税＋进口数量×消费税定额税率）÷

（1－消费税比例税率）

应纳税额＝组成计税价格×消费税比例税率＋进口数量×消费税定额税率

【例3－9】某公司某月从国外进口一批化妆品，海关核定的关税完税价格为180万元。该批化妆品的进口关税税率为15%，适用的消费税税率为15%。要求：计算该批化妆品应纳的消费税（结果保留小数点后两位）。

该批化妆品的组成计税价格＝180×（1＋15%）÷（1－15%）≈243.53（万元）

该批化妆品应纳的消费税＝243.53×15%＝36.53（万元）

五、外购应税消费品已纳税款扣除的计算

由于某些应税消费品是用外购已缴纳消费税的应税消费品连续生产出来的，在对这些连续生产出来的应税消费品计征消费税时，税法规定可按当期生产领用数量计算准予扣除外购的应税消费品已纳的消费税税款。扣除范围包括以下内容。

（1）外购已税烟丝生产的卷烟。

（2）外购已税高档化妆品生产的高档化妆品。

（3）外购已税珠宝玉石生产的贵重首饰及珠宝玉石。

（4）外购已税鞭炮、焰火生产的鞭炮、焰火。

（5）外购已税杆头、杆身和握把为原料生产的高尔夫球杆。

（6）外购已税木制一次性筷子为原料生产的木制一次性筷子。

（7）外购已税实木地板为原料生产的实木地板。

（8）外购已税汽油、柴油、石脑油、燃料油、润滑油为原料生产的应税成品油。

上述当期准予扣除的外购应税消费品已纳消费税税款的计算公式如下：

当期准予扣除的外购应税消费品已纳税款＝当期准予扣除的外购应税消费品买价或数量×外购应税消费品适用税率或税额

当期准予扣除的外购应税消费品买价或数量＝期初库存的外购应税消费品的买价或数量＋当期购进的应税消费品的买价或数量－期末库存的外购应税消费品的买价或数量

外购已税消费品的买价是指购货发票上注明的销售额（不包括增值税）。

【例3－10】某高尔夫球杆生产企业（增值税一般纳税人）本月外购杆头500 000元用于生产高尔夫球杆，月初库存外购的杆头270 000元，月末库存外购的杆头200 000元。当月销售高尔夫球杆的销售额为1 300 000元（不含税），另收取随同产品出售但单独计价包装物价款40 000元。要求：计算该企业当月应纳的消费税（结果保留小数点后两位）。

准予扣除的消费税额＝（270 000＋500 000－200 000）×10%＝57 000（元）

应纳消费税额＝［1 300 000＋40 000÷（1＋13%）］×10%－57 000≈76 539.82（元）

需要说明的是，纳税人用外购的已税珠宝玉石生产的改在零售环节征收消费税的

金银首饰（镶嵌首饰），在计税时一律不得扣除外购珠宝玉石的已纳税款。

六、出口应税消费品退（免）税的计算

按税法规定，纳税人出口的应税消费品，除国家限制出口的应税消费品外，免征消费税。

（一）出口应税消费品退（免）税政策

1. 出口免税并退税

适用这个政策的是有出口经营权的外贸企业购进应税消费品直接出口，以及外贸企业受其他外贸企业委托代理出口应税消费品。

2. 出口免税但不退税

适用这个政策的是有出口经营权的生产性企业自营出口，或者生产企业委托外贸企业代理出口自产的应税消费品。依据其实际出口数量免征消费税，不予办理退还消费税。免征消费税，指对生产性企业按其实际出口数量免征生产环节的消费税。不予办理退还消费税，指因已免征生产环节的消费税，该应税消费品出口时，已不含有消费税，所以也无须再办理退还消费税。

3. 出口不免税也不退税

适用这个政策的是除生产企业、外贸企业外的其他企业，具体是指一般商贸企业，这类企业委托外贸企业代理出口应税消费品一律不予退（免）税。

（二）出口退税率的规定

出口应税消费品应退消费税的税率或单位税额，依据《中华人民共和国消费税暂行条例》所附“消费税税目税率（税额）表”执行。其退还消费税则按该应税消费品所适用的消费税税率计算。

办理出口退、免税的企业，应将出口的不同税率的应税消费品分开核算和申报，凡划分不清适用税率的，一律从低适用税率计算应退消费税税额。

（三）出口应税消费品退税额的计算

出口应税消费品应退税额的计算，按以下情况处理。

（1）实行从价定率计征消费税的应税消费品，应依照外贸企业从工厂购进货物时征收消费税的价格计算应退消费税税额。其计算退税的公式如下：

应退消费税税款 = 出口应税消费品的工厂销售额 × 适用税率

上述公式中出口应税消费品的工厂销售额，为不含增值税的销售额。

（2）实行从量定额计征消费税的应税消费品，应依照货物购进和报关出口的数量计算应退消费税税款。其计算退税的公式如下：

应退消费税税额 = 出口数量 × 单位税额

（3）实行复合计征消费税的，按从价定率和从量定额的计税依据分别确定。

应退消费税税额 = 出口应税消费品的工厂销售额 × 适用税率 + 出口数量 × 单位税额

【例3－11】某外贸企业从国内一生产厂家（增值税一般纳税人）购进化妆品5 000套全部出口，每套工厂销售价67.8元（含增值税），出口离岸价为168元。要求：计算该外贸企业当月应退的消费税。

应退消费税 ＝67.8 ÷（1＋13%）×5 000×15% ＝45 000（元）

任务三　消费税的会计核算

一、会计科目的设置

（一）“应交税费”科目

为了正确核算消费税的有关纳税事项，需要缴纳消费税的企业，应在“应交税费”科目下设“应交消费税”明细科目进行消费税核算。该科目借方核算实际缴纳的消费税或待扣的消费税，贷方核算按规定应缴纳的消费税，贷方余额表示尚未缴纳的消费税，借方余额表示多缴纳的消费税或待扣的消费税。

（二）“税金及附加”科目

由于消费税属于价内税，也就是销售额中含有应负担的消费税额，因此，应通过损益类科目“税金及附加”扣除核算销售额中的价内税。其借方核算应由经营业务负担的价内流转税和应当上交的费用，贷方核算收到出口退税或减免退回的税金，期末将“税金及附加”账户余额转入“本年利润”账户，结转后该账户无余额。

二、会计处理

（一）生产销售应税消费品的会计处理

纳税人生产的需要缴纳消费税的消费品，在销售确认时，按照应缴消费税额借记“税金及附加”科目，贷记“应交税费——应交消费税”科目；实际缴纳消费税时，借记“应交税费——应交消费税”科目，贷记“银行存款”科目。发生销货退回或退税时，做相反的会计分录。

【例3－12】A公司为增值税一般纳税人，2019年10月，该公司销售自产摩托车100辆，增值税专用发票上注明不含税收入700 000元，款项已收到（消费税税率为10%）。计算应纳消费税时，其会计处理如下所示。

A公司当月应纳消费税额＝700 000×10%＝70 000（元）

计提消费税时：

借：税金及附加　　70 000

　贷：应交税费——应交消费税　　70 000

实际缴纳税款时：

借：应交税费——应交消费税　　70 000

　贷：银行存款　　70 000

（二）自产自用应税消费品的会计处理

1. 用于连续生产应税消费品的会计处理

纳税人自产自用的应税消费品用于连续生产应税消费品的，不缴纳消费税，只进行实际成本的核算。

【例3－13】某卷烟厂领用库存自产烟丝，用于连续生产卷烟，烟丝的实际成本为60 000元。其会计处理如下所示。

借：生产成本　　60 000

　贷：自制半成品　　60 000

2. 用于其他方面的会计处理

纳税人将自产的应税消费品用于其他方面应视同销售，应于移送环节纳税，在按成本转账的同时按同类消费品的销售价格或组成计税价格和适用的税率计算增值税销项税额和消费税，借记“固定资产”“在建工程”“销售费用”“应付职工薪酬”“营业外支出”等科目，贷记“库存商品”“应交税费——应交增值税（销项税额）”“应交税费——应交消费税”科目。

【例3－14】某卷烟厂为了开拓市场，赠送5箱卷烟给有关客户。已知该批卷烟的实际成本为80 000元，销售价格为90 000元。计算应纳消费税时，其会计处理如下所示。

应纳增值税＝90 000×13%＝11 700（元）

应纳消费税＝90 000×56%＋5×150＝51 150（元）

借：营业外支出　　142 850

　贷：库存商品　　80 000

　　　应交税费——应交增值税（销项税额）　　11 700

　　　　　　　——应交消费税　　51 150

【例3－15】“三八”妇女节，某公司将100盒新研制的化妆品发放给全体女职工，每盒生产成本80元，该公司同类化妆品的平均销售价格为每盒130元（不含增值税），消费税税率为15%。计算应纳消费税时，其会计处理如下所示。

应纳增值税＝100×130×13%＝1 690（元）

应纳消费税＝100×130×15%＝1 950（元）

借：应付职工薪酬——职工福利　　16 640

　贷：主营业务收入　　13 000

　　应交税费——应交增值税（销项税额）　　1 690

　　　　　——应交消费税　　1 950

借：主营业务成本　　8 000

　贷：库存商品　　8 000

【例3－16】某汽车公司以自产的汽车抵偿所欠A公司的债务100 000元，该汽车的当月最低售价50 000元，最高售价60 000元，增值税税率为13%，消费税税率12%。计算应纳消费税时，其会计处理如下所示。

应纳增值税＝60 000×13%＝7 800（元）

应纳消费税＝60 000×12%＝7 200（元）

借：应付账款　　100 000

　贷：主营业务收入　　60 000

　　应交税费——应交增值税（销项税额）　　7 800

　　应交税费——应交消费税　　7 200

　　营业外收入——债务重组收益　　25 000

（三）委托加工应税消费品的会计处理

1. 委托方收回后直接用于销售的应税消费品的会计处理

委托方将委托加工应税消费品收回后，以不高于受托方的计税价格直接用于销售的，应将受托方代收代缴的消费税和支付的加工费一并计入委托加工应税消费品的成本，借记“委托加工物资”“自制半成品”“生产成本”等科目，贷记“应付账款”“银行存款”等科目。

【例3－17】2019年8月A企业委托B企业加工一批应税消费品，A企业为B企业提供原材料等，实际成本7 000元，支付B企业加工费2 000元。受托方无同类消费品销售价格，消费税税率为10%。支付代收代缴消费税时，其会计处理如下所示。

支付加工费、消费税和增值税时：

组成计税价格＝（7 000＋2 000）÷（1－10%）＝10 000（元）

应纳消费税＝10 000×10%＝1 000（元）

应纳增值税 = 2 000 × 13% = 260（元）

借：委托加工物资　　2 000

　　应交税费——应交增值税（进项税额）　　260

　贷：银行存款　　2 260

2. 委托方收回后用于连续生产应税消费品的会计处理

如果委托方将委托加工产品收回后用于连续生产应税消费品或以高于受托方的计税价格出售的，应将受托方代收代缴的消费税计入“应交税费——应交消费税”科目的借方，在最终应税消费品计算缴纳消费税时予以抵扣。委托方在提货时，按应支付的加工费等借记“委托加工物资”等科目，按受托方代收代缴的消费税，借记“应交税费——应交消费税”科目，按支付加工费相应的增值税税额借记“应交税费——应交增值税（进项税额）”科目，按加工费与增值税、消费税之和贷记“银行存款”等科目；待加工成最终应税消费品销售时，按最终应税消费品应缴纳的消费税，借记“税金及附加”科目，贷记“应交税费——应交消费税”科目；“应交税费——应交消费税”科目中这两笔借贷方发生额的差额为实际应缴的消费税，缴纳时，借记“应交税费——应交消费税”科目，贷记“银行存款”科目。

【例 3－18】 承上例，该批加工物资收回后用于连续生产，并全部实现对外销售，不含税销售收入为 12 000 元，消费税税率为 12%。有关消费税的会计处理如下所示。

（1）支付加工费、消费税和增值税时：

借：委托加工物资　　2 000

　　应交税费——应交增值税（进项税额）　　260

　　　　　　——应交消费税　　1 000

　贷：银行存款　　3 260

（2）对外销售时：

应纳消费税 = 12 000 × 12% = 1 440（元）

应纳增值税 = 12 000 × 13% = 1 560（元）

借：银行存款　　13 560

　贷：主营业务收入　　12 000

　　　应交税费——应交增值税（销项税额）　　1 560

借：税金及附加　　1 440

　贷：应交税费——应交消费税　　1 440

（3）缴纳当期消费税时：

当期应纳消费税 = 1 440 － 1 000 = 440（元）

借：应交税费——应交消费税　　440

　贷：银行存款　　440

（四）进口应税消费品的会计处理

进口的应税消费品应在进口时由进口者缴纳消费税，缴纳的消费税应计入进口应税消费品的成本。按应税消费品的进口成本连同消费税及不允许抵扣的增值税，借记“固定资产”“库存商品”“在途物资”等科目，按支付的允许抵扣的增值税，借记“应交税费——应交增值税（进项税额）”科目，贷记“银行存款”等科目。

【例3-19】某公司2019年5月进口化妆品一批，经海关核定，关税的完税价格54 000元，关税税率为25%，消费税税率为15%。计算应纳消费税时，其会计处理如下所示（结果保留小数点后两位）。

组成计税价格＝（54 000＋54 000×25%）÷（1－15%）≈79 411.76（元）。

应纳消费税＝79 411.76×15%＝11 911.76（元）

应纳增值税＝79 411.76×13%＝10 323.53（元）

借：库存商品　　79 411.76

　　应交税费——应交增值税（进项税额）　　10 323.69

　贷：银行存款　　89 735.45

（五）出口应税消费品的会计处理

1. 生产企业直接出口应税消费品

生产企业直接出口应税消费品，可以在出口时，直接予以免税。以后发生退关或者国外退货，进口时已予以免税的，经机构所在地或者居住地主管税务机关批准，可暂不办理补税，待其转为国内销售时，再申报补缴消费税。

2. 生产企业委托外贸企业代理出口应税消费品

生产企业委托外贸企业出口应税消费品的，采用先征后退的办法，即由生产企业先缴纳消费税，待外贸企业办理报关出口后再向税务机关申请退税。发生退关或者国外退货进口时予以免税的，外贸企业应按规定及时向其所在地主管税务机关申报补交已退的消费税税款。委托外贸企业代理出口应税消费品的生产企业，应在计算消费税时，按应交消费税额借记“应收账款”科目，贷记“应交税金——应交消费税”科目。应税消费品出口收到外贸企业退回的税金，借记“银行存款”科目，贷记“应收账款”科目。发生退关、退货而补交已退的消费税，做相反的会计分录。

【例3-20】某建材公司2019年5月，委托某外贸公司出口实木地板一批，价款500 000元，适用税率为5%。有关消费税的会计处理如下所示。

委托外贸公司代理出口时：

借：应收账款　　525 000

　贷：主营业务收入　　500 000

　　　应交税费——应交消费税　　25 000

收到外贸公司退回的消费税时：

借：银行存款　　25 000

　贷：应收账款　　25 000

3. 外贸企业代理出口应税消费品的会计处理

代理出口应税消费品的外贸企业将应税消费品出口后，收到税务部门退回生产企业交纳的消费税，借记“银行存款”科目，贷记“应付账款”科目。将此项税金退还生产企业时，借记“应付账款”科目，贷记“银行存款”科目。发生退关、退货而补交已退的消费税，借记“应收账款——应收生产企业消费税”科目，贷记“银行存款”科目，收到生产企业退还的税款，做相反的会计分录。

【例3－21】 承上例，外贸公司收到退税款25 000元，并退还给建材公司。有关消费税的会计处理如下所示。

收到退税款时：

借：银行存款　　25 000

　贷：应付账款　　25 000

退还退税款时：

借：应付账款　　25 000

　贷：银行存款　　25 000

4. 外贸企业自营出口应税消费品

自营出口应税消费品的外贸企业，应在应税消费品报关出口后申请出口退税时，借记“应收出口退税”科目，贷记“主营业务成本”科目。实际收到出口应税消费品退回的税金，借记“银行存款”科目，贷记“应收出口退税”科目。发生退关或退货而补交已退的消费税，做相反的会计分录。

【例3－22】 某外贸公司组织商品自营出口，2019年5月从某化妆品厂购进化妆品一批，不含税价格为100 000元，适用消费税税率为15%，当月将该批化妆品出口A国，款项已收。有关消费税的账务处理如下所示。

申请退税时（只做消费税退税会计处理）：

借：应收出口退税　　15 000

　贷：主营业务成本　　15 000

收到退税款时：

借：银行存款　　15 000

　贷：应收出口退税　　15 000

任务四　消费税的申报缴纳

一、纳税义务发生时间

消费税纳税义务发生时间，以货款结算方式或行为发生时间分别确定。

（1）纳税人销售应税消费品的，其纳税义务发生时间如下。

①纳税人采取赊销和分期收款结算方式的，为书面合同约定的收款日期的当天，书面合同没有约定收款日期或者无书面合同的，为发出应税消费品的当天。

②纳税人采取预收货款结算方式的，为发出应税消费品的当天。

③纳税人采取托收承付和委托银行收款方式的，为发出应税消费品并办妥托收手续的当天。

④纳税人采取其他结算方式的，为收讫销售款或者取得索取销售款凭据的当天。

（2）纳税人自产自用应税消费品的，为移送使用的当天。

（3）纳税人委托加工应税消费品的，为纳税人提货的当天。

（4）纳税人进口应税消费品的，为报关进口的当天。

二、纳税期限

消费税的纳税期限分别为 1 日、3 日、5 日、10 日、15 日、1 个月或者 1 个季度。纳税人的具体纳税期限，由主管税务机关根据纳税人应纳税额的大小分别核定；不能按照固定期限纳税的，可以按次纳税。

纳税人以 1 个月或者 1 个季度为 1 个纳税期的，自期满之日起 15 日内申报纳税；以 1 日、3 日、5 日、10 日或者 15 日为 1 个纳税期的，自期满之日起 5 日内预缴税款，于次月 1 日起 15 日内申报纳税并结清上月应纳税款。

纳税人进口应税消费品，应当自海关填发海关进口消费税专用缴款书之日起 15 日内缴纳税款。

三、纳税地点

（1）纳税人销售的应税消费品，以及自产自用的应税消费品，除国家另有规定外，应当向纳税人机构所在地或者居住地的主管税务机关申报纳税。

（2）委托加工的应税消费品，除受托方为个人外，由受托方向机构所在地或者居住地的主管税务机关解缴消费税税款。

（3）进口的应税消费品，由进口人或者其代理人向报关地海关申报纳税。

（4）纳税人到外县（市）销售或者委托外县（市）代销自产应税消费品的，于应税消费品销售后，向机构所在地或者居住地主管税务机关申报纳税。

（5）纳税人销售的应税消费品，如因质量等原因由购买者退回时，经机构所在地或者居住地主管税务机关审核批准后，可退还已缴纳的消费税税款。

四、纳税环节

（一）生产环节

纳税人生产的应税消费品，由生产者于销售时纳税。自产自用的应税消费品，用于连续生产应税消费品的不纳税；用于其他方面的，于移送使用时纳税。

（二）委托加工环节

委托加工的应税消费品，由受托方在向委托方交货时代收代缴。委托加工收回的应税消费品用于连续生产应税消费品的，允许在计税时扣除其在委托加工环节缴纳的消费税税款；委托加工收回的应税消费品直接出售的，不再征收消费税。

（三）进口环节

进口应税消费品，由进口报关者于报关进口时纳税。

（四）批发环节

从2009年5月1日起，卷烟消费税除了生产环节征税外，还在批发环节征税。

（五）零售环节

金银首饰消费税的纳税环节在零售环节征收。如果消费者个人携带、邮寄进境的金银首饰，应在报关进口时纳税。经营单位进口的金银首饰，在进口时不缴纳消费税，待其在国内零售时再纳税。

超豪华小汽车于零售环节加征一道消费税。

五、纳税申报

消费税纳税人应按有关规定及时办理纳税申报，并如实填写“消费税申报表”。

为了在全国范围内统一、规范消费税纳税申报资料，加强消费税管理的基础工作，国家税务总局制定了“烟类应税消费品消费税纳税申报表”“酒类应税消费品消费税纳税申报表”“成品油消费税纳税申报表”“小汽车消费税纳税申报表”“电池消费税纳税申报表”“其他应税消费品消费税纳税申报表”六种不同产品的纳税申报表及其相应的附表，供不同的纳税人根据自身应税消费品的情况进行选择。“其他应税消费品消费税纳税申报表”如表3－3所示。

表3－3　　其他应税消费品消费税纳税申报表

税款所属期：　　年　月　日至　　年　月　日

纳税人名称（公章）：

纳税人识别号：| | | | | | | | | | | | | | | | | | | | |

填表日期：　年　月　日　　　　金额单位：元（列至角分）

<table>
<tr><td>项目
应税
消费品名称</td><td>适用税率</td><td>销售数量</td><td>销售额</td><td>应纳税额</td></tr>
<tr><td></td><td></td><td></td><td></td><td></td></tr>
<tr><td></td><td></td><td></td><td></td><td></td></tr>
<tr><td></td><td></td><td></td><td></td><td></td></tr>
<tr><td></td><td></td><td></td><td></td><td></td></tr>
<tr><td>合计</td><td></td><td></td><td></td><td></td></tr>
<tr><td colspan="3">本期准予抵减税额：</td><td colspan="2" rowspan="3">声明
此纳税申报表是根据国家税收法律的规定填报的，我确定它是真实的、可靠的、完整的。
经办人（签章）：
财务负责人（签章）：
联系电话：</td></tr>
<tr><td colspan="3">本期减（免）税额：</td></tr>
<tr><td colspan="3">期初未缴税额：</td></tr>
<tr><td colspan="3">本期缴纳前期应纳税额：</td><td colspan="2" rowspan="4">（如果你已委托代理人申报，请填写）
授权声明
为代理一切税务事宜，现授权______（地址）________________为本纳税人的代理申报人，任何与本申报表有关的往来文件，都可寄予此人。
授权人签章：</td></tr>
<tr><td colspan="3">本期预缴税额：</td></tr>
<tr><td colspan="3">本期应补（退）税额：</td></tr>
<tr><td colspan="3">期末未缴税额：</td></tr>
</table>

以下由税务机关填写

受理人（签章）：　受理日期：　年　月　日　　受理税务机关（章）：

【填表说明】

一、本表限高档化妆品、贵重首饰及珠宝玉石、鞭炮焰火、摩托车（排量 >250 毫升）、摩托车（排量 =250 毫升）、高尔夫球及球具、高档手表、游艇、木制一次性筷子、实木地板、超豪华小汽车等消费税纳税人使用。

二、本表“税款所属期”是指纳税人申报的消费税应纳税额的所属时间，应填写具体的起止年、月、日。

三、本表“纳税人识别号”栏，填写纳税人的税务登记证号码。

四、本表“纳税人名称”栏，填写纳税人单位名称全称。

五、本表“应税消费品名称”和“适用税率”按照以下内容填写：

高档化妆品：15%；贵重首饰及珠宝玉石：10%；金银首饰（铂金首饰、钻石及钻石饰品）：5%；鞭炮焰火：15%；摩托车（排量 >250 毫升）：10%；摩托车（排量 =250 毫升）：3%；高尔夫球及球具：10%；高档手表：20%；游艇：10%；木制一次性筷子：5%；实木地板：5%；超豪华小汽车：10%。

六、本表“销售数量”为《中华人民共和国消费税暂行条例》《中华人民共和国消费税暂行条例实施细则》及其他法规、规章规定的当期应申报缴纳消费税的应税消费品销售（不含出口免税）数量。计量单位是：摩托车为辆；超豪华小汽车为辆；高档手表为只；游艇为艘；实木地板为平方米；木制一次性筷子为万双；高档化妆品、贵重首饰及珠宝玉石（含金银首饰、铂金首饰、钻石及钻石饰品）、鞭炮焰火、高尔夫球及球具按照纳税人实际使用的计量单位填写并在本栏中注明。

七、本表“销售额”为《中华人民共和国消费税暂行条例》《中华人民共和国消费税暂行条例实施细则》及其他法规、规章规定的当期应申报缴纳消费税的应税消费品销售（不含出口免税）收入。

八、根据《中华人民共和国消费税暂行条例》的规定，本表“应纳税额”计算公式如下：

应纳税额 = 销售额 × 适用税率

九、本表“本期准予扣除税额”填写按税收法规规定本期外购或委托加工收回应税消费品后连续生产应税消费品准予扣除的消费税应纳税额。其准予扣除的消费税应纳税额情况，需填报本表附 1“本期准予扣除税额计算表”予以反映。

“本期准予扣除税额”栏数值与本表附 1“本期准予扣除税额计算表”“本期准予扣除税款合计”栏数值一致。

十、本表“本期减（免）税额”不含出口退（免）税额。

十一、本表“期初未缴税额”填写本期期初累计应缴未缴的消费税额，多缴为负数。其数值等于上期申报表“期末未缴税额”。

十二、本表“本期缴纳前期应纳税额”填写本期实际缴纳入库的前期应缴未缴消费税额。

十三、本表“本期预缴税额”填写纳税申报前纳税人已预先缴纳入库的本期消费税额。

十四、本表“本期应补（退）税额”填写纳税人本期应纳税额中应补缴或应退回的数额，计算公式如下，多缴为负数：

本期应补（退）税额=应纳税额（合计栏金额）-本期准予扣除税额-本期减（免）税额-本期预缴税额

十五、本表“期末未缴税额”填写纳税人本期期末应缴未缴的消费税额，计算公式如下，多缴为负数：

期末未缴税额=期初未缴税额+本期应补（退）税额-本期缴纳前期应纳税额

十六、本表为A4竖式，所有数字小数点后保留两位。一式二份，一份纳税人留存，一份税务机关留存。

项目四　关税纳税实务

学习任务

熟悉关税法规；掌握关税应纳税额的计算、会计处理和关税纳税申报操作。

任务导入

有进出口经营权的某外贸公司，2019 年 10 月经批准从境外进口小轿车 20 辆，每辆小轿车货价 22.5 万元，运抵我国海关前发生的运输费用、保险费用无法确定，经海关查实其他运输公司相同业务的运输费用占货价的比例为 2%。该公司向海关缴纳了相关税款，并取得了完税凭证。请计算该公司进口环节应交纳的关税。

任务一　认识关税

一、关税的概念

关税是海关对进出境货物、物品征收的一种税。所谓“境”指关境，又称“海关境域”或“关税领域”，是国家《中华人民共和国海关法》（以下简称《海关法》）全面实施的领域。通常情况下一个国家的关境与国境是一致的，但若一国境内存在自由贸易港、自由贸易区时，则会使关境小于国境；若几个国家结成关税同盟，实施统一的关税法令和海关进出口税则，又会使关境大于国境。

二、关税的纳税义务人

进口货物的收货人、出口货物的发货人、进出境物品的所有人，为关税的纳税义务人。进出口货物的收、发货人是依法取得对外贸易经营权，并进口或者出口货物的法人或者其他社会团体。进出境物品的所有人包括该物品的所有人和推定为所有人的人。一般情况下，对于携带进境的物品，推定其携带人为所有人；对分离运输的行李，推定相应的进出境旅客为所有人；对以邮递方式进境的物品，推定其收件人为所有人；

以邮递或其他运输方式出境的物品，推定其寄件人或托运人为所有人。

三、关税的征税对象

关税的征税对象为准许进出境的货物和物品。货物是指贸易性商品；物品指入境旅客随身携带的行李物品、个人邮递物品、各种运输工具上的服务人员携带进口的自用物品、馈赠物品以及其他方式进境的个人物品。

四、关税的税率

我国现行关税包括进口关税、出口关税和特别关税三部分。

（一）进口关税

1. 税率设置与适用

进口关税以货物原产地为标准，设有最惠国税率、协定税率、特惠税率、普通税率、关税配额税率五种税率形式。对进口货物在一定期限内可以实行暂定税率。

（1）最惠国税率。最惠国税率适用原产于与我国共同适用最惠国待遇条款的 WTO 成员方的进口货物，或原产于与我国签订有相互给予最惠国待遇条款的双边贸易协定的国家或者地区的进口货物，以及原产于我国境内的进口货物。

（2）协定税率。协定税率适用原产于我国参加的含有关税优惠条款的区域性贸易协定有关缔约方的进口货物。目前对原产于韩国、斯里兰卡和孟加拉国 3 个曼谷协定成员的 739 个税目进口商品实行协定税率（即曼谷协定税率）。

（3）特惠税率。特惠税率适用原产于与我国签订有特殊优惠关税协定的国家或者地区的进口货物。目前对原产于孟加拉国的 18 个税目进口商品实行特惠税率（即曼谷协定特惠税率）。

（4）普通税率。普通税率适用原产于上述国家或者地区以外的其他国家或地区的进口货物，以及原产地不明的进口货物。适用普通税率的进口货物，经国务院税则委员会特批，可以适用最惠国税率。

（5）关税配额税率。对国家规定实行关税配额管理的进口货物，关税配额内的，适用税率较低的配额内税率；关税配额外的，适用较高的配额外税率。

（6）暂定税率。根据经济发展需要，国家对部分进口原材料、零部件、农药原药和中间体、乐器及生产设备实行暂定税率。适用最惠国税率的进口货物有暂定税率的，应当适用暂定税率；适用特惠税率、协定税率的进口货物有暂定税率的，应当从低适用税率；适用普通税率的进口货物，不适用暂定税率。

我国原产地规定基本上采用了“全部产地生产标准”“实质性加工标准”两种国际上通行的标准。“全部产地生产标准”是指进口货物完全在一个国家内生产或制造，生产或制造国即为该货物原产国。“实质性加工标准”是指经过几个国家加工、制造的货物，以最后一个对货物进行经济上可以视为实质性加工的国家作为货物的原产国。“实质性加工”是指产品加工后，在进出口税则中四位数税号一级的税则归类已经有了改变，或者加工增值部分所占新产品总值的比例已超过30%及以上。

2. 税率种类

（1）从价税。从价税是以进出口货物的完税价格为计税标准而计算征收的关税，是最常用的关税计税标准。目前，我国海关计征关税标准主要是从价税。

（2）从量税。从量税是以进出口货物的数量、重量、体积、容量等计量单位为计税标准而计算征收的关税。目前，我国对原油、啤酒和胶卷等进口商品征收从量税。

（3）复合税。复合税是对同一种进出口货物同时采用从价和从量标准计算征收的关税。目前，我国对感光材料、冻鸡产品等52个税目的商品实行复合税征收方式。

（4）选择税。选择税是对进出口货物有从价和从量两种税率，征税时由海关选择其中一种征税。海关一般选择税额较高的一种，也有时选择税额较低的。

（5）滑准税。滑准税是根据进出口货物的不同价格适用不同税率的一类特殊的从价关税。商品价格上涨，采用较低税率，商品价格下跌采用较高税率，目的是使该商品的国内市场价格保持稳定，保护国内产业发展。目前，我国对棉花实行滑准税。

（二）出口关税

我国出口关税为一栏税率，即出口税率。目前我国仅对少数资源性产品及易于竞相杀价、盲目进口、需要规范出口秩序的半制成品征收出口关税。现行税则对100余种商品计征出口关税，主要有鳗鱼苗、部分有色金属矿砂及其精矿、生锑、苯、磷、部分铁合金等。

（三）特别关税

特别关税是为了应对个别国家对我国出口货物的歧视，任何国家或者地区如对进口原产于我国的货物征收歧视性关税或者给予其他歧视性待遇的，海关可以对原产于该国家或者地区的进口货物征收特别关税。

特别关税包括报复性关税、反倾销关税与反补贴关税、保障性关税。

1. 报复性关税

报复性关税是指报复他国对我国出口货物的关税歧视或其他歧视性待遇，而对相关国家的进口货物征收的一种进口附加税。

2. 反倾销关税与反补贴关税

反倾销关税与反补贴关税是指进口国海关对外国的倾销商品，在征收关税的同时附加征收的一种特别关税，其目的在于抵销他国的补贴，征收期限一般不超过5年。

3. 保障性关税

保障性关税是指当某类货物进口量剧增，对我国相关产业带来巨大威胁或损害时，采取的一般保障措施，主要是采取提高关税的形式。

（四）税率的运用

我国《中华人民共和国进出口关税条例》和《中华人民共和国海关进出口货物征税管理办法》对关税税率的运用作了明确规定，具体如下。

（1）进出口货物，适用海关接受该货物申报进口或者出口之日税率。

（2）进口货物到达前，经海关核准先行申报的，适用装载该货物的运输工具申报进境之日税率。

（3）进口转关运输货物，适用指运地海关接受该货物申报进口之日税率；货物运抵指运地前，经核准先行申报的，适用装载该货物运输工具抵达指运地之日税率。

（4）出口转关运输货物，适用启运地海关接受该货物申报出口之日税率。

（5）经海关批准，实行集中申报的进出口货物，适用每次货物进出口时，海关接受该货物申报之日税率。

（6）因超过规定期限未申报而由海关依法变卖的进口货物，税款计征应当适用装载该货物的运输工具申报进境之日税率。

（7）纳税义务人违反规定需要追征税款的进出口货物，适用违反规定的行为发生之日实施的税率；行为发生之日不能确定的，适用海关发现该行为之日税率。

（8）已申报进境并放行的保税货物、减免税货物、租赁货物或者已申报进出境并放行的暂时进出境货物，有下列情形之一需缴纳税款的，应当适用海关接受纳税义务人再次填写报关单申报办理纳税及有关手续之日实施的税率：①保税货物经批准不复运出境的；②保税仓储货物转入国内市场销售的；③减免税货物经批准转让或者移作他用的；④可暂不缴纳税款的暂时进出境货物，经批准不复运出境或者进境的；⑤租赁进口货物，分期缴纳税款的。

（9）补征和退还进出口货物税款，按前述规定确定适用的税率。

五、关税的税收优惠

关税减免分为法定减免税、特定减免税、暂时免税和临时减免税。

（一）法定减免税

法定减免税是《海关法》和《中华人民共和国进出口条例》中明确列出的减免税。目前，我国法定减免税的项目有以下几项。

（1）关税税额在人民币 50 元以下的一票货物。

（2）无商业价值的广告品和货样。

（3）外国政府、国际组织无偿赠送的物资。

（4）在海关放行前损失的货物。

（5）进出境运输工具装载的途中必需的燃料、物料和饮食用品。

（6）经海关核准暂时进境或者暂时出境，并在6个月内复运出境或者复运进境的货样、展览品、施工机械、工程车辆、工程船舶、供安装设备时使用的仪器和工具、电视或者电影摄制器械、盛装货物的容器以及剧团服装道具，在货物收发货人向海关缴纳相当于税款的保证金或者提供担保后，可予暂时免税。

（7）因故退还的中国出口货物，经海关审查属实，可予免征进口关税，但已征收的出口关税不予退还。

（8）因故退还的境外进口货物，经海关审查属实，可予免征出口关税，但已征收的进口关税不予退还。

（9）在海关放行前遭受损失的货物，可以根据海关认定的受损程度减征关税。

（10）我国缔结或者参加的国际条约规定减征、免征关税的货物、物品，按照规定予以减免关税。

（11）法律规定减征、免征的其他货物、物品。

（二）特定减免税

特定减免税也称政策性减免税，是在法定减免税之外，国家按照国际通行规则和我国实际情况，对特定地区、企业和用途的进出口货物制定发布的减免税规定。对特定减免税的进出口货物，海关需要进行后续管理，也需要进行减免税统计。

1. 科教用品

对以科研和教学为目的的科研机构和学校进口的国内不能生产或者不能满足需要的科学研究和教学用品，免征关税。

2. 残疾人专用品

对国内不能生产的明确规定的残疾人专用品，免征关税。

3. 扶贫、慈善性捐赠物资

对境外自然人、法人或者其他组织等境外捐赠人，无偿向公益性社会团体或基金会等受赠人捐赠的直接用于慈善事业的物资，免征关税。

（三）暂时免税

暂时进境或者暂时出境的下列货物，在进境或者出境时纳税义务人向海关缴纳相当于应纳税款的保证金或者提供其他担保的，可以暂不缴纳关税，并应当自进境或者出境之日起6个月内复运出境或者复运进境；需要延长复运出境或者复运进境期限的，纳税义务人应当根据海关总署的规定向海关办理延期手续。

（1）在展览会、交易会、会议及类似活动中展示或者使用的货物。

（2）文化、体育交流活动中使用的表演、比赛用品。

（3）进行新闻报道或者摄制电影、电视节目使用的仪器、设备及用品。

（4）开展科研、教学、医疗活动使用的仪器、设备及用品。

（5）在上述（1）~（4）所列活动中使用的交通工具及特种车辆。

（6）暂时进出的货样。

（7）供安装、调试、检测设备时使用的仪器、工具。

（8）盛装货物的容器。

（9）其他用于非商业目的的货物。

（四）临时减免税

临时减免税一般由国务院根据《海关法》对某个单位、某类商品、某个项目或某批进出口货物的特殊情况，给予特别照顾，一案一批，专文下达的减免税。

任务二　关税应纳税额的计算

一、关税完税价格的计算

（一）一般进口货物的完税价格

1. 成交价格为基础的完税价格

进口货物的完税价格包括货物的货价、货物运抵我国境内输入地起卸前的运输及其相关费用、保险费。进口货物的成交价格是指买方为进口该货物，并按《中华人民共和国海关审定进出口货物完税价格办法》（以下简称《完税价格办法》）有关规定调整后向卖方实际支付的或应当支付的价款。

（1）下列费用或价值若未包括在进口货物的实付或者应付价格中，应在完税价格核定时调整计入。

①由买方负担的除购货佣金以外的佣金和经纪费。购货佣金指买方为购买进口货物向自己的采购代理人支付的劳务费用。经纪费指买方为购买进口货物向代表买卖双方利益的经纪人支付的劳务费用。

②由买方负担的与该货物视为一体的容器费用。

③由买方负担的包装材料和包装劳务费用。

④与该货物的生产和向我国境内销售有关的，由买方以免费或者低于成本的方式提供并可以按适当比例分摊的料件、工具、模具、消耗材料及类似货物的价款，以及在境外开发、设计等相关服务的费用。

⑤与该货物有关并作为卖方向我国销售该货物的一项条件，应当由买方直接或间

接支付的特许权使用费。特许权使用费指买方为获得与进口货物相关的、受著作权法保护的作品、专利、商标、专有技术和其他权利的使用许可而支付的费用。

⑥卖方直接或间接从买方对该货物进口后转售、处置或使用所得中获得的收益。

（2）下列费用，如能与纳税人进口货物实付或应付价格区分的，不得计入完税价格。

①厂房、机械、设备等货物进口后发生的建设、安装、装配、维修和技术服务的费用，但保修费用除外。

②货物运抵境内输入地点起卸后的运输费用、保险费和其他相关费用。

③进口关税及其他国内税收。

④为在境内复制进口货物而支付的费用。

⑤境内外技术培训及境外考察费用。

2. 海关估定的完税价格

《完税价格办法》规定，进口货物的成交价格不符合规定条件或者成交价格不能确定的，由海关估定完税价格。

（1）相同或类似货物成交价估价方法。相同或类似货物成交价格方法，即以与被估的进口货物同时或大约同时（在海关接受申报进口之日的前后各45天以内）进口的相同或类似货物的成交价格为基础，估定完税价格。

（2）倒扣价格估价方法。倒扣价格方法即以被估的进口货物、相同或类似进口货物在境内销售的价格为基础，扣除境内发生的有关费用后，估定完税价格。

（3）计算价格估价方法。计算价格方法即按下列各项的总和计算出的价格估定完税价格。有关项为生产该货物所使用的料件成本和加工费用；与向境内销售同等级或同种类货物的利润和一般费用；货物运抵境内输入地点起卸前的运输及相关费用、保险费。

（4）其他合理方法。使用其他合理方法时，应当根据《完税价格办法》规定的估价原则，以在境内获得的数据资料为基础估定完税价格。

（二）进口货物完税价格中的运费、保险费及相关费用的确定

（1）进口货物的运费及其相关费用，应当按照由买方实际支付或者应当支付的费用计算。如果进口货物的运输及其相关费用无法确定的，海关应当按照该货物进口同期的正常运输成本确定。

（2）运输工具作为进口货物，利用自身动力进境的，海关在审查确定完税价格时，不再另行计入运输及其相关费用。

（3）进口货物的保险费，应当按照实际支付的费用计算。如果进口货物的保险费无法确定或者未实际发生，海关应当按照“货价加运费”的3‰计算保险费，计算公式如下：

$$保险费 = （货价 + 运费）\times 3‰$$

（4）邮运进口的货物，应当以邮费作为运输及其相关费用、保险费。

（三）特殊进口货物的完税价格

1. 运往境外修理的货物

运往境外修理的机械器具、运输工具或其他货物，出境时已向海关报明，并在海关规定期限内复运进境的，应当以海关审定的境外修理费和料件费，以及该货物复运进境的运输及其相关费用、保险费估定完税价格。

2. 运往境外加工的货物

运往境外加工的货物，出境时已向海关报明，并在海关规定期限内复运进境的，应当以海关审定的境外加工费和料件费，以及该货物复运进境的运输及其相关费用、保险费估定完税价格。

3. 暂时进境货物

对于经海关批准的暂时进境的货物，应当按照一般进口货物完税价格确定的有关规定，审查确定完税价格。经海关批准留购的暂时进境货物，以海关审查确定的留购价格作为完税价格。

4. 租赁方式进口货物

租赁方式进口的货物中，以租金方式对外支付的租赁货物，在租赁期间以海关审定的租金作为完税价格；留购的租赁货物，以海关审定的留购价格作为完税价格；承租人申请一次性缴纳税款的，经海关同意，按照一般进口货物估价办法的规定估定完税价格，或者按海关审查确定的租金总额作为完税价格。

5. 予以补税的减免税货物

减税或免税进口的货物需补税时，应当以海关审定的该货物原进口时的价格，扣除折旧部分价值作为完税价格，其计算公式如下：

完税价格 = 海关审定的该货物原进口时的价格 × ［1 − 申请补税时实际已使用的时间（月）÷（监管年限 × 12）］

（四）出口货物的完税价格

1. 以成交价格为基础的完税价格

出口货物的成交价格，指该货物出口销售时，卖方为出口该货物应当向买方直接收取和间接收取的价款总额。

出口货物的完税价格，由海关以该货物向境外销售的成交价格为基础审查确定，并应包括货物运至我国境内输出地点装载前的运输及其相关费用、保险费，但其中包含的出口关税税额，离境口岸至境外口岸之间的运输费、保险费，应当扣除。

2. 以海关估价为基础的完税价格

出口货物的成交价格不能确定时，其完税价格由海关依次使用下列方法估定。

（1）同时或大约同时向同一国家或地区出口的相同货物的成交价格。

（2）同时或大约同时向同一国家或地区出口的类似货物的成交价格。

（3）根据境内生产相同或类似货物的成本、利润和一般费用、境内发生的运输及其相关费用、保险费计算所得的价格。

（4）按照合理方法估定的价格。

（五）完税价格的审定

（1）进出口货物的收发货人应当向海关如实申报进出口货物的成交价格，提供包括发票、合同、装箱清单及其他证明申报价格真实、完整的单证、书面资料和电子数据。海关认为必要时，纳税人还应当向海关补充申报反映买卖双方关系和成交活动的情况，以及其他与成交价格有关的资料。

（2）海关为审查申报价格的真实性和准确性，可以查阅、复制与进出口货物有关的合同、发票、账册、结付汇凭证、单据、业务函电和其他反映买卖双方关系及交易活动的书面资料和电子数据；可以向进出口货物的收发货人及与其有资金往来或有其他业务往来的公司、企业调查与进出口货物价格有关的问题；可以对进出口货物进行查验或提取货样进行检验或化验；可以进入进出口货物收发货人的生产经营场所、货物存放场所，检查与进出口活动有关的货物和生产经营情况；可以向有关金融机构或税务部门，查询了解与进出口货物有关的收付汇资料或缴纳国内税的情况。

（3）海关对申报价格的真实性或准确性有疑问时，应当书面将怀疑的理由告知进出口货物的收发货人，要求其以书面形式作进一步说明，提供资料或其他证据，证明其申报价格是真实、准确的。自海关书面通知发出之日起 15 日内，进出口货物的收发货人未能提供进一步说明，或海关审核所提供的资料或证据后，仍有理由怀疑申报价格的真实性或准确性时，海关可以不接受其申报价格，并按照一般进口货物海关估价方法估定完税价格。

（4）海关有理由认为买卖双方之间的特殊关系影响成交价格时，应当书面将怀疑的理由告知进出口货物的收发货人，要求其以书面形式作进一步说明，提供资料或其他证据，证明双方之间的关系未影响成交价格。自海关书面通知发出之日起 15 日内，进口货物的收货人未能提供进一步说明，或海关审核所提供的资料或证据后，仍有理由认为买卖双方的关系影响成交价格时，海关可以不接受其申报价格，并按照一般进口货物海关估价方法估定完税价格。

（5）海关不接受申报价格，按照相同货物或类似货物成交价格的规定估定完税价格时，为获得合适的相同或类似进出口货物的成交价格，可以与进出口货物的纳税义务人进行价格磋商。

(6) 进出口货物的收发货人可以提供书面申请，要求海关就如何确定其进出口货物的完税价格作出书面说明。

(7) 海关为确定进出口货物的完税价格需要推迟作出估价决定时，进出口货物的收发货人可以在依法向海关提供担保后，先行提取货物。海关对于实行担保放行的货物，应当自具保之日起90天内核查完毕，并将核查结果通知进出口货物收发货人。

二、关税应纳税额的计算

（一）从价关税应纳税额的计算

关税税额＝应税进（出）口货物数量×单位完税价格×税率

（二）从量关税应纳税额的计算

关税税额＝应税进（出）口货物数量×单位货物税额

（三）复合关税应纳税额计算

关税税额＝应税进（出）口货物数量×单位货物税额＋应税进（出）口货物数量×单位完税价格×税率

（四）滑准税应纳税额的计算

关税税额＝应税进（出）口货物数量×单位完税价格×滑准税税率

【例4－1】 某进出口公司2019年6月从法国进口一批货物，该批货物的法国离岸价格为1 000万元，运抵我国关境内输入地点起卸前的包装费、运输费、保险费和其他劳务费用共计50万元，支付货物运抵境内输入地点之后的运输费用8万元，技术服务费6万元。海关核定该批货物适用的进口关税税率为10%。要求：计算该进出口公司应纳的进口关税。

应纳关税＝（1 000＋50）×10%＝105（万元）

【例4－2】 某商场于2019年6月进口一批高档美容修饰类化妆品。该批货物在国外的买价为120万元，货物运抵我国入关前发生的运输费、保险费和其他费用分别为10万元、6万元、4万元。货物报关后，该商场按规定缴纳了进口环节的增值税和消费税并取得了海关开具的缴款书。将化妆品从海关运往商场所在地取得增值税专用发票，注明运费费用5万元、增值税进项税额0.45万元，该批化妆品当月在国内全部销售，取得不含税销售额520万元（假定化妆品进口关税税率为20%，增值税税率为13%，消费税税率为15%）。要求：计算该批化妆品进口环节应缴纳的关税、增值税、消费税和国内销售环节应缴纳的增值税（结果保留小数点后两位）。

关税完税价格＝120＋10＋6＋4＝140（万元）

应缴纳进口关税 = 140 × 20% = 28（万元）

进口环节的组成计税价格 =（140 + 28）÷（1 − 15%）≈197.65（万元）

进口环节应缴纳增值税 = 197.65 × 13% = 25.69（万元）

进口环节应缴纳消费税 = 197.65 × 15% = 29.65（万元）

国内销售环节应缴纳增值税 = 520 × 13% − 25.69 − 0.45 = 41.46（万元）

任务三　关税的会计核算

一、自营进口业务关税的会计处理

企业自营进口商品，将应支付的进口货物价款、进口关税、国外运费、保险费和国内费用一并直接计入进口货物成本，借记“材料采购”等科目，贷记“银行存款”“应付账款”科目等。

【例 4-3】 某工业企业为增值税一般纳税人，2019 年 6 月进口 A 材料 100 000 美元，约定货到付款以人民币结算。货到当日外汇牌价 1∶7，应付进口关税 40 000 元。代征增值税税率为 13%。会计处理如下所示。

A 材料采购成本 = 700 000 + 40 000 = 740 000（元）

应支付增值税 = 740 000 × 13% = 96 200（元）

借：原材料——A 材料	740 000	
应交税费——应交增值税（进项税额）	96 200	
贷：银行存款		836 200

二、自营出口业务关税的会计处理

工业企业出口产品应缴纳的出口关税，支付时可直接借记“税金及附加”科目，贷记“银行存款”“应付账款”等科目。

【例 4-4】 某铁合金厂 2019 年 9 月向日本出口一批铬铁，国内港口离岸价折合人民币为 2 800 000 元，铬铁出口关税税率为 40%，关税以支票付讫。会计处理如下所示。

出口关税税额 = 2 800 000 ÷（1 + 40%）× 40% = 800 000（元）

借：应收账款	2 800 000	
贷：主营业务收入		2 800 000
借：税金及附加	800 000	
贷：银行存款		800 000

三、代理进出口业务关税的会计处理

代理进出口业务，对受托方来说，一般不垫付货款，大多以收取手续费形式为委托方提供代理服务。因此，由于进出口而计缴的关税均由委托单位负担，受托单位即使向海关缴纳了关税，也只是代垫或代付，日后仍要从委托方收回。

代理进出口业务所计缴的关税，在会计核算上可以通过设置“应交税费——应交出口关税”科目来核算，其对应科目是“应付账款”“应收账款”“银行存款”等；也可以不通过“应交税费——应交出口关税”科目核算，直接通过“应付账款”“应收账款”“银行存款”科目核算。

【例4－5】某进出口公司2019年10月代理某工厂出口一批商品。我国口岸离岸价折合人民币为1 200 000元，出口关税税率为20%，手续费为30 000元。要求：计算应缴出口关税并进行相关会计处理。

（1）计算应缴出口关税如下所示。

1 200 000÷（1＋20%）×20%＝200 000（元）

（2）相关会计处理如下所示。

计缴出口关税时：

借：应收账款——××单位　　200 000

　贷：银行存款　　200 000

计算应收手续费时：

借：应收账款——××单位　　30 000

　贷：主营业务收入——手续费　　30 000

收到委托单位付来的税款及手续费时：

借：银行存款　　230 000

　贷：应收账款——××单位　　230 000

任务四　关税的申报缴纳

一、纳税期限

进口货物自运输工具申报进境之日起14日内，出口货物在货物运抵海关监管区后装货的24小时以前，由进出口货物的纳税义务人向货物进（出）境地海关申报，海关根据税则归类和完税价格计算应缴纳的关税和进口环节代征税，并填发税款缴款书。

纳税义务人应当自海关填发税款缴款书之日起15日内，向指定银行缴纳税款。如关税缴纳期限的最后 1 日是周末或法定节假日，则关税缴纳期限顺延至周末或法定节假日过后的第一个工作日。

关税纳税义务人因不可抗力或者在国家税收政策调整的情形下，不能按期缴纳税款的，经依法提供税款担保后，可以延期缴纳税款，但最长不得超过6个月。

二、关税的强制执行

纳税义务人未在关税缴纳期限内缴纳税款，即构成关税滞纳。海关要对滞纳关税的纳税义务人实施强制执行的措施。

（一）征收关税滞纳金

滞纳金自关税缴纳期限届满之日起，至纳税义务人缴纳关税之日止，按滞纳税款万分之五的比例按日征收，周末或法定节假日不予扣除。具体计算公式：

关税滞纳金金额 = 滞纳关税税额 × 滞纳金征收比率 × 滞纳天数

（二）强制征收

如纳税义务人自海关填发缴款书之日起 3 个月仍未缴纳税款，经直属海关关长或其授权的隶属海关关长批准，海关可以从纳税义务人在开户银行或者其他金融机构的存款中强制扣缴税款，或将应税货物依法变卖，以变卖所得抵缴税款。

三、关税退还

根据《海关法》规定，海关实际征收的关税若多于纳税人实际应缴的关税，称为“溢征”，海关发现后应立即退还。

如有下列情形之一的，进出口货物的纳税义务人可以自缴纳税款之日起 1 年内，书面声明理由，连同原纳税单据向海关申请退税，并加算银行同期活期存款利息，逾期不予受理：因海关误征，多纳税款的；海关核准免验进口的货物，在完税后，发现有短卸情形，经海关审查认可的；已征出口关税的货物，因故未将其运出口，申报退关，经海关查验属实的。

对已征出口关税的出口货物和已征进口关税的进口货物，因货物品质或规格原因（非其他原因）原状复运进境或出境的，经海关查验属实的，也应退还已征关税。海关应当自受理退税申请之日起30 日内，作出书面答复并通知退税申请人。

四、关税补征和追征

海关征收因纳税人违反海关规定造成短征关税的，称为“追征”，海关征收非因纳税人违反海关规定造成短征关税的，称为“补征”。根据《海关法》规定，进出境货物和物品放行后，海关发现少征或者漏征税款，应当自缴纳税款或者货物、物品放行之日起 1 年内，向纳税义务人补征；因纳税义务人违反规定而造成的少征或者漏征的税款，自纳税义务人应缴纳税款之日起 3 年以内可以追征，并从缴纳税款之日起按日加收少征或者漏征税款 0.5‰的滞纳金。

五、关税纳税争议

纳税人对海关确定进出口货物的征税、减税、补税或者退税等有异议时，有提出申诉的权利。在纳税人与海关发生争议时，可以向海关申请复议，但同时应当在规定期限内按海关核定的税款缴纳关税，逾期则构成滞纳，海关有权按规定采取强制执行措施。

纳税争议的内容一般为进出境货物和物品的纳税人对海关在原产地认定、税则归类、税率或汇率适用、完税价格确定、关税减征、免征、追征、补征和退征等征税行为是否合法或适当，是否侵害了纳税人的合法权益，而对海关征收关税的行为表示异议。

纳税人自海关填发税款缴款书之日起 30 日内，向原征税海关的上一级海关书面申请复议。逾期申请复议的，海关不予受理。海关应当自收到复议申请之日起 60 日内作出复议决定，并以复议决定书的形式正式答复纳税人；纳税人对海关复议决定仍然不服的，可以自收到复议决定书之日起 15 日内，向人民法院提起诉讼。

项目五　企业所得税纳税实务

学习任务

熟悉企业所得税法规；掌握企业所得税应纳税额的计算、会计处理和纳税申报操作。

任务导入

甲企业2019年全年销售产品收入1 000 000元，已销售产品成本510 000元，有关费用及税金合计400 000元，其中包括业务招待费55 000元，被税务机关处罚的滞纳金、罚款共计10 000元。该企业在申报纳税时，认为2019年所得税的应纳税所得额为90 000元。其理由是2019年产品销售收入1 000 000元减去成本、费用、税金共计910 000元后的余额为90 000元。请问企业计算的应纳税所得额是否正确？如不正确，应如何计算？

任务一　认识企业所得税

一、企业所得税的概念

企业所得税是对我国境内的企业和其他取得收入的组织的生产经营所得和其他所得征收的一种税。它具有调节收入分配、促进公平竞争、筹集财政收入等作用，是国家进行宏观经济调控的一个重要经济杠杆。

二、企业所得税的纳税人

企业所得税的纳税人为在中华人民共和国境内的企业和其他取得收入的组织（以下统称企业）。除个人独资企业、合伙企业不征收企业所得税外，其他企业均为企业所得税的纳税人。

按照国际惯例，我国选择了地域管辖权和居民管辖权的双重管辖权标准，将企业所得税纳税人分为居民企业和非居民企业。

（一）居民企业

居民企业，指依法在中国境内成立，或者依照外国（地区）法律成立但实际管理机构在中国境内的企业。实际管理机构，指对企业的生产经营、人员、账务、财产等实施实质性全面管理和控制的机构。如在我国注册成立的宝洁（中国）公司是我国的居民企业；在百慕大群岛注册的华晨中国汽车控股有限公司，其实际管理机构在我国境内，也是我国的居民企业。

（二）非居民企业

非居民企业，指依照外国（地区）法律成立且实际管理机构不在中国境内，但在中国境内设立机构、场所的，或者在中国境内未设立机构、场所，但有来源于中国境内所得的企业。如在我国设立有代表处及其他分支机构的外国企业。

机构、场所，指在中国境内从事生产经营活动的机构、场所，包括以下几类场所。

（1）管理机构、营业机构、办事机构。

（2）工厂、农场、开采自然资源的场所。

（3）提供劳务的场所。

（4）从事建筑、安装、装配、修理、勘探等工程作业的场所。

（5）其他从事生产经营活动的机构、场所。

非居民企业委托营业代理人在中国境内从事生产经营活动的，包括委托单位或者个人经常代其签订合同，或者储存、交付货物等，该营业代理人视为非居民企业在中国境内设立的机构、场所。

三、企业所得税的征税对象

企业所得税的征税对象，是企业的生产经营所得、其他所得和清算所得。

（一）居民企业的征税对象

居民企业应当就其来源于中国境内、境外的所得缴纳企业所得税。所得包括销售货物所得、提供劳务所得、转让财产所得、股息红利等权益性投资所得、利息所得、租金所得、特许权使用费所得、接受捐赠所得和其他所得。

（二）非居民企业的征税对象

非居民企业在中国境内设立机构、场所的，应当就其所设机构、场所取得的来源于中国境内的所得，以及发生在中国境外但与其所设机构、场所有实际联系的所得，缴纳企业所得税。非居民企业在中国境内未设立机构、场所的，或者虽设立机构、场所但取得的所得与其所设机构、场所没有实际联系的，应当就其来源于中国境内的所得缴纳企业所得税。

（三）所得来源的确定

判断所得的来源时，应当按照以下原则确定。

（1）销售货物所得，按照交易活动发生地确定。

（2）提供劳务所得，按照劳务发生地确定。

（3）转让财产所得。①不动产转让所得按照不动产所在地确定；②动产转让所得按照转让动产的企业或者机构、场所所在地确定；③权益性投资资产转让所得按照被投资企业所在地确定。

（4）股息、红利等权益性投资所得，按照分配所得的企业所在地确定。

（5）利息所得、租金所得、特许权使用费所得，按照负担、支付所得的企业或者机构、场所所在地确定，或者按照负担、支付所得的个人的住所地确定。

（6）其他所得，由国务院财政、税务主管部门确定。

四、企业所得税的税率

（一）基本税率

企业所得税的税率为25%。适用于居民企业和在中国境内设有机构、场所且所得与机构、场所有关联的非居民企业。

（二）低税率20%

适用于在中国境内未设立机构、场所的，或者虽设立机构、场所但取得的所得与其所设机构、场所没有实际联系的非居民企业。

五、企业所得税的税收优惠

企业所得税的税收优惠方式包括免税、减税、加计扣除、加速折旧、减计收入、税额抵免等。

（一）免征与减征优惠

企业的下列所得，可以免征、减征企业所得税，但企业如果从事国家限制和禁止发展的项目，不得享受企业所得税优惠。

1. 从事农、林、牧、渔业项目的所得

花卉、茶以及其他饮料作物、香料作物的种植、海水养殖、内陆养殖减半征收，其他农、林、牧、渔业项目免征企业所得税。

2. 从事国家重点扶持的公共基础设施项目投资经营的所得

企业从事《公共基础设施项目企业所得税优惠目录（2008 年版）》规定的港口码头、机场、铁路、公路、电力、水利等国家重点扶持的公共基础设施项目的投资经营的所得，自该项目取得第一笔生产经营收入所属纳税年度起，第一年至第三年免征企业所得税，第四年至第六年减半征收企业所得税。

企业从事承包经营、承包建设和内部自建自用，不得享受规定的企业所得税优惠。

3. 从事符合条件的环境保护、节能节水项目的所得

企业从事公共污水处理、公共垃圾处理、沼气综合开发利用、节能减排技术改造、海水淡化等环境保护、节能节水项目的所得，自该项目取得第一笔生产经营收入所属纳税年度起，第一年至第三年免征企业所得税，第四年至第六年减半征收企业所得税。

享受减免税优惠的项目，在减免期限内转让的，受让方自受让之日起，可以在剩余期限内享受规定的减免税优惠；减免税期限届满后转让的，受让方不得就该项目重复享受减免税优惠。

4. 符合条件的技术转让所得

一个纳税年度内，居民企业技术转让所得不超过 500 万元的部分，免征企业所得税；超过 500 万元的部分，减半征收企业所得税。

技术转让包括居民企业转让专利技术、计算机软件著作权、集成电路布图设计权、植物新品种、生物医药新品种及财政部和国家税务总局确定的其他技术。

符合条件的技术转让所得的计算公式：

技术转让所得 = 技术转让收入 − 技术转让成本 − 相关税费

或　技术转让所得 = 技术转让所得 − 无形资产摊销费用 − 相关税费 − 应分摊期间费用

技术转让收入不包括销售或转让设备、仪器、零部件、原材料等非技术性收入以及不属于与技术转让项目密不可分的技术咨询、技术服务、技术培训等收入。

技术转让成本 = 无形资产的计税基础 − 摊销扣除额

相关税费指除企业所得税和允许抵扣的增值税以外的各项税金及其附加、合同签订费用、律师费等相关费用及其他支出。

另外，非居民企业在中国境内未设立机构、场所的，或者虽设立机构、场所但取得的所得与其所设机构、场所没有实际联系的，其来源于中国境内的所得，减按 10% 的税率征收企业所得税。

（二）对符合条件的小型微利企业的税收优惠

自 2019 年 1 月 1 日至 2021 年 12 月 31 日，对符合条件的小型微利企业年应纳税所得额不超过 100 万元的部分，减按 25% 计入应纳税所得额，按 20% 的税率缴纳企业所得税；对年应纳税所得额超过 100 万元但不超过 300 万元的部分，减按 50% 计入应纳税所得额，按20%的税率缴纳企业所得税。

小型微利企业是指从事国家非限制和禁止行业，且同时符合年度应纳税所得额不超过300万元、从业人数不超过300人、资产总额不超过5 000万元的条件。

（三）高新技术企业和技术先进型服务企业优惠

对国家需要重点扶持的高新技术企业和经认定的技术先进型服务企业，减按15%的税率征收企业所得税。

（四）民族自治地方企业优惠

民族自治地方的自治机关对本民族自治地方的企业应缴纳的企业所得税中属于地方分享的部分，可以决定减征或者免征。自治州、自治县决定减征或者免征的，须报省、自治区、直辖市人民政府批准。

（五）加计扣除

1. 开发新技术、新产品、新工艺发生的研究开发费用

企业为开发新技术、新产品、新工艺发生的研究开发费用，未形成无形资产计入当期损益的，在按照规定据实扣除的基础上，按照研究开发费用的50%加计扣除；形成无形资产的，按照无形资产成本的150%摊销。在2018年1月1日至2020年12月31日期间，企业开展研发活动中实际发生的研发费用加计扣除比例由50%提高至75%；形成无形资产的，按无形资产成本的175%在税前摊销。

企业委托境外的研发费用按照费用实际发生额的80%计入委托方的委托境外研发费用，不超过境内符合条件的研发费用67%的部分，可以按规定在企业所得税前加计扣除。

2. 安置残疾人员所支付的工资

企业安置残疾人员的，在按照支付给残疾职工工资据实扣除的基础上，按照支付给残疾职工工资的100%加计扣除。

（六）抵扣应纳税所得额

创业投资企业采取股权投资方式直接投资于未上市的中小高新技术企业满2年的，可以按照其投资额的70%在股权持有满2年的当年抵扣该创业投资企业的应纳税所得额；当年不足抵扣的，可以在以后纳税年度结转抵扣。

（七）加速折旧

1. 所有企业

企业由于技术进步，产品更新换代较快的固定资产和常年处于强震动、高腐蚀状

态的固定资产，可以按《中华人民共和国企业所得税法》规定最短折旧年限的60%缩短折旧年限；也可采取双倍余额递减法或年数总和法等加速折旧方法。

企业新购进的专门用于研发的仪器、设备，单位价值不超过100万元的，允许一次性计入当期成本费用在计算应纳所得额时扣除，不再分年度计算折旧；单位价值超过100万元的，可缩短折旧年限或采取加速折旧的方法。

企业持有的单位不超过5 000元的固定资产，允许一次性计入当期成本费用在计算应纳税所得额时扣除，不再分年度计算折旧。

2. 六个行业、四个领域重点行业加速折旧规定

生物药品制造业，专用设备制造业，铁路、船舶、航空航天和其他运输设备制造业，计算机、通信和其他电子设备制造业，仪器仪表制造业，信息传输软件和信息服务等六个行业的企业2014年1月1日后新购进的固定资产，允许缩短折旧年限或采取加速折旧方法。

六个行业的小型微利企业2014年1月1日后新购进的研发和生产经营共用的仪器、设备单位价不超过100万元的，允许一次性计入当期成本费用在计算应纳所得额时扣除，不再分年度计算折旧；单位价值超过100万元的，可缩短折旧年限或采取加速折旧的方法。

轻工、纺织、机械、汽车四个领域重点行业企业2015年1月1日后新购进的固定资产，允许缩短折旧年限或采取加速折旧方法。

四个领域重点行业的小型微利企业2015年1月1日后新购进的研发和生产经营共用的仪器、设备单位价不超过100万元的，允许在计算应纳所得额时一次性全额扣除；单位价值超过100万元的，可缩短折旧年限或采取加速折旧的方法。

（八）减计收入

企业综合利用资源，以《资源综合利用企业所得税优惠目录（2008年版）》规定的资源作为主要原材料，生产国家非限制和禁止并符合国家和行业相关标准的产品取得的收入，减按90%计入收入总额。

（九）税额抵免

企业购置并实际使用环境保护、节能节水、安全生产等专用设备的，该专用设备的投资额的10%可以从企业当年的应纳税额中抵免；当年不足抵免的，可以在以后5个纳税年度结转抵免。

企业购置上述专用设备在5年内转让、出租的，应当停止享受企业所得税优惠，并补缴已经抵免的企业所得税。转让的受让方可以按照该专用设备投资额的10%抵免当年企业所得税应纳税额；当年应纳税额不足抵免的，可以在以后5个年度结转抵免。

任务二 企业所得税应纳税额的计算

一、应纳税所得额的计算

企业所得税的计税依据为应纳税所得额。应纳税所得额是指纳税人每一纳税年度的收入总额，减除不征税收入、免税收入、各项扣除以及允许弥补的以前年度亏损后的余额，共有两种计算方法。

直接计算法下的计算公式如下：

应纳税所得额 = 收入总额 - 不征税收入额 - 免税收入额 - 各项扣除额 - 允许弥补的以前年度亏损额

间接计算法下的计算公式如下：

应纳税所得额 = 利润总额 ± 纳税调整项目金额

在实际工作中，由于我国的财务会计只设置一套账簿，而税务会计不需要单独设置一套账簿，因此企业应纳税所得额通常是在企业利润总额的基础上，加减纳税调整项目金额后计算出来的。

（一）收入总额

收入总额包括以货币形式和非货币形式从各种来源取得的收入。

1. 一般收入的确认

（1）销售货物收入，指企业销售商品、产品、原材料、包装物、低值易耗品以及其他存货取得的收入。

（2）提供劳务收入，指企业从事建筑安装、修理修配、交通运输、仓储租赁、金融保险、邮电通信、咨询经纪、文化体育、科学研究、技术服务、教育培训、餐饮住宿、中介代理、卫生保健、社区服务、旅游、娱乐、加工以及其他劳务服务活动取得的收入。

（3）转让财产收入，指企业转让固定资产、生物资产、无形资产、股权、债权等财产取得的收入。

（4）股息、红利等权益性投资收益，指企业因权益性投资从被投资方取得的收入，按照被投资方做出利润分配决定的日期确认收入的实现。

（5）利息收入，指企业将资金提供给他人使用但不构成权益性投资，或者因他人占用本企业资金取得的收入，包括存款利息、贷款利息、债券利息、欠款利息等收入，按照合同约定的债务人应付利息的日期确认收入的实现。

（6）租金收入，指企业提供固定资产、包装物或者其他有形资产的使用权取得的收入，按照合同约定的承租人应付租金的日期确认收入的实现。

（7）特许权使用费收入，指企业提供专利权、非专利技术、商标权、著作权以及其他特许权的使用权取得的收入，按照合同约定的特许权使用人应付特许权使用费的日期确认收入的实现。

（8）接受捐赠收入，指企业接受的来自其他企业、组织或者个人无偿给予的货币性资产和非货币性资产，按照实际收到捐赠资产的日期确认收入的实现。

（9）其他收入，指企业取得的除上述各项收入外的其他收入，包括企业资产溢余收入、逾期不退的包装物押金收入、确实无法支付的应付款项、已作坏账损失处理后又收回的应收款项、债务重组收入、补贴收入、违约金收入、汇兑收益等。

2. 特殊收入的确认

（1）以分期收款方式销售货物的，按照合同约定的收款日期确认收入的实现。

（2）企业受托加工制造大型机械设备、船舶、飞机，以及从事建筑、安装、装配工程业务或者提供其他劳务等，持续时间超过12个月的，按照纳税年度内完工进度或者完成的工作量确认收入的实现。

（3）采取产品分成方式取得收入的，按照企业分得产品的日期确认收入的实现，其收入额按照产品的公允价值确定。

（4）企业发生非货币性资产交换，以及将货物、财产、劳务用于捐赠、偿债、赞助、集资、广告、样品、职工福利或者利润分配等用途的，应当视同销售货物、转让财产或者提供劳务，但国务院财政、税务主管部门另有规定的除外。

视同销售行为的计税收入确认规定：属于企业自制的资产，应按企业同类资产同期对外销售价格确定销售收入；属于外购的资产，应按照被移送资产的公允价值确定销售收入。

（二）不征税收入

1. 财政拨款

财政拨款是指各级人民政府对纳入预算管理的事业单位、社会团体等组织拨付的财政资金。

2. 依法收取并纳入财政管理的行政事业性收费、政府性基金

行政事业性收费是指依照法律法规等有关规定，按照国务院规定程序批准，在实施社会公共管理，以及在向公民、法人或者其他组织提供特定公共服务过程中，向特定对象收取并纳入财政管理的费用。政府性基金是指企业依照法律、行政法规等有关规定，代政府收取的具有专项用途的财政资金。

3. 国务院规定的其他不征税收入

国务院规定的其他不征税收入是指企业取得的，由国务院财政、税务主管部门规定专项用途并经国务院批准的财政性资金。财政性资金是指企业取得的来源于政府及其有关部门的财政补助、补贴、贷款贴息，以及其他各类财政专项资金，包括增值税即征即退、先征后退、先征后返的各种税收，但不包括企业按规定取得的出口退税。

（三）免税收入

1. 国债利息收入

对企业取得的2009 年及以后年度发行的地方政府债券利息所得，免征企业所得税。地方政府债券是指经国务院批准，以省、自治区、直辖市和计划单列市政府为发行和偿还主体的债券。

2. 符合条件的居民企业之间的股息、红利等权益性投资收益

符合条件的居民企业之间的股息、红利等权益性投资收益是指居民企业直接投资于其他居民企业取得的投资收益。不包括连续持有居民企业公开发行并上市流通的股票不足 12 个月取得的投资收益。

3. 在中国境内设立机构、场所的非居民企业从居民企业取得与该机构、场所有实际联系的股息、红利等权益性投资收益

在中国境内设立机构、场所的非居民企业从居民企业取得与该机构、场所有实际联系的股息、红利等权益性投资收益不包括连续持有居民企业公开发行并上市流通的股票不足 12 个月取得的投资收益。

4. 符合条件的非营利组织的收入

符合条件的非营利组织，指同时符合下列条件的组织。

（1）依法履行非营利组织登记手续。

（2）从事公益性或者非营利性活动。

（3）取得的收入除用于与该组织有关的、合理的支出外，全部用于登记核定或者章程规定的公益性或者非营利性事业。

（4）财产及其孳生息不用于分配。

（5）按照登记核定或者章程规定，该组织注销后的剩余财产用于公益性或者非营利性目的，或者由登记管理机关转赠给与该组织性质、宗旨相同的组织，并向社会公告。

（6）投入人对投入该组织的财产不保留或者不享有任何财产权利。

（7）工作人员工资福利开支控制在规定的比例内，不变相分配该组织的财产。

（8）国务院财政、税务主管部门规定的其他条件。

非营利组织的下列收入为免税收入。

（1）接受其他单位或者个人捐赠的收入。

（2）财政拨款以外的其他政府补助收入，但不包括因政府购买服务而取得的收入。

（3）按照省级以上民政、财政部门规定收取的会费。

(4) 不征税收入和免税收入孳生的银行存款利息收入。

(5) 财政部、国家税务总局规定的其他收入。

(四) 准予扣除项目

企业实际发生的与取得收入有关的、合理的支出，包括成本、费用、税金、损失和其他支出，准予在计算应纳税所得额时扣除。

1. 准予扣除项目的范围

(1) 成本，指企业在生产经营活动中发生的销售成本、销货成本、业务支出以及其他耗费，即企业销售商品（产品、材料、下脚料、废料、废旧物资等）、提供劳务、转让固定资产、无形资产（包括技术转让）的成本。

(2) 费用，指企业在生产经营活动中发生的销售费用、管理费用和财务费用。

(3) 税金，指企业发生的除企业所得税和允许抵扣的增值税以外的各项税金及其附加。企业按规定缴纳的消费税、城市维护建设税、关税、资源税、土地增值税、房产税、车船税、土地使用税、印花税、教育费附加等产品销售税金及附加。

(4) 损失，是指企业在生产经营活动中发生的固定资产和存货的盘亏、毁损、报废损失，转让财产损失，呆账损失，坏账损失，自然灾害等不可抗力因素造成的损失以及其他损失。

(5) 其他支出，指除成本、费用、税金、损失外，企业在生产经营活动中发生的与生产经营活动有关的、合理的支出。

2. 准予扣除项目的标准

在计算应纳税所得额时，下列项目可按实际发生额或规定的标准扣除。

(1) 工资、薪金支出。企业发生的合理工资、薪金支出，可以据实扣除。工资、薪金指企业每一纳税年度支付给在本企业任职或者受雇的员工的所有现金或者非现金形式的劳动报酬，包括基本工资、奖金、津贴、补贴、年终加薪、加班工资，以及与任职或者受雇有关的其他支出。

合理工资、薪金，指企业按照股东大会、董事会、薪酬委员会或相关管理机构制定的工资薪金制度规定实际发放给员工的工资薪金。税务机关在对工资、薪金进行合理性确认时，按以下原则掌握。

①企业制定了较为规范的员工工资、薪金制度。

②企业所制定的工资、薪金制度符合行业及地区水平。

③企业在一定时期所发放的工资、薪金是相对固定的，工资、薪金的调整是有序进行的。

④企业对实际发放的工资、薪金，已依法履行了代扣代缴个人所得税义务。

⑤有关工资、薪金的安排，不以减少或逃避税款为目的。

(2) 职工福利费、工会经费、职工教育经费。企业发生的职工福利费支出，不超过工资、薪金总额14%的部分，准予扣除。企业拨缴的职工工会经费支出，不超过工资、薪金总额2%的部分，准予扣除。除国务院财政、税务主管部门另有规定外，企业发生的职工教育经费支出，不超过工资、薪金总额8%的部分，准予扣除；超过部分，准予在以后纳税年度结转扣除。

【例5-1】 某居民企业2019年已计入成本、费用中的全年实发工资总额为400万元（属于合理限度的范围），实际发生的职工工会经费6万元、职工福利费60万元、职工教育经费15万元。要求：计算3项经费的税前扣除额。

职工福利费的实际发生额60万元，扣除限额 $=400\times14\%=56$（万元），税前扣除 $=56$（万元）

工会经费的实际发生额6万元，扣除限额 $=400\times2\%=8$（万元），税前扣除 $=6$（万元）

职工教育经费的实际发生额15万元，扣除限额 $=400\times8\%=32$（万元），税前扣除 $=15$（万元）

（3）社会保险费。企业按照国务院有关主管部门或者省级人民政府规定的范围和标准为职工缴纳的基本养老保险费、基本医疗保险费、失业保险费、工伤保险费、生育保险费等基本社会保险费和住房公积金，准予扣除。

企业为投资者或职工支付的补充养老保险费、补充医疗保险费，在不超过工资总额5%标准内的部分，准予扣除；超过部分，不得扣除。企业按照国家有关规定为特殊工种职工支付的人身安全保险费和符合国务院财政、税务主管部门规定可以扣除的商业保险费准予扣除。

企业参加财产保险，按照规定缴纳的保险费，准予扣除。企业为投资者或者职工支付的商业保险费，不得扣除。

（4）利息费用。企业在生产、经营活动中发生的利息费用，按下列规定扣除。

①非金融企业向金融企业借款的利息支出、金融企业的各项存款利息支出和同业拆借利息支出、企业经批准发行债券的利息支出可据实扣除。

②非金融企业向非金融企业借款的利息支出，不超过按照金融企业同期同类贷款利率计算的数额的部分可据实扣除，超过部分不许扣除。

③关联企业利息费用的扣除。纳税人从关联方取得的借款金额超过其注册资本50%的，超过部分的利息支出，不论利率高低，金额不得在税前扣除，未超过的部分只能按金融企业同期贷款利率扣除。

【例5-2】 某居民企业2019年向银行借款200万元，利率为6%，同时向非银行金融机构借款500万元，利率为8%，利息均列支。要求：计算该企业当年多列利息支出。

准予扣除利息支出 $=(200+500)\times6\%=42$（万元）

多列利息支出 $=200\times6\%+500\times8\%-42=10$（万元）

（5）借款费用。企业在生产经营活动中发生合理的不需要资本化的借款费用，准予扣除。

企业为购置、建造固定资产、无形资产和经过12个月以上的建造才能达到预定可销售状态的存货发生借款的，在有关资产购置、建造期间发生的合理的借款费用，作为资本性支出计入有关资产的成本，不得在发生当期直接扣除。有关资产交付使用后发生的借款费用，在发生当期准予扣除。

企业通过发行债券、取得贷款、吸收保户储金等方式融资而发生的合理的费用支出，符合资本化条件的，应计入相关资产成本；不符合资本化条件的，应作为财务费用，准予扣除。

【例5－3】某居民企业2019年发生借款利息累计30万元，其中因扩建厂房向银行借款而发生的利息10万元，该工程2019年年底尚未完工。要求：计算该企业2019年允许扣除的财务费用金额。

准予扣除的财务费用＝30－10＝20（万元）

（6）汇兑损失。企业在货币交易中及纳税年度终了将人民币以外的货币性资产、负债按照期末即期人民币汇率中间价折算为人民币时产生的汇兑损失，除已经计入有关资产成本以及与向所有者进行利润分配相关的部分外，准予扣除。

（7）业务招待费。企业发生的与生产经营活动有关的业务招待费支出，凭有效凭证和资料，按照发生额的60%扣除，但最高不得超过当年销售（营业）收入的5‰。企业在筹建期间，发生的与筹办活动有关的业务招待费支出，可按实际发生额的60%计入企业筹办费，并按有关规定在税前扣除。

【例5－4】某企业2019年全年销售净额7 200万元，全年发生业务招待费90万元。要求：计算该企业准予扣除的业务招待费。

业务招待费扣除限额＝7 200×5‰＝36（万元），90×60%＝54（万元），该企业当年可以扣除的业务招待费为36万元。

（8）广告费和业务宣传费。企业发生的符合条件的广告费和业务宣传费支出，除国务院财政、税务主管部门另有规定外，不超过当年销售（营业）收入15%的部分，准予扣除；超过部分，准予在以后纳税年度结转扣除。企业在筹建期间，发生的广告费和业务宣传费，可按实际发生额计入企业筹办费，并按有关规定在税前扣除。

【例5－5】某家电企业2019年销售收入1 000万元，全年列支的广告费支出为200万元，其他业务宣传费支出10万元。要求：计算该企业当年准予扣除的广告费和业务宣传费。

当年准予扣除的广告费和业务宣传费＝1 000×15%＝150（万元）

多列支广告费和业务宣传费＝（200＋10）－150＝60（万元）

多列支的60万元广告费可以结转以后年度扣除。

（9）环境保护专项资金。企业依照法律、行政法规有关规定提取的用于环境保护、生态恢复等方面的专项资金，准予扣除。但提取后又改变用途的，不得扣除。

（10）租赁费。企业根据生产经营活动的需要租入固定资产支付的租赁费，按照以下方法扣除：

①以经营租赁方式租入固定资产发生的租赁费支出，按照租赁期限均匀扣除；

②以融资租赁方式租入固定资产发生的租赁费支出，按照规定构成融资租入固定资产价值的部分应当提取折旧费用，分期扣除。

（11）公益性捐赠支出。公益性捐赠，指企业通过公益性社会团体或者县级（含县级）以上人民政府及其部门，用于《中华人民共和国公益事业捐赠法》规定的公益事业的捐赠。

企业发生的公益性捐赠支出，不超过年度利润总额12%的部分，准予扣除。超过部分，准予以后三年内计算应纳税所得额时结转扣除。

【例5－6】某企业2019年实现利润总额100万元，在营业外支出账户列支了通过公益性社会团体向贫困地区的捐款10万元、直接向某小学捐款5万元。要求：计算该企业2019年应纳税所得额时，允许扣除的捐款数额。

直接捐款5万元不允许扣除，实际捐赠10万元的扣除标准＝100×12%＝12（万元），允许扣除10万元。

（12）劳动保护费。企业发生的合理的劳动保护支出，准予扣除。

企业根据工作性质和特点，由企业统一制作并要求员工工作时统一着装所发生的工作服饰费用，符合相关规定的，可以作为企业合理的支出准予税前扣除。

（13）总机构管理费。企业之间支付的管理费、企业内营业机构之间支付的租金和特许权使用费，以及非银行企业内营业机构之间支付的利息，不得扣除。

非居民企业在中国境内设立的机构、场所，就其中国境外总机构发生的与该机构、场所生产经营有关的费用，能够提供总机构出具的费用汇集范围、定额、分配依据和方法等证明文件，并合理分摊的，准予扣除。

（14）有关资产的费用。企业转让各类固定资产发生的费用，允许扣除。企业按规定计算的固定资产折旧费、无形资产和递延资产的摊销费，准予扣除。

（15）资产损失。企业当期发生的固定资产和流动资产盘亏、毁损净损失，由其提供清查盘存资料向主管税务机关备案后，准予扣除；企业因存货盘亏、毁损、报废等原因不得从销项税金中抵扣的进项税金，应视同企业财产损失，准予与存货损失一起在所得税前按规定扣除。

（16）依照有关法律、行政法规和国家有关税法规定准予扣除的其他项目。如会员费、合理的会议费、差旅费、违约金、诉讼费用等。

（17）手续费及佣金支出。企业发生的与生产经营有关的手续费及佣金支出，按与具有合法经营资格中介服务机构或个人（不含交易双方及雇员、代理人和代表人等）所签订服务协议或合同确认的收入金额的5%计算为限。除委托个人代理外，企业以现金等非转账方式支付的手续费及佣金不得在税前扣除。

（五）不得扣除项目的确定

在计算应纳税所得额时，下列项目不得扣除。

（1）向投资者支付的股息、红利等权益性投资收益款项。

（2）企业所得税税款。

（3）税收滞纳金，指纳税人违反税收法规，被税务机关处以的滞纳金。

（4）罚金、罚款和被没收财物的损失，指纳税人违反国家有关法律、法规规定，被有关部门处以的罚金、罚款，以及被没收财物的损失。

合同违约金、银行罚息、罚款（经营性罚款）和诉讼费可以在企业所得税税前扣除。行政性罚款不得在企业所得税税前扣除，如企业因排污超标而被环保部门处以的罚款等。

（5）超过规定标准捐赠支出。

（6）赞助支出，指企业发生的与生产经营活动无关的各种非广告性质支出。

（7）未经核定的准备金支出，指不符合国务院财政、税务主管部门规定的各项资产减值准备、风险准备等准备金支出。

（8）与取得收入无关的其他支出。

（六）亏损弥补

亏损，指企业依照《中华人民共和国企业所得税法》及其实施条例的规定，将每一纳税年度的收入总额减除不征税收入、免税收入和各项扣除后小于零的数额。

企业纳税年度发生的亏损，可以用以后年度的所得弥补，但延续弥补年限最长不得超过五年。自亏损次年起，不论是盈利或亏损，都连续五年不间断地计算。连续发生年度亏损时，也必须从第一个亏损年度算起，先亏先补。

【例5－7】某企业2013—2019年的盈亏情况如表5－1所示，试分析企业亏损弥补的方法。

表5－1　　某企业2013—2019年盈亏情况

年份	2013	2014	2015	2016	2017	2018	2019
应税所得（万元）	－150	－70	20	30	40	50	90

该企业2013年亏损150万元，按照税法可以申请用2014—2018年的应税所得弥补。虽然该企业2014年也发生了亏损，但仍应作为计算2013年亏损弥补的第一年。所以，2013年的亏损实际上是用2015—2018年的应税所得140万元来弥补，尚未弥补完的10万元亏损不能再用以后年度的税前利润弥补。2014年的亏损70万元按税法可以申请用

2015—2019 年的应税所得弥补，由于 2014—2018 年的所得已用于弥补 2013 年的亏损，所以 2014 年的亏损只能用 2019 年的所得弥补。2019 年应税所得 90 万元，其中 70 万元用于弥补 2014 年的亏损，剩余的 20 万元应按税法规定缴纳企业所得税。

二、资产的税务处理

企业的各项资产，包括固定资产、生物资产、无形资产、长期待摊费用、投资资产、存货等，以历史成本为计税基础。企业持有各项资产期间资产增值或者减值，除国务院财政、税务主管部门规定可以确认损益外，不得调整该资产的计税基础。

（一）固定资产的税务处理

固定资产，指企业为生产产品、提供劳务、出租或者经营管理而持有的、使用时间超过 12 个月的非货币性资产，包括房屋、建筑物、机器、机械、运输工具以及其他与生产经营活动有关的设备、器具、工具等。

1. 固定资产的计税基础

（1）外购的固定资产，以购买价款和支付的相关税费以及直接归属于使该资产达到预定用途发生的其他支出为计税基础。

（2）自行建造的固定资产，以竣工结算前发生的支出为计税基础。

（3）融资租入的固定资产，以租赁合同约定的付款总额和承租人在签订租赁合同过程中发生的相关费用为计税基础，租赁合同未约定付款总额的，以该资产的公允价值和承租人在签订租赁合同过程中发生的相关费用为计税基础。

（4）盘盈的固定资产，以同类固定资产的重置完全价值为计税基础。

（5）通过捐赠、投资、非货币性资产交换、债务重组等方式取得的固定资产，以该资产的公允价值和支付的相关税费为计税基础。

（6）改建的固定资产，除已足额提取折旧的固定资产和租入固定资产以外的其他固定资产，以改建过程中发生的改建支出增加计税基础。

2. 固定资产折旧的范围

计算应纳税所得额时，企业按照规定计算的固定资产折旧，准予扣除。下列固定资产不得计算折旧扣除。

（1）房屋、建筑物以外未投入使用的固定资产。

（2）以经营租赁方式租入的固定资产。

（3）以融资租赁方式租出的固定资产。

（4）已足额提取折旧仍继续使用的固定资产。

（5）与经营活动无关的固定资产。

（6）单独估价作为固定资产入账的土地。

（7）其他不得计算折旧扣除的固定资产。

3. 固定资产计提折旧的方法

（1）固定资产按照直线法计算的折旧，准予扣除。

（2）企业的固定资产应当从投入使用月份的次月起计提折旧；停止使用的固定资产，应当从停止使用月份的次月起停止计提折旧。

（3）企业应当根据固定资产的性质和使用情况，合理确定固定资产的预计净残值。固定资产的预计净残值一经确定，不得变更。

4. 固定资产计提折旧的年限

除国务院财政、税务主管部门另有规定外，固定资产计提折旧的最低年限如下。

（1）房屋、建筑物为20年。

（2）飞机、火车、轮船、机器、机械和其他生产设备为10年。

（3）与生产经营活动有关的器具、工具、家具等为5年。

（4）飞机、火车、轮船以外的运输工具为4年。

（5）电子设备为3年。

（二）生产性生物资产的税务处理

生产性生物资产，指企业为生产农产品、提供劳务或者出租等而持有的生物资产，包括经济林、薪炭林、产畜和役畜等。

1. 生产性生物资产的计税基础

（1）外购的生产性生物资产，以购买价款和支付的相关税费为计税基础。

（2）通过捐赠、投资、非货币性资产交换、债务重组等方式取得的生产性生物资产，以该资产的公允价值和支付的相关税费为计税基础。

2. 生产性生物资产的折旧

（1）生产性生物资产按照直线法计算的折旧，准予扣除。

（2）企业应当自生产性生物资产投入使用月份的次月起计算折旧；停止使用的生产性生物资产，应当自停止使用月份的次月起停止计算折旧。

（3）企业应当根据生产性生物资产的性质和使用情况，合理确定生产性生物资产的预计净残值。生产性生物资产的预计净残值一经确定，不得变更。

（4）生产性生物资产的最低折旧年限。

①林木类生产性生物资产为10年。

②畜类生产性生物资产为3年。

（三）无形资产的税务处理

无形资产，指企业为生产产品、提供劳务、出租或者经营管理而持有的、没有实物形态的非货币性长期资产，包括专利权、商标权、著作权、土地使用权、非专利技术、商誉等。

1. 无形资产的计税基础

（1）外购的无形资产，以购买价款和支付的相关税费以及直接归属于使该资产达到预定用途发生的其他支出为计税基础。

（2）自行开发的无形资产，以开发过程中该资产符合资本化条件后至达到预定用途前发生的支出为计税基础。

（3）通过捐赠、投资、非货币性资产交换、债务重组等方式取得的无形资产，以该资产的公允价值和支付的相关税费为计税基础。

2. 无形资产的摊销范围

计算应纳税所得额时，企业按照规定计算的无形资产摊销费用，准予扣除。下列无形资产不得计算摊销费用扣除。

（1）自行开发的支出已在计算应纳税所得额时扣除的无形资产。

（2）自创商誉。

（3）与经营活动无关的无形资产。

（4）其他不得计算摊销费用扣除的无形资产。

3. 无形资产摊销方法和年限

（1）无形资产按照直线法计算的摊销费用，准予扣除。

（2）无形资产的摊销年限不得少于 10 年。

（3）作为投资或者受让的无形资产，有关法律规定或者合同约定了使用年限的，可以按照规定或者约定的使用年限分期摊销。

（4）外购商誉的支出，在企业整体转让或者清算时，准予扣除。

（四）长期待摊费用的税务处理

1. 长期待摊费用的范围

长期待摊费用指企业发生的摊销期限在 1 年以上或几个年度的费用。在计算应纳税所得额时，企业发生的下列支出作为长期待摊费用，按照规定摊销的，准予扣除。

（1）已足额提取折旧的固定资产的改建支出。

（2）租入固定资产的改建支出。

（3）固定资产的大修理支出。

（4）其他应当作为长期待摊费用的支出。

固定资产的改建支出，指改变房屋或者建筑物结构、延长使用年限等发生的支出。

固定资产的大修理支出，指同时符合下列条件的支出。

（1）修理支出达到取得固定资产时的计税基础 50% 以上。

（2）修理后固定资产的使用年限延长 2 年以上。

2. 长期待摊费用的摊销

（1）已足额提取折旧的固定资产的改建支出，按照固定资产预计尚可使用年限分期摊销。

（2）租入固定资产的改建支出，按照合同约定的剩余租赁期限分期摊销。

（3）固定资产的大修理支出，按照固定资产尚可使用年限分期摊销。

（4）其他应当作为长期待摊费用的支出，自支出发生月份的次月起，分期摊销，摊销年限不得低于3年。

（五）投资资产的税务处理

投资资产，指企业对外进行权益性投资和债权性投资形成的资产。

1. 投资资产的成本

（1）通过支付现金方式取得的投资资产，以购买价款为成本。

（2）通过支付现金以外的方式取得的投资资产，以该资产的公允价值和支付的相关税费为成本。

2. 投资资产成本的扣除方法

企业对外投资期间，投资资产的成本在计算应纳税所得额时不得扣除，企业在转让或者处置投资资产时，投资资产的成本准予扣除。

（六）存货的税务处理

存货，指企业持有以备出售的产品或者商品、处在生产过程中的在产品、在生产或者提供劳务过程中耗用的材料和物料等。

1. 存货的计税基础

（1）通过支付现金方式取得的存货，以购买价款和支付的相关税费为成本。

（2）通过支付现金以外的方式取得的存货，以该存货的公允价值和支付的相关税费为成本。

（3）生产性生物资产收获的农产品，以产出或者采收过程中发生的材料费、人工费和分摊的间接费用等必要支出为成本。

2. 存货的成本计算方法

企业使用或者销售的存货的成本计算方法，可以在先进先出法、加权平均法、个别计价法中选用一种。计价方法一经选用，不得随意变更。

三、应纳所得税额的计算

（一）查账征收所得税应纳税额的计算

1. 平时预缴所得税额的计算

企业所得税实行按年计征、分期预缴、年终汇算清缴、多退少补的办法。实行查账征收方式申报企业所得税的居民纳税人及在中国境内设立机构的非居民纳税人在月

（季）度预缴企业所得税时可采用以下方法计算缴纳。

（1）按会计利润预缴。

月（季）预缴税额 = 企业利润总额 × 适用税率 − 减免所得税额 − 已累计预缴的所得税额

企业利润总额指纳税人按会计制度核算的利润总额。平时预缴时，先按会计利润计算，暂不作纳税调整，待会计年度终了再作纳税调整。

减免所得税额是指纳税人当期实际享受的减免所得税额，包括享受减免税优惠过渡期的税收优惠、小型微利企业的税收优惠、高新技术企业的税率优惠以及经税务机关审批或备案的其他减免税优惠。

（2）按上一年度应纳税所得额的平均额预缴。

月（季）预缴税额 = 上年应纳税所得额 × 1/12（或 1/4）× 适用税率

除了上述两种方法计算预缴所得税外，还可以采用税务机关确定的其他方法。

2. 年终汇算清缴的所得税的计算

年终汇算清缴的所得税的计算公式如下：

全年应纳所得税额 = 全年应纳税所得额 × 适用税率

多退少补所得税额 = 全年应纳所得税额 − 月（季）已预缴所得税额

【例 5-8】某企业 2019 年取得销售收入 4 000 万元，发生销售成本 2 600 万元，销售费用 770 万元（其中广告费 650 万元），管理费用 480 万元（其中业务招待费 25 万元），财务费用 60 万元，销售税金 160 万元（含增值税 120 万元），营业外收入 80 万元，营业外支出 50 万元（含通过公益性社会团体向贫困山区捐款 30 万元，支付税收滞纳金 6 万元），已计入成本、费用中的实发工资总额 200 万元，拨缴职工工会经费 5 万元、发生职工福利费 31 万元、发生职工教育经费 18 万元。要求：计算该企业 2019 年应纳的企业所得税。

（1）利润总额 = 4 000 + 80 − 2 600 − 770 − 480 − 60 − (160 − 120) − 50 = 80（万元）

（2）广告费和业务宣传费扣除限额 = 4 000 × 15% = 600（万元），实际列支 650 万元，超支 50 万元（调增）。

（3）业务招待费扣除限额 = 实际发生的业务招待费 × 60%（25 × 60% = 15 万元）且 ≤ 销售（营业）收入净额 × 5‰（4000 × 5‰ = 20 万元），所以，实际列支 25 万元，超支 10 万元（调增）。

（4）捐赠支出扣除限额 = 80 × 12% = 9.6（万元），实际列支 30 万元，超支 20.4 万元（调增）。

（5）工会经费扣除限额 = 200 × 2% = 4（万元），实际列支 5 万元，超支 1 万元（调增）。

（6）职工福利扣除限额 = 200 × 14% = 28（万元），实际列支 31 万元，超支 3 万元（调增）。

（7）职工教育经费扣除限额 = 200 × 8% = 16（万元），实际列支 18 万元，超支 2 万元（调增）。

（8）税收滞纳金 6 万元不得扣除（调增）。

（9）2019 年该企业应纳税所得额 = 80 + 50 + 10 + 20.4 + 6 + 1 + 3 + 2 = 172.4（万元）

（10）2019 年该企业应缴所得税 = 172.4 × 25% = 43.1（万元）

【例 5 - 9】某企业 2019 年取得销售收入 5 600 万元，发生销售成本 4 000 万元，其他业务收入 800 万元，其他业务成本 694 万元，取得购买国债的利息收入 40 万元，缴纳非增值税税金及附加 300 万元，销售费用 200 万元，管理费用 280 万元（其中业务招待费 28 万元、新产品研发费用 60 万元），财务费用 200 万元（向非金融企业借款 200 万元，支付年利息费用 18 万元，金融企业同期同类年利息率为 6%），营业外收入 100 万元，营业外支出 250 万元（含公益性捐款 38 万元），计入成本、费用中的实发工资总额 300 万元，拨缴职工工会经费 7 万元、发生职工福利费 35 万元、发生职工教育经费 28 万元。要求：计算该企业 2019 年应纳的企业所得税。

（1）利润总额 = 5 600 + 800 + 40 + 100 - 4 000 - 694 - 300 - 200 - 280 - 200 - 250 = 616（万元）

（2）业务招待费扣除限额 = 实际发生的业务招待费 × 60% = 16.8（万元），小于销售（营业）收入净额 × 5‰（28 × 60% < 5600 × 5‰），实际列支 28 万元，超支 11.2 万元（调增）。

（3）新产品研发费用加计扣除 60 × 75% = 45（万元）（调减）。

（4）利息费用扣除限额 = 200 × 6% = 12（万元），实际列支 18 万元，超支 6 万元（调增）。

（5）捐赠支出扣除限额 = 616 × 12% = 73.92（万元），实际列支 38 万元，未超过限额（不调增）。

（6）工会经费扣除限额 = 300 × 2% = 6（万元），实际列支 7 万元，超支 1 万元（调增）。

（7）职工福利扣除限额 = 300 × 14% = 42（万元），实际列支 35 万元，未超过限额（不调增）。

（8）职工教育经费扣除限额 = 300 × 8% = 24（万元），实际列支 28 万元，超支 4 万元（调增）。

（9）2019 年该企业应纳税所得额 = 616 + 11.2 - 45 + 6 + 1 + 4 = 593.2（万元）

（10）2019 年该企业应缴所得税 = 593.2 × 25% = 148.3（万元）

（二）核定征收所得税应纳税额的计算

如果企业不能提供完整、准确的收入和成本费用核算资料，不能正确计算应纳税所得额，为了保证国家的税收收入，税务机关将按规定采用核定征收的方式征收企业所得税。

1. **核定征收的范围**

纳税人有下列情形之一的，应采取核定征收方式征收企业所得税。

（1）依照法律、行政法规的规定可以不设置账簿的。

（2）依照法律、行政法规的规定应当设置但未设置账簿的。

（3）擅自销毁账簿或者拒不提供纳税资料的。

（4）虽设置账簿，但账目混乱或者成本资料、收入凭证、费用凭证残缺不全，难以查账的。

（5）发生纳税义务，未按照规定的期限办理纳税申报，经税务机关责令限期申报，逾期仍不申报的。

（6）申报的计税依据明显偏低，又无正当理由的。

2. **核定征收的方式**

核定征收方式包括核定应税所得率征收和核定应纳税所得额。

（1）核定应税所得率。核定应税所得率指税务机关按照一定的标准、程序和方法，预先核定纳税人的应税所得率，由纳税人根据纳税年度内的收入总额或成本费用等项目的实际发生额，按预先核定的应税所得率计算缴纳企业所得税的办法。实行核定应税所得率征收办法的，应纳所得税额的计算公式如下：

应纳所得税额＝应纳税所得额×适用税率

应纳税所得额＝收入总额×应税所得率

或　　应纳税所得额＝成本费用支出额÷（1－应税所得率）×应税所得率

应税所得率按表5－2规定的幅度标准确定。

表5－2　　应税所得率表

行业	应税所得率（%）
农、林、牧、渔业	3～10
制造业	5～15
批发和零售贸易业	4～15
交通运输业	7～15
建筑业	8～20
饮食业	8～25
娱乐业	15～30
其他行业	10～30

【例5－10】某生产企业2019年收入总额为20万元，成本费用则不清楚，核定的应税所得率为7%，适用所得税税率为20%。要求：计算该企业应纳所得税额。

应纳所得税额＝20×7%×20%＝0.28（万元）

（2）核定应纳所得税额。核定应纳所得税额是指税务机关按照一定的标准、程序和方法，直接核定纳税人年度应纳企业所得税额，由纳税人按规定进行申报缴纳的办法。

四、境外所得已纳税额的抵免

纳税人来源于我国境外的所得，在境外实际缴纳的所得税款，准予在汇总纳税时，从其应纳税额中抵免。但抵免限额不得超过其境外所得按我国企业所得税规定计算的应纳税额。

（一）可抵免的外国税收范围

企业取得的下列所得已在境外缴纳的所得税税额，汇总缴纳时，可以从其当期应纳税额中抵免。

（1）居民企业来源于中国境外的应税所得。

（2）非居民企业在中国境内设立机构、场所，取得发生在中国境外但与该机构、场所有实际联系的应税所得。

已在境外缴纳的所得税额，指企业来源于中国境外的所得按照中国境外税收法律以及相关规定应当缴纳并且已经实际缴纳的企业所得税性质的税款。企业按照企业所得税法的规定抵免企业所得税税额时，应当提供中国境外税务机关出具的税款所属年度的有关纳税凭证。

（二）税收抵免的限额

抵免限额，指企业来源于中国境外的所得，依据企业所得税法和本条例的规定计算出的应纳税额。除国务院财政、税务主管部门另有规定外，该抵免限额应当分国（地区）不分项计算，计算公式如下：

税收抵免限额 = 境内、境外所得按税法计算的应纳税总额 ×（来源于某国的所得额 ÷ 境内、境外所得总额）

（三）抵免不足部分的处理

纳税人来源于境外所得实际缴纳的所得税款，如果低于按规定计算出的扣除限额，可以从应纳税额中如数扣除其在境外实际缴纳的所得税税款；如果超过扣除限额，其超过部分不得在本年度作为税额扣除，也不得列为费用支出，但可以用以后年度税额扣除不超过限额的余额补扣，补扣期限最长不得超过5年。

【例5－11】我国某公司2019年其境内应纳税所得额为300万元，该公司适用25%的所得税税率，其在A国分支机构取得的应纳税所得额为100万元，A国所得税税率为20%，已在A国缴纳20万元税款；在B国分支机构取得的应纳税所得额为100

万元，B 国所得税税率为 30%，已在 B 国缴纳 30 万元税款。假设 A、B 两国分支机构按我国企业所得税法计算的应纳税所得额与国外的一致，问其向我国税务机关如何纳税？

（1）按我国税法计算境内、境外所得应缴纳的税款：

应纳税额 =（300 + 100 + 100）×25% = 125（万元）

（2）计算 A、B 两国扣除限额：

A 国扣除限额 =（300 + 100 + 100）×25% ×100 ÷ 500 = 25（万元）

B 国扣除限额 =（300 + 100 + 100）×25% ×100 ÷ 500 = 25（万元）

（3）计算该公司实际向我国税务机关缴纳的税款：

实际应纳税额 = 125 − 20 − 25 = 80（万元）

任务三　企业所得税的会计核算

企业会计准则和所得税是基于不同目的、遵循不同原则分别制定的，二者在资产与负债的计量标准、收入与费用的确认原则等诸多方面存在着一定的分歧，导致企业一定期间按企业会计准则的要求确认的会计利润往往不等于按税法规定计算的应纳税所得额。所得税会计核算是根据会计利润和应纳税所得额之间差异进行会计处理。根据我国会计准则规定，所得税会计核算应当采用资产负债表债务法。

一、所得税会计的基本核算程序

在资产负债表债务法下，企业一般应于每一资产负债表日进行所得税的相关会计处理。如果发生企业合并等特殊交易或事项，则应在确认该交易或事项取得的资产、负债的同时，确认相关的所得税影响。企业所得税的会计核算一般应遵循以下程序。

（一）确定资产和负债的账面价值

资产、负债的账面价值，指按照会计准则的相关规定对资产、负债进行会计处理后确定的在资产负债表中列示的金额。例如，某企业存货的账面余额为 800 万元，会计期末对存货计提了 30 万元的存货跌价准备，则存货的账面价值为 770 万元，并在资产负债表中列示存货的金额为 770 万元。

（二）确定资产和负债的计税基础

按照企业会计准则中对于资产和负债计税基础的确定方法，以适用税收法规为基础，确定资产负债表中有关资产、负债的计税基础。

（三）确定递延所得税

分析比较资产、负债的账面价值与其计税基础之间产生应纳税暂时性差异和可抵扣暂时性差异，确定资产负债表日递延所得税资产、递延所得税负债金额，以便进一步确认构成当期利润表中所得税费用的递延所得税。

（四）确定当期所得税

按照适用税法规定计算当期应纳税所得额，以应纳税所得税额乘以适用的所得税税率计算确定当期应交所得税，作为利润表中所得税费用的一个组成部分。

（五）确定利润表中的所得税费用

利润表中的所得税费用由当期所得税和递延所得税构成。企业在计算确定当期所得税和递延所得税的基础上，将两者之和（或之差）作为利润表中的所得税费用。

二、资产和负债的计税基础

（一）资产的计税基础

资产的计税基础指企业收回资产账面价值过程中，计算应纳税所得额时按照税法规定可以自应税经济利益中抵扣的金额，即某项资产在未来期间计税时可以税前扣除的金额。

通常情况下，企业为取得某项资产而支付的成本在未来收回资产账面价值过程中是准予税前扣除的，也就是说，在资产初始确认时，资产的账面价值等于计税基础。资产在后续计量过程中，如果会计准则与税法的规定不同，将会造成资产的账面价值与其计税基础之间产生差异。

1. 固定资产

以各种方式取得的固定资产，初始确认时按会计准则确定的账面价值，税法基本上是认可的，也就是固定资产在取得时的计税基础一般等于账面价值。固定资产在持有期间进行后续计量时，会计与税收处理的差异体现在折旧方法、折旧年限以及固定资产减值准备的提取。

会计准则规定，企业应当根据与固定资产有关的经济利益预期实现方式合理选择折旧方法，如可以选择年限平均法、工作量法、双倍余额递减法和年数总和法；税法规定除某些规定可以采用加速折旧法，一般按年限平均法计提折旧。另外，会计准则规定，折旧年限由企业根据固定资产的性质和使用情况自行合理确定，而税法则对每一类固定资产的最低折旧年限作出了明确规定。

【例5－12】某企业于2018年12月20日取得某项固定资产，原价为400万元，使用年限5年，会计上采用直线法计提折旧，预计净残值为0元。税法允许采用双倍余额递减法计提并于税前扣除，且税法对该类固定资产折旧年限和净残值的规定与会计相同。2019年12月31日，该企业该项固定资产的账面价值和计税基础如下：

账面价值 =400 - 400 ÷ 5 = 320（万元）

计税基础 =400 - 400 × 40% = 240（万元）

该项固定资产因会计处理和计税时采用的折旧方法不同，导致其账面价值大于计税基础80万元，该差额将于未来期间增加企业的应纳税所得额。

【例5-13】 按**【例5-12】**的资料，假定税法规定的折旧年限为10年，并要求采用年限平均法计提折旧，其他条件不变，则2019年12月31日，该企业该项固定资产的账面价值和计税基础如下：

账面价值 =400 - 400 ÷ 5 = 320（万元）

计税基础 =400 - 400 ÷ 10 = 360（万元）

该项固定资产因会计处理和计税时采用的折旧年限不同，导致其账面价值小于计税基础40万元，该差额将于未来期间减少企业的应纳税所得额。

2. 无形资产

除内部研究开发形成的无形资产外，以其他方式取得的无形资产，初始确认时按会计准则规定确定的入账价值与按税法规定确定的计税基础之间一般是不存在差异的。在持有期间后续计量时，会计与税收处理的差异主要产生于对无形资产是否需要摊销及无形资产减值准备的计提。

【例5-14】 2019年1月1日，某企业开发的一项新技术达到预定用途，作为无形资产入账。该企业将开发阶段符合资本化条件后达到预定用途前发生的支出1 000万元确认为该项无形资产的成本，并从2019年起分期摊销。该项内部研究开发形成的无形资产在初始确认时的账面价值和计税基础如下：

账面价值 = 入账成本 = 1 000（万元）

计税基础 =1 000 × 175% = 1 750（万元）

该项自行开发的无形资产因符合税法加计扣除的规定，其初始确认的账面价值小于计税基础750万元，该差额将于未来期间减少企业的应纳税所得额。

【例5-15】 2019年1月1日，某企业以200万元的成本取得一项无形资产，由于无法合理预计其使用寿命，将其划分为使用寿命不确定的无形资产。税法规定该项无形资产应采用直线法按10年进行摊销，摊销金额允许税前扣除。2019年12月31日，该企业确定的该项无形资产的账面价值和计税基础如下：

账面价值 = 入账成本 = 200（万元）

计税基础 =200 - 200 ÷ 10 = 180（万元）

该项使用寿命不确定的无形资产因会计处理和计税时的后续计量要求不同，导致其账面价值大于计税基础20万元，该差额将于未来期间增加企业的应纳税所得额。

3. 以公允价值进行后续计量的资产

会计准则规定，以公允价值进行后续计量的资产在资产负债表日以公允价值计量，公允价值的变动计入当期损益。税法规定，企业以公允价值进行后续计量的资产在持有期间公允价值的变动不计入应纳税所得额，即其计税基础保持不变。由此导致了该类资产的账面价值与其计税基础之间产生差异。

【例5－16】 2019年8月10日某企业从公开市场以1 800万元购入A公司股票200万股并分类为交易性金融资产。2019年12月31日，该股票公允价值为1 500万元，则企业确定的该项金融资产的账面价值和计税基础如下：

账面价值＝期末公允价值＝1 500（万元）

计税基础＝初始入账成本＝1 800（万元）

该项金融资产因按公允价值进行后续计量，导致其账面价值小于计税基础300万元，该差额将于未来期间减少企业的应纳税所得额。

4. 采用权益法核算的长期股权投资

长期股权投资采用权益法核算时，其账面价值会随着初始投资成本的调整、投资损益的确认、利润分配、应享有被投资单位其他综合收益及其他权益变动的确认而发生相应的变动，而税法中并没有权益法的概念，税法要求长期股权投资在处置时按投资取得时的实际投资成本予以扣除，即长期股权投资的计税基础为其投资成本，由此导致了长期股权投资的账面成本与计税基础之间产生了差异。

5. 其他计提了减值准备的资产

企业的存货、金融资产、长期股权投资、投资性房地产等计提了减值准备后，也同样会导致其账面价值与计税基础之间产生差异。

（二）负债的计税基础

负债的计税基础指负债的账面价值减去未来期间计算应纳税所得额时按照税法规定可予抵扣的金额。负债的确认与偿还一般不会影响企业的损益，也不会影响企业的应纳税所得额，未来期间计算应纳税所得额按照税法的规定可予抵扣的金额为零，计税基础即为账面价值，如短期借款、应付票据、应付账款等负债。但是，在某些情况下，负债的确认可能影响企业的损益，进而影响不同期间的应纳税所得额，导致其计税基础与账面价值之间产生差额，如按会计准则规定确认的某些预计负债。

1. 因提供产品售后服务等原因确认的预计负债

会计准则规定企业因提供售后服务而预计发生的支出在销售商品当期确认为费用。如果按税法规定，相关的支出在未来实际发生时准予税前全额扣除，则该事项产生的预计负债在期末的计税基础为其账面价值与未来实际支付时允许扣除的全部账面价值之间的差额等于0，即计税基础为0。

【例5－17】 某企业因销售商品提供售后服务于当期确认了160万元的预计负债，

假定按税法规定，与产品售后服务相关的费用在实际发生时允许税前扣除。另该企业在当期未发生售后服务费用。该企业确定的该项预计负债的账面价值和计税基础如下：

账面价值 = 160（万元）

计税基础 = 160 - 160 = 0

该项预计负债的账面价值与计税基础之间产生了 160 万元的差额，该差额将于未来期间减少企业的应纳税所得额。

2. 预收款项

企业预收的款项，因不符合会计准则收入确认的条件，会计上将确认为负债。税法对于收入确认的原则一般与会计规定相同，即会计上未确认为收入的，计税时一般也不计入应纳税所得额。因此，预收款项形成的负债，其计税基础一般情况下等于账面价值。

如果有些因不符合收入确认条件而未确认为收入的预收款项，按照税法规定应计入收款当期的应纳税所得额，则该预收款项在未来期间确认收入时，就不再需要计算缴纳所得税，即未来期间确认的收入可全额从税前扣除。因此，在该预收款项产生期间，其计税基础为 0。

【例 5 - 18】某企业 2019 年 12 月 10 日预收合同款 400 万元，不符合收入确认条件，企业作为合同负债入账。假定税法规定，该款项应计入当期应纳税所得额。该企业确定的该项合同负债的账面价值和计税基础如下：

账面价值 = 400（万元）

计税基础 = 400 - 400 = 0

该项合同负债的账面价值与计税基础之间产生了 400 万元的差额，该差额将于未来期间减少企业的应纳税所得额。

三、暂时性差异

暂时性差异是指由资产、负债的账面价值与计税基础不同而产生的差异。暂时性差异对未来期间应纳税所得额的影响，分为应纳税暂时性差异和可抵扣暂时性差异。

（一）应纳税暂时性差异

应纳税暂时性差异是指在确定未来收回资产或清偿负债期间的应纳税所得额时，将导致产生应税金额的暂时性差异。该暂时性差异的转回，会进一步增加转回期间的应纳税所得额和应缴所得税金额。在应纳税暂时性差异产生当期，应当确认相关的递延所得税负债。应纳税暂时性差异通常产生于以下情况。

1. 资产的账面价值大于其计税基础

一项资产的账面价值代表的是企业在持续使用或最终出售该项资产时将取得的经济利益的总额，而计税基础代表的是一项资产在未来期间可予税前扣除的金额。资产的账面价值大于其计税基础，该项资产未来期间产生的经济利益不能全部税前抵扣，两者之间的差额需要缴税，产生应纳税暂时性差异。例如，一项无形资产账面价值为200万元，计税基础如果为150万元，两者之间的差额会造成未来期间应纳税所得额和应缴所得税的增加。在其产生当期，在符合确认条件的情况下，应确认相关的递延所得税负债。

2. 负债的账面价值小于其计税基础

一项负债的账面价值为企业预计在未来期间清偿该项负债时的经济利益流出，而其计税基础代表的是账面价值在扣除税法规定未来期间允许税前扣除的金额之后的差额。因负债的账面价值与其计税基础不同产生的暂时性差异，本质上是与该项负债相关的费用支出在未来期间可予税前扣除的金额。负债的账面价值小于其计税基础，则意味着就该项负债在未来期间可以税前抵扣的金额为负数，即应在未来期间应纳税所得额的基础上调增，增加应纳税所得额和应缴所得税金额，产生应纳税暂时性差异，应确认相关的递延所得税负债。

（二）可抵扣暂时性差异

可抵扣暂时性差异，指在确定未来收回资产或清偿负债期间的应纳税所得额时，将导致产生可抵扣金额的暂时性差异。该差异在未来期间转回时会减少转回期间的应纳税所得额，减少未来期间的应缴所得税。在可抵扣暂时性差异产生当期，应当确认相关的递延所得税资产。可抵扣暂时性差异一般产生于以下几种情况。

1. 资产的账面价值小于其计税基础

当资产的账面价值小于其计税基础时，从经济含义来看，资产在未来期间产生的经济利益少，按照税法规定允许税前扣除的金额多，则就账面价值与计税基础之间的差额，企业在未来期间可以减少应纳税所得额并减少应缴所得税，产生可抵扣暂时性差异。例如，一项资产的账面价值为200万元，计税基础为260万元，则企业在未来期间就该项资产可以在其自身取得经济利益的基础上多扣除60万元。从整体上来看，未来期间应纳税所得额会减少，应缴所得税也会减少，形成可抵扣暂时性差异，符合确认条件时，应确认相关的递延所得税资产。

2. 负债的账面价值大于其计税基础

当负债的账面价值大于其计税基础时，负债产生的暂时性差异实质上是税法规定就该项负债可以在未来期间税前扣除的金额。一项负债的账面价值大于其计税基础，意味着未来期间按照税法规定与该项负债相关的全部或部分支出可以从未来应税经济利益中扣除，减少未来期间的应纳税所得额和应缴所得税，产生可抵扣暂时性差异。例如，企业对将发生的产品保修费用在销售当期确认预计负债200万元，但税法规定有关费用支出只有在实际发生时才能够税前扣除，其计税基础为0；企业确认预计负债的当期相关费用不允许税前扣除，但在以后期间有关费用实际发生时允许税前扣除，使得未来期间的应纳税所得额和应缴所得税减少，产生可抵扣暂时性差异，符合有关确认条件时，应确认相关的递延所得税资产。

四、递延所得税资产和递延所得税负债的确认和计量

（一）递延所得税资产的确认和计量

可抵扣暂时性差异在转回期间将减少企业的应纳税所得额和相应的应交所得税，导致经济利益流入企业，因而在其产生期间，相关的所得税影响金额构成一项未来的经济利益，应确认为一项资产，即递延所得税资产产生于可抵扣暂时性差异。

1. 递延所得税资产的确认

企业应当以很可能取得用来抵扣可抵扣暂时性差异的应税所得为限，确认由可抵扣暂时性差异产生的递延所得税资产。

企业有明确的证据表明其于可抵扣暂时性差异转回的未来期间能够产生足够的应纳税所得额，进而利用可抵扣暂时性差异的，则应以很可能取得的应纳税所得额为限，确认相关的递延所得税资产；在可抵扣暂时性差异转回的未来期间内，企业无法产生足够的应纳税所得额用以利用可抵扣暂时性差异的影响，使得与可抵扣暂时性差异相关的经济利益无法实现的，则不应确认递延所得税资产。

2. 递延所得税资产的计量

资产负债表日，递延所得税资产应当根据税法的规定，按照预期收回该资产期间的适用税率计量，无论可抵扣暂时性差异的转回期间如何，递延所得税资产均不进行折现。

资产负债表日，企业应对递延所得税资产账面价值进行复核。如果未来期间递延所得税资产的全部或部分经济利益无法实现时，应当减记递延所得税资产账面价值。若减记后根据新的环境和情况判断，递延所得税资产的经济利益能够实现，则应当恢复递延所得税资产的账面价值。

（二）递延所得税负债的确认和计量

应纳税暂时性差异在未来期间转回时，会增加转回期间的应纳税所得额和相应的应交所得税，导致经济利益流出企业，因而在其产生期间，相关的所得税影响金额构成一项未来的纳税义务，应确认为一项负债，即递延所得税负债产生于应纳税暂时性差异。

1. 递延所得税负债的确认

企业对于所有的应纳税暂时性差异均应确认相关的递延所得税负债。但商誉的初始确认，不予确认递延所得税负债；除企业合并以外的其他交易中，如果交易发生时既不影响会计利润也不影响应纳税所得额，则由资产、负债的初始确认所产生的递延

所得税负债不予确认。

2. 递延所得税负债的计量

资产负债表日，递延所得税负债应当根据税法的规定，按照预期清偿该负债期间的适用税率计量，无论应纳税暂时性差异的转回期间如何，递延所得税负债均不进行折现。

五、所得税费用的确认

在资产负债表债务法下，利润表中的所得税费用由当期所得税和递延所得税两部分构成。

（一）当期所得税

当期所得税指企业按照企业所得税法规定针对当期发生的交易和事项，确定应纳税所得额计算的应纳税额，即当期应缴所得税。

企业在确定当期所得税时，对于当期发生的交易或事项，会计处理与税收处理不同的，应在会计利润的基础上，按照适用税收法规的规定进行纳税调整，计算出当期应纳税所得额，按照应纳税所得额与适用所得税税率计算确定当期应缴所得税。一般情况下，应纳税所得额可在会计利润的基础上，考虑会计与税收之间的差异，按照以下公式计算确定：

应纳税所得额 = 会计利润 ± 纳税调整事项

当期所得税 = 当期应交所得税 = 应纳税所得额 × 适用税率

（二）递延所得税

递延所得税指按照企业会计准则的规定应计入当期利润表的递延所得税费用（或收益），其金额为当期应予以确认的递延所得税负债减去当期应予以确认的递延所得税资产的差额，但不包括直接计入所有者权益的交易或事项及企业合并的所得税影响。

用公式表示如下：

递延所得税 =（递延所得税负债的期末余额 − 递延所得税负债的期初余额）−（递延所得税资产的期末余额 − 递延所得税资产的期初余额）

（三）所得税费用

企业在计算确定了当期所得税及递延所得税的基础上，将两者之和确认为利润表中的所得税费用：

所得税费用 = 当期所得税 + 递延所得税

六、所得税费用的会计核算

（一）会计科目的设置

1. “所得税费用”科目

“所得税费用”科目核算企业按规定从当期损益中扣除的所得税费用，借方反映当期所得税费用，贷方反映当期结转的所得税费用。本科目结转后期末无余额。

2. “应交税费——应交所得税”科目

“应交税费——应交所得税”科目核算企业按税法规定计算应交所得税。贷方反映实际应纳所得税，借方反映实际已纳所得税，余额反映欠交所得税。

3. “递延所得税资产”科目

“递延所得税资产”科目核算企业确认的可抵扣暂时性差异产生的递延所得税资产。根据税法规定可用以后年度税前利润弥补的亏损及税款抵减产生的所得税资产，也在本科目核算。借方反映确认的各类递延所得税资产，贷方反映当企业确认递延所得税资产的可抵扣暂时性差异情况发生回转时转回的所得税影响额，余额反映尚未转回的递延所得税资产。

4. “递延所得税负债”科目

“递延所得税负债”科目核算企业由于应纳税暂时性差异确认的递延所得税负债。贷方反映确认的各类递延所得税负债，借方反映当企业确认递延所得税负债的应纳税暂时性差异情况发生回转时转回的所得税影响额，余额反映尚未转回的递延所得税负债。

（二）会计处理

1. 当期所得税费用的会计处理

【例5－19】某企业2019年利润总额400万元，无应纳税暂时性差异和可抵扣暂时性差异，适用的所得税税率为25%，则会计处理如下。

（1）计算应缴所得税时：

2019年应纳税所得额＝利润总额＝400（万元）

2019年应纳所得税额＝400×25%＝100（万元）

借：所得税费用　　100

　贷：应交税费——应交所得税　　100

（2）实际缴纳所得税时：

借：应交税费——应交所得税　　100

　贷：银行存款　　100

2. 应纳税暂时性差异的会计处理

【例5－20】某企业2018年12月31日购入价值5 000万元的设备。预计使用年限

5年，无残值。会计规定采用直线法计提折旧，税法规定采用双倍余额递减法计提折旧。2019年的利润总额为9 000万元，适用税率为25%。则2019年的有关所得税的会计处理：

2019年年末该设备的账面价值=5 000－1 000=4 000（万元），2019年年末该设备的计税基础=5 000－2 000=3 000（万元），则产生1 000万元的应纳税暂时性差异。

2019年应纳税所得额=9 000－1 000=8 000（万元）

2019年应纳所得税额=8 000×25%=2 000（万元）

借：所得税费用　　2 250

　贷：应交税费——应交所得税　　2 000

　　　递延所得税负债　　250

（三）可抵扣暂时性差异的会计处理

【例5－21】 某企业2018年12月31日购入价值5 000万元的设备。预计使用年限5年，无残值。会计规定采用双倍余额递减法计提折旧，税法规定采用直线法计提折旧。2019年的利润总额为9 000万元，适用税率为25%。则2019年的有关所得税的会计处理：

2019年年末该设备的账面价值=5 000－2 000=3 000（万元），2019年年末该设备的计税基础=5 000－1 000=4 000（万元），则产生1 000万元的可抵扣暂时性差异。

2019年应纳税所得额=9 000+1 000=10 000（万元）

2019年应纳所得税额=10 000×25%=2 500（万元）

借：所得税费用　　2 250

　　递延所得税资产　　250

　贷：应交税费——应交所得税　　2 500

【例5－22】 某企业2019年利润表中利润总额为1 200万元，该企业适用的所得税税率为25%。递延所得税资产及递延所得税负债不存在期初余额。该企业2019年发生的有关交易和事项中，会计处理与税收处理存在差别的有以下几点。

（1）2018年12月31日取得的一项管理用固定资产，成本为600万元，使用年限为10年，预计净残值为0，会计处理按直线法计提折旧，税收处理按双倍余额递减法计提折旧。假定税法规定的使用年限及预计净残值与会计规定相同。

（2）向关联企业捐赠现金200万元。

（3）当年度发生研究开发支出500万元，其中300万元予以资本化；截至2019年12月31日，该研发资产仍在开发过程中。税法规定，企业费用化的研究开发支出按175%税前扣除，资本化的研究开发支出按资本化金额的175%确定应予摊销的金额。

(4) 违反环保法规定罚款100万元。

(5) 期末对持有成本为800万元的存货计提了30万元的存货跌价准备。

要求：计算2019年该企业应交所得税、递延所得税以及利润表中确认的所得税费用，并编制与所得税相关的会计分录。

(1) 2019年当期应交所得税。

应纳税所得额 = 1 200 - 60 + 200 - 200 × 75% + 100 + 30 = 1 320（万元）

应交所得税 = 1 320 × 25% = 330（万元）

(2) 2019年递延所得税收益。

该企业2019年资产负债表相关项目金额及其计税基础，如表5－3所示。

表5－3　　2019年资产负债表相关项目金额及其计税基础　　单位：元

项目	账面价值	计税基础	差异	
			应纳税差异	可抵扣差异
存货	8 000 000	8 300 000		300 000
固定资产：				
固定资产原价	6 000 000	6 000 000		
减累计折旧	600 000	1 200 000		
固定资产账面价值	5 400 000	4 800 000	600 000	
无形资产	3 000 000	5 250 000		2 250 000
总计			600 000	2 550 000

递延所得税资产 = 255 × 25% = 63.75（万元）

递延所得税负债 = 60 × 25% = 15（万元）

递延所得税收益 =（当期递延所得税负债的增加 - 当期递延所得税负债的减少）+（当期递延所得税资产的减少 - 当期递延所得税资产的增加）
= (15 - 0) + (0 - 63.75) = -48.75（万元）

(3) 利润表中应确认的所得税费用。

所得税费用 = 330 + (-48.75) = 281.25（万元）

借：所得税费用　　281.25
　　递延所得税资产　　63.75
　贷：应交税费——应交所得税　　330
　　　递延所得税负债　　15

任务四　企业所得税的申报缴纳

一、征收方式

企业所得税征收方式有两种，一种是查账征收，一种是核定征收，核定征收又分为核定应纳所得税额和核定应税所得率两种方式。

企业所得税征收方式鉴定工作每年进行一次，时间为当年的1月至3月底。当年新办企业应在办理税务登记后3个月内鉴定完毕。企业所得税征收方式一经确定，一般在一个纳税年度内不做变更。

企业在每年第一季度应填列“企业所得税核定征收鉴定表”（见表5－4）一式三份，报主管税务机关审核，以确定其企业所得税的征收方式。

表5－4　　企业所得税核定征收鉴定表

纳税人编码：　　　　鉴定年度：　　　　金额单位：元

申报单位			
地址			
经济性质		行业类别	
开户银行		账号	
邮政编码		联系电话	
上年收入总额		上年成本费用额	
上年注册资本		上年原材料耗费量（额）	
上年职工人数		上年燃料、动力耗费量（额）	
上年固定资产原值		上年商品销售量（额）	
上年所得税额		上年征收方式	
行次	项目	纳税人自报情况	主管税务机关审核意见
1	账簿设置情况		
2	收入核算情况		
3	成本费用核算情况		
4	纳税申报情况		
5	履行纳税义务情况		
6	其他情况		

续 表

纳税人对征收方式的意见： 经办人签章：（公章） 年 月 日	主管税务机关意见： 经办人签章：（公章） 年 月 日
县级税务机关审核意见： 经办人签章：（公章） 年 月 日	

二、纳税期限

企业所得税按年计征，分月或者分季预缴，年终汇算清缴，多退少补。

企业所得税纳税年度，自公历1月1日起至12月31日止。企业在一个纳税年度中间开业或者终止经营活动，使该纳税年度的实际经营期不足12个月的，应当以其实际经营期作为1个纳税年度。企业依法清算时，应当以清算期间作为1个纳税年度。企业应当在办理注销登记前，就其清算所得向税务机关申报并依法缴纳企业所得税。

企业应当自年度终了之日起5个月内，向税务机关报送年度企业所得税纳税申报表，并汇算清缴，结清应缴应退税款。企业在年度中间终止经营活动的，应当自实际经营终止之日起60日内，向税务机关办理当期企业所得税汇算清缴。

三、纳税地点

除税收法律、行政法规另有规定外，居民企业以企业登记注册地为纳税地点；但登记注册地在境外的，以实际管理机构所在地为纳税地点。居民企业在中国境内设立不具有法人资格的营业机构的，应当汇总计算并缴纳企业所得税。

非居民企业在中国境内设立机构、场所的，其所设机构、场所取得的来源于中国境内的所得，以及发生在中国境外但与其所设机构、场所有实际联系的所得，以机构、场所所在地为纳税地点。非居民企业在中国境内设立两个或者两个以上机构、场所的，经税务机关审核批准，可以选择由其主要机构、场所汇总缴纳企业所得税。非居民企业在中国境内未设立机构、场所的，或者虽设立机构、场所但取得的所得与其所设机构、场所没有实际联系的，其来源于中国境内的所得，以扣缴义务人所在地为纳税地点。

四、纳税申报

月（季）度申报，按月（季）预缴的，应当自月份或者季度终了之日起 15 日内，向税务机关报送预缴企业所得税纳税申报表，预缴税款。

年度申报，企业应当自年度终了之日起 5 个月内，报送年度企业所得税纳税申报表，并汇算清缴，结清应缴应退税款。

清算所得申报，对企业进行清算的，要以企业宣布清算之日视同企业终止经营，以清算期间单独作为一个纳税年度，在办理注销登记前，就其清算所得向税务机关申报纳税。中华人民共和国企业所得税月（季）度预缴纳税申报表（A 类，2018 年版）、中华人民共和国企业所得税月（季）度预缴和年度纳税申报表（B 类，2018 年版）分别如表 5－5、表 5－6 所示。

表 5－5　A200000 中华人民共和国企业所得税月（季）度预缴纳税申报表（A 类）

税款所属期间：　　　年　　月　　日至　　年　　月　　日

纳税人识别号（统一社会信用代码）：□□□□□□□□□□□□□□□□□□□□□□□□

纳税人名称：　　　　　　　　　　　　　　　　　　　　金额单位：人民币元（列至角分）

<table>
<tr><td>预缴方式</td><td colspan="4">□ 按照实际利润额预缴</td><td colspan="3">□ 按照上一纳税年度应纳税所得额平均额预缴</td><td colspan="2">□ 按照税务机关确定的其他方法预缴</td></tr>
<tr><td>企业类型</td><td colspan="4">□ 一般企业</td><td colspan="3">□ 跨地区经营汇总纳税企业总机构</td><td colspan="2">□ 跨地区经营汇总纳税企业分支机构</td></tr>
<tr><td colspan="10">按季度填报信息</td></tr>
<tr><td rowspan="2">项　目</td><td colspan="2">一季度</td><td colspan="2">二季度</td><td colspan="2">三季度</td><td colspan="2">四季度</td><td rowspan="2">季度平均值</td></tr>
<tr><td>季初</td><td>季末</td><td>季初</td><td>季末</td><td>季初</td><td>季末</td><td>季初</td><td>季末</td></tr>
<tr><td>从业人数</td><td></td><td></td><td></td><td></td><td></td><td></td><td></td><td></td><td></td></tr>
<tr><td>资产总额（万元）</td><td></td><td></td><td></td><td></td><td></td><td></td><td></td><td></td><td></td></tr>
<tr><td>国家限制或禁止行业</td><td colspan="4">□ 是　□ 否</td><td colspan="4">小型微利企业</td><td>□ 是　□ 否</td></tr>
<tr><td colspan="10">预缴税款计算</td></tr>
<tr><td>行次</td><td colspan="8">项　目</td><td>本年累计金额</td></tr>
<tr><td>1</td><td colspan="8">营业收入</td><td></td></tr>
<tr><td>2</td><td colspan="8">营业成本</td><td></td></tr>
<tr><td>3</td><td colspan="8">利润总额</td><td></td></tr>
<tr><td>4</td><td colspan="8">加：特定业务计算的应纳税所得额</td><td></td></tr>
<tr><td>5</td><td colspan="8">减：不征税收入</td><td></td></tr>
</table>

续　表

6	减：免税收入、减计收入、所得减免等优惠金额（填写 A201010）		
7	减：资产加速折旧、摊销（扣除）调减额（填写 A201020）		
8	减：弥补以前年度亏损		
9	实际利润额（3+4－5－6－7－8）\ 按照上一纳税年度应纳税所得额平均额确定的应纳税所得额		
10	税率（25%）		
11	应纳所得税额（9×10）		
12	减：减免所得税额（填写 A201030）		
13	减：实际已缴纳所得税额		
14	减：特定业务预缴（征）所得税额		
L15	减：符合条件的小型微利企业延缓缴纳所得税额（是否延缓缴纳所得税 □是 □否）		
15	本期应补（退）所得税额（11－12－13－14－L15）\ 税务机关确定的本期应纳所得税额		
汇总纳税企业总分机构税款计算			
16	总机构填报	总机构本期分摊应补（退）所得税额（17+18+19）	
17		其中：总机构分摊应补（退）所得税额（15×总机构分摊比例____%）	
18		财政集中分配应补（退）所得税额（15×财政集中分配比例____%）	
19		总机构具有主体生产经营职能的部门分摊所得税额（15×全部分支机构分摊比例____%×总机构具有主体生产经营职能部门分摊比例____%）	
20	分支机构填报	分支机构本期分摊比例	
21		分支机构本期分摊应补（退）所得税额	

附　报　信　息

高新技术企业	□是　□否	科技型中小企业	□是　□否
技术入股递延纳税事项	□是　□否		

谨声明：本纳税申报表是根据国家税收法律法规及相关规定填报的，是真实的、可靠的、完整的。

纳税人（签章）：　　　　年　月　日

经办人： 经办人身份证号： 代理机构签章： 代理机构统一社会信用代码：	受理人： 受理税务机关（章）： 受理日期：　年　月　日

国家税务总局监制

表5-6　B100000　中华人民共和国企业所得税月（季）度预缴和年度纳税申报表
（B类，2018年版）

税款所属期间：　　年　　月　　日至　　年　　月　　日
纳税人识别号（统一社会信用代码）：□□□□□□□□□□□□□□□□□□
纳税人名称：　　　　　　　　　　　　　　　　　　金额单位：人民币元（列至角分）

<table>
<tr><td>核定征收方式</td><td colspan="9">□核定应税所得率（能核算收入总额的）　□核定应税所得率（能核算成本费用总额的）
□核定应纳所得税额</td></tr>
<tr><td colspan="10">按　季　度　填　报　信　息</td></tr>
<tr><td rowspan="2">项　　目</td><td colspan="2">一季度</td><td colspan="2">二季度</td><td colspan="2">三季度</td><td colspan="2">四季度</td><td rowspan="2">季度平均值</td></tr>
<tr><td>季初</td><td>季末</td><td>季初</td><td>季末</td><td>季初</td><td>季末</td><td>季初</td><td>季末</td></tr>
<tr><td>从业人数</td><td></td><td></td><td></td><td></td><td></td><td></td><td></td><td></td><td></td></tr>
<tr><td>资产总额（万元）</td><td></td><td></td><td></td><td></td><td></td><td></td><td></td><td></td><td></td></tr>
<tr><td>国家限制或禁止行业</td><td colspan="4">□是　□否</td><td colspan="2">小型微利企业</td><td colspan="3">□是　□否</td></tr>
<tr><td colspan="10">按　年　度　填　报　信　息</td></tr>
<tr><td>从业人数（填写平均值）</td><td colspan="3"></td><td colspan="5">资产总额（填写平均值，单位：万元）</td><td></td></tr>
<tr><td>国家限制或禁止行业</td><td colspan="3">□是　□否</td><td colspan="5">小型微利企业</td><td>□是　□否</td></tr>
</table>

行次	项　　目	本年累计金额
1	收入总额	
2	减：不征税收入	
3	减：免税收入（4+5+10+11）	
4	国债利息收入免征企业所得税	
5	符合条件的居民企业之间的股息、红利等权益性投资收益免征企业所得税（6+7.1+7.2+8+9）	
6	其中：一般股息红利等权益性投资收益免征企业所得税	
7.1	通过沪港通投资且连续持有H股满12个月取得的股息红利所得免征企业所得税	
7.2	通过深港通投资且连续持有H股满12个月取得的股息红利所得免征企业所得税	
8	居民企业持有创新企业CDR取得的股息红利所得免征企业所得税	
9	符合条件的居民企业之间属于股息、红利性质的永续债利息收入免征企业所得税	
10	投资者从证券投资基金分配中取得的收入免征企业所得税	
11	取得的地方政府债券利息收入免征企业所得税	

续 表

12	应税收入额（1－2－3）\ 成本费用总额	
13	税务机关核定的应税所得率（%）	
14	应纳税所得额（第 12×13 行）\［第 12 行÷（1－第 13 行）×第 13 行］	
15	税率（25%）	
16	应纳所得税额（14×15）	
17	减：符合条件的小型微利企业减免企业所得税	
18	减：实际已缴纳所得税额	
L19	减：符合条件的小型微利企业延缓缴纳所得税额（是否延缓缴纳所得税 □是 □否）	
19	本期应补（退）所得税额（16－17－18－L19）\ 税务机关核定本期应纳所得税额	
20	民族自治地方的自治机关对本民族自治地方的企业应缴纳的企业所得税中属于地方分享的部分减征或免征（ □免征 □减征：减征幅度______% ）	
21	本期实际应补（退）所得税额	
谨声明：本纳税申报表是根据国家税收法律法规及相关规定填报的，是真实的、可靠的、完整的。 纳税人（签章）： 年 月 日		
经办人： 经办人身份证号： 代理机构签章： 代理机构统一社会信用代码：	受理人： 受理税务机关（章）： 受理日期： 年 月 日	

国家税务总局监制

项目六　个人所得税纳税实务

学习任务

熟悉个人所得税法规；掌握个人所得税应纳税额的计算、会计处理和个人所得税纳税申报操作。

任务导入

某研究所科技工作者杨某2019年5月取得下列收入：①从单位领取工资9 800元；②应邀讲学取得酬金15 000元；③接受技术咨询收费5 000元；④从出版社领取论文集稿酬5 400元；⑤国家科委寄来发明奖金6 000元。请问：杨某2019年5月应缴多少个人所得税?

任务一　认识个人所得税

一、个人所得税的概念

个人所得税是对个人（含个体工商户、个人独资企业、合伙企业中的个人投资者、承租承包者个人）取得的各项应税所得为征收对象所征收的一种税。我国于1980年9月通过了《中华人民共和国个人所得税法》（以下简称《个人所得税法》），开征个人所得税，之后《个人所得税法》先后又进行七次修正，第七次修正后的《个人所得税法》从2019年1月1日起执行。

二、个人所得税的纳税人

我国个人所得税的纳税人根据住所和居住时间标准分为两类，即居民纳税人和非居民纳税人。

（一）居民纳税人

居民纳税人指在我国境内有住所或者无住所而在境内居住满183天的个人。居民纳税人承担无限纳税义务，应就其来源于我国境内和境外的全部所得，依法缴纳个人所得税。

在中国境内有住所的个人，指因户籍、家庭、经济利益关系而在中国境内习惯性居住的个人。习惯性居住，指个人因学习、工作、探亲等原因消失以后，没有理由在其他地方继续居留时，所要回到的地方，而不是指实际居住或在某一特定时期内的居住地。

在我国境内居住满 183 天指在一个纳税年度（即公历 1 月 1 日起至 12 月 31 日止）内，在我国境内居住累计满 183 日。境内无住所的个人在一个纳税年度内无论出境多少次，只要在我国境内累计住满 183 天，就可判定为我国的居民纳税人。

（二）非居民纳税人

非居民纳税人是指在我国境内无住所又不居住，或者无住所而一个纳税年度内在中国境内居住累计不满 183 天的个人。非居民纳税人承担有限纳税义务，仅就其来源于我国境内的所得，缴纳个人所得税。

（三）所得来源地的确定

除国务院财政、税务主管部门另有规定外，下列所得，不论支付地点是否在中国境内，均为来源于中国境内的所得。

（1）因任职、受雇、履约等而在中国境内提供劳务取得的所得。

（2）将财产出租给承租人在中国境内使用而取得的所得。

（3）转让中国境内的不动产等财产或者在中国境内转让其他财产取得的所得。

（4）许可各种特许权在中国境内使用而取得的所得。

（5）从中国境内企业、事业单位、其他组织以及居民个人取得的利息、股息、红利所得。

三、个人所得税的征税范围

（一）工资、薪金所得

工资、薪金所得是指个人因任职或受雇而取得的工资、薪金、奖金、年终加薪、劳动分红、津贴、补贴以及与任职或者受雇有关的其他所得。

对于一些不属于工资、薪金性质的补贴、津贴或者不属于纳税人本人工资、薪金所得项目的收入，不予征税。这些项目包括：①独生子女补贴。②执行公务员工资制度未纳入基本工资总额的补贴、津贴差额和家属成员的副食品补贴。③托儿补助费。④差旅费津贴、误餐补助。其中，误餐补助是指按财政部规定，个人因公在城区、郊区工作，不能在工作单位或返回就餐的，根据实际误餐顿数，按规定的标准领取的误餐费。单位以误餐补助名义发给职工的补助、津贴不包括在内。

对商品营销活动中，企业和单位对营销业绩突出的雇员以培训班、研讨会、工作考察等名义组织旅游活动，通过免收差旅费、旅游费对个人实行的营销业绩奖励（包括实物、有价证券等），应根据所发生费用的全额并入营销人员当期的工资、薪金所得，按照“工资、薪金所得”项目征收个人所得税，并由提供上述费用的企业和单位代扣代缴。

（二）劳务报酬所得

劳务报酬所得是指个人独立从事设计、装潢、安装、制图、化验、测试、医疗、法律、会计、咨询、讲学、翻译、新闻、广播、审稿、书画、雕刻、影视、录音、录像、演出、表演、广告、展览、技术服务、介绍服务、经纪服务、代办服务以及其他劳务取得的所得。

如何区分劳务报酬所得和工资、薪金所得，主要是看是否存在雇佣关系。劳务报酬所得是个人独立从事某种技艺，独立提供某种劳务而取得的所得，一般不存在雇佣关系；而工资、薪金所得则是个人从事非独立劳动，从所在单位领取的报酬，存在雇佣关系。

对商品营销活动中，企业和单位对营销业绩突出的非雇员以培训班、研讨会、工作考察等名义组织旅游活动，通过免收差旅费、旅游费对个人实行的营销业绩奖励（包括实物、有价证券等），应根据所发生费用的全额并入营销人员当期的劳务收入，按照“劳务报酬所得”项目征收个人所得税，并由提供上述费用的企业和单位代扣代缴。

（三）稿酬所得

稿酬所得是指个人因其作品以图书、报刊形式出版、发表而取得的所得。

任职、受雇于报纸、杂志等单位的记者、编辑等专业人员，因在本单位的报纸、杂志上发表作品取得的所得，属于因任职、受雇而取得的所得，应与其当月工资收入合并，按“工资、薪金所得”项目征收个人所得税。

出版社的专业作者撰写、编写或翻译的作品，由本社以图书形式出版而取得的稿费收入，应按“稿酬所得”项目计算缴纳个人所得税。

（四）特许权使用费所得

特许权使用费所得是指个人提供专利权、商标权、著作权、非专利技术以及其他特许权的使用权取得的所得。

对于作者将自己的文字作品手稿原件或复印件公开拍卖（竞价）取得的所得，属于提供著作权的使用所得，应按“特许权使用费所得”项目征收个人所得税。

（五）经营所得

（1）个体工商户从事生产、经营活动取得的所得，个人独资企业投资人、合伙企业的个人合伙人来源于境内注册的个人独资企业、合伙企业生产、经营的所得。

（2）个人经政府有关部门批准，取得执照，从事办学、医疗、咨询以及其他有偿服务活动取得的所得。

（3）个人对企业、事业单位承包经营、承租经营以及转包、转租取得的所得。

对企事业单位的承包经营、承租经营所得，指个人承包经营或承租经营以及转包、转租取得的所得。承包项目可分多种，如生产经营、采购、销售、建筑安装等各种承包。转包包括全部转包和部分转包。

企事业单位承包经营、承租经营所得，如果承包方仅需上缴一定的承包费用，剩下的所得由承包人所有，按"经营所得"征税；如果经营所得要全部上缴企业，承包人只是从企业规定取得固定的承包收入，按"工资、薪金所得"项目征税。

（4）个人从事其他生产、经营取得的所得。个体工商户和从事生产、经营的个人，取得与生产、经营活动无关的其他各项应税所得，应分别按照其他应税项目的有关规定，计征个人所得税。

（六）利息、股息、红利所得

利息、股息、红利所得，指个人拥有债权、股权而取得的利息、股息、红利所得。

除个人独资企业、合伙企业以外的其他企业的个人投资者，以企业资金为本人、家庭成员及其相关人员支付与企业生产经营无关的消费性支出及购买汽车、住房等财产性支出，视为企业对个人投资者的红利分配，依照"利息、股息、红利所得"项目计征个人所得税。

纳税年度内个人投资者从其投资企业（个人独资企业、合伙企业除外）借款，在该纳税年度终了后既不归还又未用于企业生产经营的，其未归还的借款视为企业对个人投资者的红利分配，依照"利息、股息、红利所得"项目计征个人所得税。

（七）财产租赁所得

财产租赁所得，指个人出租建筑物、土地使用权、机器设备、车船以及其他财产取得的所得。个人取得的财产转租收入属于"财产租赁所得"的征税范围。

（八）财产转让所得

财产转让所得，指个人转让有价证券、股权、建筑物、土地使用权、机器设备、车船以及其他财产取得的所得。

（九）偶然所得

偶然所得，指个人得奖、中奖、中彩以及其他偶然性质的所得。偶然所得应缴纳的个人所得税税款，一律由发奖单位或机构代扣代缴。

居民个人取得上述（一）～（四）项所得（以下称综合所得），按纳税年度合并计算个人所得税；取得（五）～（九）项所得，依照规定分别计算个人所得税。

四、个人所得税的税率

（一）七级超额累进税率

综合所得（工资薪金所得、劳务报酬所得、稿酬所得和特许权使用费所得），适用3%～45%的七级超额累进税率。如表6－1所示。

表6－1　综合所得个人所得税税率表

级数	全年应纳税所得额（含税）	税率（%）	速算扣除数（元）
1	不超过36 000元的部分	3	0
2	超过36 000元至144 000元的部分	10	2 520
3	超过144 000元至300 000元的部分	20	16 920
4	超过300 000元至420 000元的部分	25	31 920
5	超过420 000元至660 000元的部分	30	52 920
6	超过660 000元至960 000元的部分	35	85 920
7	超过960 000元的部分	45	181 920

（二）五级超额累进税率

经营所得（个体工商户的生产经营所得、对企事业单位的承包承租经营所得、个人独资企业和合伙企业的生产经营所得），适用5%～35%的五级超额累进税率。如表6－2所示。

表6－2　经营所得个人所得税税率表

级数	全年应纳税所得额（含税）	税率（%）	速算扣除数（元）
1	不超过30 000元的部分	5	0
2	超过30 000元至90 000元的部分	10	1 500
3	超过90 000元至300 000元的部分	20	10 500
4	超过300 000元至500 000元的部分	30	40 500
5	超过500 000元的部分	35	65 500

（三）其他所得适用税率

利息、股息、红利所得，财产租赁所得，财产转让所得和偶然所得均适用 20% 的比例税率。

五、个人所得税的税收优惠

（一）免税项目

（1）省级政府、国务院部委和解放军军以上单位，以及外国组织、国际组织颁发的科学、教育、技术、文化、卫生、体育、环境保护等方面的奖金。

（2）国债和国家发行的金融债券利息。

（3）按国家统一规定发给的补贴、津贴。这是指按照国务院规定发给的政府特殊津贴、院士津贴、资深院士津贴和国务院规定免纳个人所得税的补贴、津贴。

（4）福利费、抚恤金、救济金。

（5）保险赔款。

（6）军人的转业费、复员费、退役金。

（7）按照国家统一规定发给干部、职工的安家费、退职费、基本养老金或者退休费、离休费、离休生活补助费。

（8）依照有关法律规定应予免税的各国驻华使馆、领事馆的外交代表、领事官员和其他人员的所得。

（9）中国政府参加的国际公约及签订的协议中规定免税的所得。

（10）企业和个人按照省级以上政府规定的比例缴付的基本养老保险金，医疗保险金、失业保险金、住房公积金，允许在个人应纳税所得额中扣除。

个人领取原提存的住房公积金、医疗保险金、基本养老保险金，免征个人所得税。

企业和个人按照省级以上政府规定的比例缴付的基本养老保险金，医疗保险金、失业保险金、住房公积金存入银行个人账户所取得的利息收入，免征个人所得税。

（11）发给见义勇为者的奖金。乡、镇以上政府或经县以上政府主管部门批准成立的有机构、有章程的见义勇为基金或类似性质组织，奖励见义勇为者的奖金或奖品，经主管税务机关核准，免征个人所得税。

（12）个体工商户或个人，以及个人独资企业和合伙企业从事种植业、养殖业、饲养业和捕捞业，取得的所得暂不征个人所得税。

（13）个人举报，协查各种违法、犯罪行为而获得的奖金。

（14）个人办理代扣代缴税款手续，按规定取得的扣缴手续费。

（15）个人转让自用达 5 年以上，并且是唯一的家庭生活用房取得的所得。

（16）个人购买福利彩票、赈灾彩票、体育彩票，一次中奖收入不超过 10 000 元的。

（17）达到离休、退休年龄，但确因工作需要，适当延长离休、退休年龄的高级专家（指享受国家发放的政府津贴的专家、学者），其在延长离休、退休期间的工资、薪金所得，视同退休工资、离休工资，免征个人所得税。

（18）对个人转让上市公司股票的所得，暂免征收个人所得税。

（19）对个人投资应从上市公司取得的股息红利所得，持股期限在1个月以内（含1个月）的，其所得全额计入应纳税所得额；持股期限在1个月以上至1年（含1年）的，暂按50%计入个人应纳税所得额；持股期限在1年以上的，暂免征收个人所得税。

（20）对储蓄存款利息所得暂免征收个人所得税。个人取得的教育储蓄存款利息所得免征收个人所得税。

（21）生育妇女按规定取得的生育津贴、生育医疗费或其他属于生育保险性质的津贴、补贴，免征个人所得税。

（22）工伤职工及其近亲属按规定取得的工伤保险待遇，免征个人所得税。

（23）经国务院财政部门批准免税的所得。

（二）减税规定

（1）残疾、孤老人员和烈属的所得。

（2）因严重自然灾害造成重大损失的。

（3）其他经国务院财政部门批准减税的。

任务二　个人所得税应纳税额的计算

一、居民个人综合所得应纳税额的计算

（一）居民个人综合所得专项扣除及专项附加扣除的具体内容

居民个人取得综合所得，以每年收入额减除费用60 000元以及专项扣除、专项附加扣除和依法确定的其他扣除后的余额为应纳税所得额。计算公式如下：

综合所得＝纳税年度的综合收入额－基本费用60 000元－专项扣除－专项附加扣除－其他扣除

（1）专项扣除包括居民个人按照国家规定的范围和标准缴纳的基本养老保险、基本医疗保险、失业保险等社会保险和住房公积金等。

（2）专项附加扣除包括子女教育、继续教育、大病医疗、住房贷款利息或者住房租金、赡养老人几项。具体内容如下。

①子女教育。纳税人年满 3 岁的子女接受学前教育和学历教育的相关支出，按照每个子女每月 1 000 元（每年 12 000 元）的标准定额扣除。

②继续教育。纳税人在中国境内接受学历（学位）继续教育的支出，在学历（学位）教育期间按照每月 400 元（全年 4 800 元）定额扣除。同一学历（学位）继续教育的扣除期限不能超过48 个月（4 年）。纳税人接受技能人员职业资格继续教育、专业技术人员职业资格继续教育支出，在取得相关证书的当年，按照3 600 元定额扣除。

③大病医疗。在一个纳税年度内，纳税人发生的与基本医保相关的医药费用支出，扣除医保报销后个人负担（医保目录范围内的自付部分）累计超过 15 000 元的部分，由纳税人在办理年度汇算清缴时，在 80 000 元限额内据实扣除。

④住房贷款利息。纳税人本人或配偶，单独或共同使用商业银行或住房公积金个人住房贷款，为本人或其配偶购买中国境内住房，发生的首套住房贷款利息支出，在实际发生贷款利息的年度，按照每月 1 000 元（每年 12 000 元）的标准定额扣除，扣除期限最长不超过240 个月（20 年）。纳税人只能享受一套住房贷款利息扣除。

⑤住房租金。直辖市、省会城市、计划单列市以及国务院确定的其他城市，扣除标准为每月 1 500 元（每年 18 000 元）；市辖区户籍人口超过 100 万的城市，扣除标准为每月 1 100 元（每年 13 200 元）；市辖区户籍人口不超过 100 万的城市，扣除标准为每月 800 元（每年 9 600 元）。

⑥赡养老人。纳税人为独生子女的，按照每月 2 000 元（每年 24 000 元）的标准定额扣除；纳税人为非独生子女的，由其与兄弟姐妹分摊每月 2 000 元（每年 24 000 元）的扣除额度，每人分摊的额度最高不得超过每月 1 000 元（每年 12 000 元）

（3）依法确定的其他扣除，包括个人缴付符合国家规定的企业年金、职业年金，个人购买符合国家规定的商业健康保险、税收递延型商业养老保险的支出，以及国家规定可以扣除的其他项目。

（二）居民个人综合所得应纳税额的具体计算

1. 居民个人不同项目所得预扣预缴方法

（1）工资、薪金所得。扣缴义务人向居民个人支付工资、薪金所得时，应当按照累计预扣法计算预扣税款，并按月办理扣缴申报。

累计预扣法，指扣缴义务人在一个纳税年度内预扣预缴税款时，以纳税人在本单位截至当前月份工资、薪金所得累计收入减除累计免税收入、累计减除费用、累计专项扣除、累计专项附加扣除和累计依法确定的其他扣除后的余额为累计预扣预缴应纳税所得额，适用居民个人工资、薪金所得预扣预缴率表（见表6－3），计算累计应预扣预缴税额，再减除累计减免税额和累计已预扣预缴税额，其余额为本期应预扣预缴税额。余额为负值时，暂不退税。纳税年度终了后余额仍为负值时，由纳税人通过办理综合所得年度汇算清缴，税款多退少补。

具体计算公式如下：

本期应预扣预缴税额 =（累计预扣预缴应纳税所得额 × 预扣率 − 速算扣除数）− 累计减免税额 − 累计已预扣预缴税额

累计预扣预缴应纳税所得额 = 累计收入 − 累计免税收入 − 累计减除费用 − 累计专项扣除 − 累计专项附加扣除 − 累计依法确定的其他扣除

其中，累计减除费用，按照5 000 元/月乘以纳税人当年截至本月在本单位的任职受雇月份数计算。

表6－3　　居民个人工资、薪金所得预扣预缴率表

级数	累计预扣预缴应纳税所得额	预扣率（%）	速算扣除数（元）
1	不超过36 000 元的部分	3	0
2	超过36 000 元至144 000 元的部分	10	2 520
3	超过144 000 元至300 000 元的部分	20	16 920
4	超过300 000 元至420 000 元的部分	25	31 920
5	超过420 000 元至660 000 元的部分	30	52 920
6	超过660 000 元至960 000 元的部分	35	85 920
7	超过960 000 元的部分	45	181 920

【例6－1】某居民个人2019 年每月取得工资收入9 000 元，每月缴纳社保费用和住房公积金1 200 元，该居民个人全年均享受子女教育1 000 元专项扣除。要求：计算该居民个人的工资薪金扣缴义务人2019 年每月代扣代缴的税款金额。

1 月累计预扣预缴应纳税所得额 =9 000 −5 000 −1 200 −1 000 =1 800（元）

1 月应预扣预缴税额 =1 800 ×3% −0 =54（元）

2 月累计预扣预缴应纳税所得额 =9 000 ×2 −5 000 ×2 −1 200 ×2 −1 000 ×2 =3 600（元）

2 月应预扣预缴税额 =（3 600 ×3% −0）−54 =108 −54 =54（元）

……

12 月累计预扣预缴应纳税所得额 =9 000 ×12 −5 000 ×12 −1 200 ×12 −1 000 ×12 =21 600（元）

12 月应预扣预缴税额 =（21 600 ×3% −0）−54 ×11 =648 −594 =54（元）

（2）劳务报酬所得。

①预扣预缴应纳税所得额的计算。劳务报酬所得以个人每次取得的收入，定额或定率减除规定费用后的余额为预扣预缴应纳税所得额。计算公式如下：

若每次收入≤4 000 元，

预扣预缴应纳税所得额 = 每次收入额 −800 元

若每次收入 >4 000 元，

预扣预缴应纳税所得额 = 每次收入额 × （1 - 20%）

劳务报酬所得属于一次性收入的，以取得该项收入为一次；属于同一项目连续收入的，以一个月内取得的收入为一次。

②预扣预缴应纳税额的计算。劳务报酬所得适用居民个人劳务报酬所得预扣预缴率表（见表6-4），其应纳税额的计算公式如下：

预扣预缴应纳税额 = 预扣预缴应纳税所得额 × 预扣率 - 速算扣除数

表6-4　居民个人劳务报酬所得预扣预缴率表

级次	预扣预缴应纳税所得额	预扣率（%）	速算扣除数（元）
1	不超过20 000元的部分	20	0
2	超过20 000不超过50 000元的部分	30	2 000
3	超过50 000元的部分	40	7 000

【例6-2】赵某于2019年10月外出参加商业性演出，一次取得劳务报酬60 000元。要求：计算其应预扣预缴的个人所得税（不考虑其他税费）。

预扣预缴应纳税所得额 = 60 000 × （1 - 20%） = 48 000（元）

预扣预缴应纳税额 = 48 000 × 30% - 2 000 = 12 400（元）

（3）稿酬所得。

①预扣预缴应纳税所得额的计算。稿酬所得以个人每次取得的收入，定额或定率减除规定费用后的余额为预扣预缴应纳税所得额。计算公式如下：

若每次收入≤4 000元，

预扣预缴应纳税所得额 = 每次收入额 - 800元

若每次收入 >4 000元，

预扣预缴应纳税所得额 = 每次收入额 × （1 - 20%）

②每次收入的确定。稿酬所得以每次出版、发表取得的收入为一次。具体可细分为以下几种：

a. 同一作品再版取得的所得，应视作另一次稿酬所得计征个人所得税。

b. 同一作品先在报刊上连载，然后再出版，或先出版，再在报刊上连载的，应视为两次稿酬所得征税。即连载作为一次，出版作为另一次。

c. 同一作品在报刊上连载取得收入的，以连载完成后取得的所有收入合并为一次。

d. 同一作品在出版和发表时，以预付稿酬或分次支付稿酬等形式取得的稿酬收入，应合并为一次。

e. 同一作品出版、发表后，因添加印数而追加稿酬的，应与以前出版、发表时取得的稿酬合并计算为一次。

f. 在两处或两处以上出版、发表或再版同一作品而取得稿酬所得，可分别各处取得的所得或再版所得按分次所得计征个人所得税。

③预扣预缴应纳税额的计算。稿酬所得适用20%的比例税率，并按规定对应纳税额减征30%，计算公式如下：

预扣预缴应纳税额 = 预扣预缴应纳税所得额 × 适用税率 ×（1 - 30%）

【例6-3】 某高校教师2019年2月因其编著的教材出版，获得稿酬9 000元，2019年6月因教材加印又得到稿酬4 000元。要求：计算该高校教师稿酬应预扣预缴的个人所得税。

该高校教师稿酬所得按规定应属于一次收入，须合并计算应纳税额。

预扣预缴应纳税所得额 =（9 000 + 4 000）×（1 - 20%）= 10 400（元）

预扣预缴应纳税额 = 10 400 × 20% ×（1 - 30%）= 1 456（元）

（4）特许权使用费所得。

①预扣预缴应纳税所得额的计算。特许权使用费所得以个人每次取得的收入，定额或定率减除规定费用后的余额为预扣预缴应纳税所得额。计算公式如下：

若每次收入≤4 000元，

预扣预缴应纳税所得额 = 每次收入额 - 800元

若每次收入 >4 000元，

预扣预缴应纳税所得额 = 每次收入额 ×（1 - 20%）

②预扣预缴应纳税额的计算。特许权使用费所得适用20%的比例税率，计算公式如下：

预扣预缴应纳税额 = 预扣预缴应纳税所得额 × 适用税率

【例6-4】 赵某系南京某高校教授，于2019年10月将一项非专利技术提供给扬州广陵产业园某公司，一次取得的特许权使用费为60 000元。要求：计算其应缴纳的个人所得税（不考虑其他税费）。

预扣预缴应纳税所得额 = 60 000 ×（1 - 20%）= 48 000（元）

预扣预缴应纳税额 = 48 000 × 20% = 9 600（元）

2. 全年综合所得汇算清缴

居民个人年度预扣预缴税额与年度应纳税额不一致的，由居民个人于次年3月1日至6月30日向主管税务机关办理综合所得年度汇算清缴，税款多退少补。

取得综合所得且符合下列情形之一的纳税人，应当依法办理汇算清缴：

（1）从两处以上取得综合所得，且综合所得年收入额减除专项扣除后余额超过60 000元。

（2）取得劳务报酬所得、稿酬所得、特许权使用费所得中一项或者多项所得，且综合所得年收入额减除专项扣除的余额超过60 000元。

（3）纳税年度内预缴税额低于应纳税额。

（4）纳税人申请退税。

【例6-5】居民个人李某2019年每月应取得工资收入为30 000元，每月减除费用5 000元、“三险一金”等专项扣除为4 500元、享受子女教育和赡养老人两项专项附加扣除2 000元。2019年李某只在本单位一处拿工资，没有其他收入，没有大病医疗和减免收入及减免税额等情况。要求：计算每月应预扣预缴税款和年终综合计算应纳税额。

1月应预扣预缴税额=（30 000-5 000-4 500-2 000）×3%=555（元）

2月应预扣预缴税额=（30 000×2-5 000×2-4 500×2-2 000×2）×10%-2 520-555=625（元）

3月应预扣预缴税额=（30 000×3-5 000×3-4 500×3-2 000×3）×10%-2 520-1 180=1 850（元）

4月应预扣预缴税额=（30 000×4-5 000×4-4 500×4-2 000×4）×10%-2 520-3 030=1 850（元）

5月应预扣预缴税额=（30 000×5-5 000×5-4 500×5-2 000×5）×10%-2 520-4 880=1 850（元）

6月应预扣预缴税额=（30 000×6-5 000×6-4 500×6-2 000×6）×10%-2 520-6 730=1 850（元）

7月应预扣预缴税额=（30 000×7-5 000×7-4 500×7-2 000×7）×10%-2 520-8 580=1 850（元）

8月应预扣预缴税额=（30 000×8-5 000×8-4 500×8-2 000×8）×20%-16 920-10 430=2 250（元）

9月应预扣预缴税额=（30 000×9-5 000×9-4 500×9-2 000×9）×20%-16 920-12 680=3 700（元）

10月应预扣预缴税额=（30 000×10-5 000×10-4 500×10-2 000×10）×20%-16 920-16 380=3700（元）

11月应预扣预缴税额=（30 000×11-5 000×11-4 500×11-2 000×11）×20%-16 920-20 080=3 700（元）

12月应预扣预缴税额=（30 000×12-5 000×12-4 500×12-2 000×12）×20%-16 920-23 780=3 700（元）

1—12月单位共计预扣预缴税额为27 480元。

2019年综合计算应缴纳个人所得税=（360 000-60 000-54 000-24 000）×20%-16 920=27 480（元）

由于李某只在一处取得工资薪金，单位已全额预扣预缴税款，故不需要进行汇算清缴。

【例6-6】居民个人李某2019年每月应取得工资收入为30 000元，每月减除费用5 000元、“三险一金”等专项扣除为4 500元、享受子女教育和赡养老人两项专项附加扣除2 000元，其个人所得税已由扣缴义务人预缴完成。2019年12月李某取得劳务报酬30 000元、稿酬50 000元；2019年大病医疗医保范围内自负费用50 000元；没有减免收入及减免税额等情况。2020年2月扣缴义务人向李某提供了已办理的子女教育及赡养老人两项专项附加扣除共计24 000元，已预扣预缴税款27 480元等情况。李某向支付劳务报酬和稿酬的单位取得了已缴税款的证据；劳务报酬已预扣预缴5 200元，稿酬已预扣预缴5 600元。要求：计算李某汇算清缴时，应申请退回的个人所得税税款。

2019年综合所得全年应纳税所得额＝30 000×12＋30 000×（1－20%）＋50 000×（1－20%）×（1－30%）－5 000×12－4 500×12－2 000×12－（50 000－15 000）＝239 000（元）

2019年综合所得全年应纳税额＝239 000×20%－16 920＝30 880（元）

2019年应退的个人所得税＝（27 480＋5 200＋5 600）－30 880＝7 400（元）

二、经营所得应纳税额的计算

（一）个体工商户应纳税额的计算

个体工商户的生产、经营所得适用五级超额累进税率，实行按年计算、分月或分季预缴、年终汇算清缴、多退少补的方法。计算公式如下：

应纳税额＝全年应纳税所得额×适用税率－速算扣除数

对于实行查账征收的个体工商户，其生产、经营所得的应纳税所得额是每一纳税年度的收入总额，减除成本、费用、税金、损失、其他支出以及允许弥补的以前年度亏损后的余额。计算公式如下：

全年应纳税所得额＝收入总额－成本－费用－税金－损失－其他支出－允许弥补的以前年度亏损

1. 收入总额

个体工商户的收入总额，指个体工商户从事生产、经营以及与生产经营有关的活动所取得的按照权责发生制原则确定的各项收入，包括销售货物收入、提供劳务收入、转让财产收入、利息收入、租金收入、接受捐赠收入、其他收入。

2. 准予扣除的项目

在计算应纳税所得额时，准予从收入总额中扣除的项目包括成本、费用、损失和准予扣除的税金。

（1）成本，指生产经营所发生的销售成本、销货成本、业务支出以及其他耗费。

（2）费用，指生产经营所发生的销售费用、管理费用和财务费用。

（3）税金，指生产经营所发生的除个人所得税和允许抵扣的增值税以外的各项税金及其附加。

（4）损失，指生产经营所发生的固定资产和存货的盘亏、毁损、报废损失，转让财产损失，坏账损失，自然灾害等不可抗力因素造成的损失以及其他损失。

（5）其他支出，指除成本、费用、税金、损失外，生产经营活动所发生的与生产经营活动有关的、合理的支出。

（6）允许弥补的以前年度亏损，指依照规定计算的应纳税所得额小于零的数额。

3. 准予扣除项目的扣除标准

（1）个体工商户业主的费用扣除标准统一确定为60 000元/年，即5 000元/月，个体工商户向其从业人员实际支付的合理的工资、薪金支出，允许在税前据实扣除。

（2）个体工商户在生产经营活动中发生的与家庭生活混用的费用，其40%视为与生产经营有关费用，准予扣除。

（3）个体工商户发生的与生产经营有关的业务招待费，按照实际发生额的60%扣除，但最高不得超过当年销售收入的5‰。

（4）个体工商户每一纳税年度发生的与其生产经营活动直接相关的广告费和业务宣传费不超过当年销售收入15%的部分，可以据实扣除；超过部分，准予在以后纳税年度结转扣除。

（5）个体工商户按规定的范围和标准为其业主和从业人员缴纳的基本社保和住房公积金，准予扣除。

个体工商户为从业人员缴纳的补充养老、医疗保险，分别在不超过从业人员工资总额5%标准内的部分据实扣除；超过部分，不得扣除。

个体工商户为业主本人缴纳的补充养老、医疗保险，以当地（地级市）上年度社会平均工资的3倍为基数，分别在不超过该基数5%标准内的部分据实扣除；超过部分，不得扣除。

（6）个体工商户向当地工会组织拨缴的工会经费、实际发生的职工福利费支出、职工教育经费支出分别在工资薪金总额2%、14%、8%标准内据实扣除。职工教育经费超过的部分，准予在以后纳税年度结转扣除。

（7）个体工商户按规定缴纳的摊位费、行政性收费、协会会费等，按实际发生数扣除。

（8）个体工商户研究开发新产品、新技术、新工艺所发生的开发费用，以及研究开发新产品、新技术而购置的单台价值在10万元以下的测试仪器和试验性装置的购置费，准予扣除。

（9）个体工商户通过公益性社会团体或县级以上人民政府及其部门的公益事业捐赠，捐赠额不超过其应纳税所得额30%的部分可以据实扣除。

（10）个体工商户在生产经营活动中发生的合理的不需要资本化的借款费用，准予扣除。

（11）个体工商户在生产经营活动中发生的利息支出，不超过按照金融企业同期同类贷款利率计算的部分，准予扣除。

（12）个体工商户参加财产保险和为特殊工种从业人员支付的人身安全保险费，准予扣除。

（13）个体工商户发生的合理的劳动保护支出，准予扣除。

（14）个体工商户自申请营业执照之日起至开始生产经营之日止所发生的符合规定的开办费，可以选择在开始生产经营的当年一次性扣除，也可以自生产经营月份起在不短于3年期限内摊销扣除，但一经选定，不得改变。

（15）个体工商户年度发生的亏损，准予向以后年度结转，用以后年度的生产经营所得弥补，但最长不得超过5年。

【例6-7】某市大华酒家系个体工商户，账证比较健全，2019年12月取得营业额为180 000元，准许扣除的当月成本、费用（不含业主工资）及相关税金共计145 000元。1—11月累计应纳税所得额为88 400元，1—11月累计已预缴个人所得税为10 400元。除经营所得外，业主本人没有其他收入，且2019年全年享受住房公积金贷款利息专项附加扣除。要求：计算该个体工商户2019年汇算清缴时应申请的个人所得税退税款。

（1）全年应纳税所得额 = 180 000 - 145 000 + 88 400 - 60 000 - 12 000 = 51 400（元）。

（2）全年应纳缴个人所得税 = 51 400 × 10% - 1 500 = 3 640（元）。

（3）该个体工商户2019年应申请的个人所得税退税款 = 10 400 - 3 640 = 6 760（元）。

（二）个人独资企业和合伙企业应纳税额的计算

对个人独资企业和合伙企业生产经营所得，其个人所得税应纳税额的计算有以下两种方法。

1. 查账征收

（1）个人独资企业和合伙企业投资者本人的费用扣除标准统一确定为60 000元/年，即5 000元/月。投资者工资不得在税前扣除。

（2）投资者及其家庭发生的生活费用与企业经营费用混合在一起，并且难以划分的，全部视为投资者个人及其家庭发生的生活费用，不允许在税前扣除。

（3）企业向其从业人员实际支付的合理的工资、薪金支出，允许在税前据实扣除。

（4）企业生产经营和投资者及其家庭生活共用的固定资产，难以划分的，由主管税务机关根据企业生产经营类型、规模等具体情况，核定准予在税前扣除的折旧费用的数额或比例。

（5）企业拨缴的工会经费、发生的职工福利费、职工教育经费支出分别在工资薪金总额2%、14%、2.5%标准内据实扣除。

（6）每一纳税年度发生的广告费和业务宣传费不超过当年销售收入15%的部分，可以据实扣除；超过部分准予在以后纳税年度结转扣除。

（7）每一纳税年度发生的与生产经营有关的业务招待费，按照实际发生额的60%扣除，但最高不得超过当年销售收入的5‰。

（8）企业计提的各种准备金不得扣除。

（9）投资者兴办两个或两个以上企业，并且企业性质全部是独资的，汇算清缴时，先将其投资兴办的所有企业的经营所得汇总作为应纳税所得额，以此确定适用税率，计算出全年经营所得的应纳税额，再根据每个企业的经营所得占所有企业经营所得的比例，分别计算出每个企业的应纳税额和应补缴税额。

（10）投资者兴办两个或两个以上企业的，根据规定可以扣除的个人费用，由投资者选择在其中一个企业的生产经营所得中扣除，且企业的年度经营亏损不能跨企业弥补。

（11）企业的年度亏损，允许用本企业下一年度的生产经营所得弥补，下一年度所得不足弥补的，允许逐年弥补，但最长不得超过5年。

（12）投资者来源于中国境外的生产经营所得，已在境外缴纳所得税的，可以按照个人所得税法的有关规定计算扣除已在境外缴纳的所得税。

2. 核定征收

核定征收方法包括定额征收、核定应税所得率。

（1）纳税人有下列情形之一的，应采取核定征收方式征收个人所得税。

①依照国家有关规定应当设置但未设置账簿的。

②虽设置账簿，但账目混乱或者成本资料、收入凭证、费用凭证残缺不全，难以查账的。

③发生纳税义务，未按照规定的期限办理纳税申报，经税务机关责令限期申报，逾期仍不申报的。

（2）实行核定应税所得率征收办法的，应纳所得税额的计算公式如下：

应纳所得税额 = 应纳税所得额 × 适用税率

应纳税所得额 = 收入总额 × 应税所得率

或　应纳税所得额 = 成本费用支出额 ÷（1 − 应税所得率）× 应税所得率

应税所得率按规定的标准执行，如表6－5所示。

表6－5　个人所得税核定征收应税所得率表

行业	应税所得率（%）
工业、交通运输业、商业	5～20
建筑业、房地产开发业	7～20
饮食服务业	7～25
娱乐业	20～40
其他行业	10～30

（三）对企事业单位承包、承租经营所得应纳税额的计算

1. 应纳税所得额的计算

对企事业单位承包、承租经营所得是以每一纳税年度的收入总额，减除必要费用后的余额为应纳税所得额。计算公式如下：

应纳税所得额＝个人承包、承租经营收入总额－每月费用扣除标准×实际承包或承租月数

收入总额指纳税人按照承包、承租经营合同规定分得的经营利润和工资、薪金性质的所得；费用扣除标准为每月5 000元，相当于个人的生计及其他费用。

个人在承包、承租经营期间，未改变被租企业名称，未变更工商登记，仍以被承租企业名义对外从事生产经营活动，不论被承租企业与承租方如何分配经营成果，均以被承租企业为纳税义务人，按照企业所得税的有关规定先缴纳企业所得税，然后再按个人承包所得的规定计算缴纳个人所得税。

2. 应纳税额的计算

对企事业单位承包、承租经营所得适用五级超额累进税率，以其应纳税所得额按适用税率计算应纳税额。计算公式如下：

应纳税额＝应纳税所得额×适用税率－速算扣除数

【例6－8】张某2019年1—12月承包某商店，承包期限1年，取得承包经营所得200 000元。此外，张某每月从商店领取工资8 000元。要求：计算张某全年应缴纳的个人所得税。

全年应纳税所得额＝（200 000＋12×8 000）－12×5 000＝236 000（元）

全年应缴纳个人所得税＝236 000×20%－10 500＝36 700（元）

三、财产租赁所得应纳税额的计算

（一）应纳税所得额的计算

财产租赁所得一般以个人每次取得的收入，定额或定率减除规定费用后的余额为应纳税所得额。财产租赁所得以一个月内取得的收入为一次。

在确定财产租赁的应纳税所得额时，应依次扣除以下费用。

（1）纳税人在出租财产过程中缴纳的税金和教育费附加。

（2）能够提供有效、准确凭证，证明由纳税人负担的该出租财产实际开支的修缮费用。允许扣除的修缮费用，以每次800元为限。一次扣除不完的，准予在下一次继续扣除，直到扣完为止。

（3）税法规定的费用扣除标准。

应纳税所得额的计算公式如下：

①每次（月）收入≤4 000 元

应纳税所得额 = 每次（月）收入额 - 准予扣除项目 - 修缮费用（800 元为限） - 800 元

②每次（月）收入 >4 000 元

应纳税所得额 =［每次（月）收入额 - 准予扣除项目 - 修缮费用（800 元为限）］×（1 - 20%）

（二）应纳税额的计算

财产租赁所得适用 20% 的比例税率。计算公式如下：

应纳税额 = 应纳税所得额 × 适用税率

对个人按市场价格出租的居民住房取得的所得，暂减按 10% 的税率征收个人所得税。

【例 6 - 9】郑某于 2019 年 1 月将其自有的四间面积为 150 平方米的房屋出租给张某居住，租期 1 年。郑某每月取得租金收入 3 500 元，全年租金收入 42 000 元。要求：计算郑某全年租金收入应缴纳的个人所得税。

财产租赁收入以每月内取得的收入为一次，因此，郑某每月及全年应纳税额如下：

每月应纳税所得额 =3 500 - 800 =2 700（元）

每月应纳税额 =2 700 ×10% =270（元）

全年应纳税额 =270 ×12 =3 240（元）

假定例 6 - 9 中，当年 2 月因下水道堵塞，郑某找人修理，发生修理费用 1 000 元，有修理部门的正式票据，则 2 月和 3 月的应纳税额如下：

2 月应纳税额 =（3 500 - 800 - 800）×10% =190（元）

3 月应纳税额 =（3 500 - 800 - 200）×10% =250（元）

四、财产转让所得应纳税额的计算

（一）应纳税所得额的计算

财产转让所得以个人每次转让取得的收入额减除财产原值和相关的税费后的余额为应纳税所得额。计算公式如下：

应纳税所得额 = 每次收入额 - 财产原值 - 合理费用

财产转让所得中允许减除的财产原值是指以下内容。

（1）有价证券，其原值为买入价和买入时按规定缴纳的有关费用。

（2）建筑物，其原值为建造费用或购进价格以及其他有关税费。

（3）土地使用权，其原值为取得土地使用权所支付的金额、开发土地的费用以及其他有关税费。

（4）机器设备、车船，其原值为购进价格、运输费、安装费和其他有关费用。

（5）其他财产，其原值参照以上方法确定。

纳税义务人未提供完整、准确的财产原值凭证，不能正确计算财产原值的，由主管税务机关核定其财产原值。

合理费用是指卖出财产时按规定支付的有关费用。

（二）应纳税额的计算

财产转让所得适用20%的比例税率，计算公式如下：

应纳税额＝应纳税所得额×适用税率

【例6－10】王某2018年建房一栋，造价370 000元，支付费用40 000元。2019年7月，王某转让房屋，售价600 000元，在卖房过程中按规定支付交易费等有关费用45 000元。要求：计算王某财产转让所得应纳个人所得税。

应纳税所得额＝财产转让收入－财产原值－合理费用

＝600 000－（370 000＋40 000）－45 000

＝145 000（元）

应纳税额＝145 000×20%＝29 000（元）

五、股息、利息、红利、偶然所得应纳税额的计算

（一）应纳税所得额的计算

股息、利息、红利、偶然所得，以每次收入额为应纳税所得额，不扣除任何费用。计算公式如下：

应纳税所得额＝每次收入额

（二）应纳税额的计算

股息、利息、红利、偶然所得适用20%的比例税率，计算公式如下：

应纳税额＝应纳税所得额×适用税率

六、应纳税额计算中的几个特殊问题

（一）个人取得全年一次性奖金

全年一次性奖金是指行政机关、企事业单位等扣缴义务人根据其全年经济效益和对雇员全年工作业绩的综合考核情况，向雇员发放的一次性奖金。一次性奖金也包括年终加薪、实行年薪制和绩效工资办法的单位根据考核情况兑现的年薪和绩效工资。

（1）2021年12月31日前，可选择不并入当年综合所得，按下列计税办法，由扣缴义务人发放时代扣代缴。

将居民个人取得的全年一次性奖金，除以12个月，按其商数依照按月换算后的综合所得税率表确定适用税率和速算扣除数，如表6－6所示。

表6－6　按月换算后综合所得税率表

级数	月应纳税所得额	税率（%）	速算扣除数（元）
1	不超过3 000元的部分	3	0
2	超过3 000元至12 000元的部分	10	210
3	超过12 000元至25 000元的部分	20	1 410
4	超过25 000元至35 000元的部分	25	2 660
5	超过35 000元至55 000元的部分	30	4 410
6	超过55 000元至80 000元的部分	35	7 160
7	超过80 000元的部分	45	15 160

在一个纳税年度里，对每一个纳税人，该计税办法只允许采用一次。

居民个人取得除全年一次性奖金以外的其他各种名目奖金，如半年奖、季度奖、加班奖、先进奖、考勤奖等，一律与当月工资、薪金所得合并，按税法规定缴纳个人所得税。

【例6－11】我国居民刘某2019年12月31日取得全年一次性奖金27 000元。要求：计算刘某取得该笔奖金应缴纳的个人所得税。

该笔奖金适用的税率和速算扣除数如下：

每月奖金＝27 000÷12＝2 250（元），根据按月换算后综合所得七级超额累进税率的规定，适用税率为3%，速算扣除数为0。

应纳所得税额＝27 000×3%－0＝810（元）

（2）从2022年1月1日起，居民个人取得全年一次性奖金，应并入当年综合所得计算缴纳个人所得税。

（二）公益性捐赠

税法规定，个人将其所得通过中国境内的社会团体、国家机关对教育、扶贫、济困等公益慈善事业捐款的部分，允许从应纳税所得额中扣除，扣除额以不超过纳税人申报应纳税所得额的30%为限；国务院规定对公益慈善事业捐赠实行全额税前扣除的，从其规定。

【例6－12】王强购买体育彩票中奖50 000元，将其中10 000元通过民政部门捐赠给洪涝灾区、5 000元通过著名企业捐款给贫困地区、6 000元通过国家机关捐赠给当地红十字会机构。要求：计算该项偶然所得应缴纳的个人所得税。

通过国家机关捐赠给当地红十字会机构，可以全额扣除；通过著名企业捐款给贫困地区，是营利性机构，所以该笔捐款不得扣除；通过国家机关向受灾地区的捐赠，应计算扣除限额。

准予扣除捐赠限额 = 50 000 × 30% = 15 000（元），实际捐赠 10 000 元，可以全额扣除。

应纳税所得额 = 50 000 − 6 000 − 10 000 = 34 000（元）

应纳税额 = 34 000 × 20% = 6 800（元）

（三）境外所得的税额扣除

为了避免双重征税，纳税人从我国境外取得的所得，准予其在应纳税额中扣除已在境外实际缴纳的个人所得税税额，但扣除额不得超过其境外所得依照我国税法计算的应纳税额。

税法允许扣除的境外已纳税额应是依照我国税法规定计算的应纳税额，即扣除限额。其计算公式如下：

境外所得税款抵免限额 =（来源于某国家或者地区的应税所得 − 该项目应税所得按我国税法规定应扣除的标准费用）× 适用税率

纳税义务人在中国境外一个国家或者地区实际已经缴纳的个人所得税税额，低于依照规定计算出的该国家或者地区扣除限额的，应当在中国缴纳差额部分的税款；超过该国家或者地区扣除限额的，其超过部分不得在本纳税年度的应纳税额中扣除，但是可以在以后纳税年度的该国家或者地区扣除限额的余额中补扣，补扣期限最长不得超过 5 年。

任务三　个人所得税的会计核算

一、代扣代缴个人所得税的会计核算

企业代扣代缴个人所得税，应通过“应交税费——代扣代缴个人所得税”明细科目进行核算。

（一）工资、薪金所得代扣代缴个人所得税

企业支付给职工工资、薪金所得代扣、预扣个人所得税时，借记“应付职工薪酬”，贷记“银行存款”“应交税费——代扣代缴个人所得税”等科目；实际缴纳代扣、预扣的个人所得税时，借记“应交税费——代扣代缴个人所得税”科目，贷记“银行存款”科目。

【例 6 − 13】 接承例 6 − 1，扣缴义务人 1 月为居民个人预扣预缴个人所得税时，会计处理如下。

（1）发放工资并预扣个人所得税时：

借：应付职工薪酬　　9000

　贷：应交税费——代扣代缴个人所得税　　54

　　　银行存款　　8 946

(2) 2月初实际缴纳预扣的个人所得税时：

借：应交税费——代扣代缴个人所得税　　54

　贷：银行存款　　54

(二) 劳务报酬、特许权使用费、稿酬所得代扣代缴个人所得税

企业支付个人劳务报酬、特许权使用费、稿费、财产租赁费代扣个人所得税时，借记“生产成本”“管理费用”“无形资产”等科目，贷记“应交税费——代扣代缴个人所得税”“库存现金”等科目；实际缴纳代扣的个人所得税时，借记“应交税费——代扣代缴个人所得税”科目，贷记“银行存款”科目。

【例6-14】甲公司2019年10月支付外聘兼职财务顾问张某财务咨询费28 000元，并预扣预缴了个人所得税。假设不考虑增值税等因素，会计处理如下。

(1) 甲公司应预扣预缴的个人所得税：

张某劳务报酬所得的应纳税所得额=28 000×（1-20%）=22 400（元）

甲公司预扣预缴的个人所得税=22 400×30%-2 000=4 720（元）

(2) 支付劳务报酬并预扣个人所得税时：

借：管理费用　　28 000

　贷：银行存款　　23 280

　　　应交税费——代扣代缴个人所得税　　4 720

(3) 实际缴纳预扣的个人所得税时：

借：应交税费——代扣代缴个人所得税　　4 720

　贷：银行存款　　4 720

(三) 利息、股息、红利所得，财产租赁所得和偶然所得代扣代缴个人所得税

企业支付内部职工集资利息并代扣个人所得税时，借记“财务费用”科目，贷记“银行存款”“库存现金”“应交税费——代扣代缴个人所得税”等科目；实际缴纳代扣的个人所得税时，借记“应交税费——代扣代缴个人所得税”科目，贷记“银行存款”科目。

企业经股东大会决定宣告发放现金股息、红利时，借记“利润分配”，贷记“应付股利”；实际支付现金股息、红利时，借记“应付股利”科目，贷记“库存现金”“应交税费——代扣代缴个人所得税”等科目；实际缴纳代扣的个人所得税时，借记“应交税费——代扣代缴个人所得税”科目，贷记“银行存款”科目。

企业支付个人财产租赁费、偶然所得时，借记“生产成本”“管理费用”“营业外

支出”等科目，贷记“银行存款”“库存现金”“应交税费——代扣代缴个人所得税”等科目；实际缴纳代扣的个人所得税时，借记“应交税费——代扣代缴个人所得税”科目，贷记“银行存款”科目。

【例6-15】根据利润分配方案，股东李某2019年4月从甲公司分得股利40 000元，甲公司为其代扣代缴个人所得税8 000元。

(1) 通过利润分配方案时：

借：利润分配——应付股利　　40 000

　贷：应付股利　　40 000

(2) 实际发放股利并代扣个人所得税时：

借：应付股利　　40 000

　贷：银行存款　　32 000

　　应交税费——代扣代缴个人所得税　　8 000

(3) 实际缴纳代扣的个人所得税时：

借：应交税费——代扣代缴个人所得税　　8 000

　贷：银行存款　　8 000

(四) 财产转让所得代扣代缴个人所得税

企业向个人购买固定资产、无形资产等资产时，借记“固定资产”“无形资产”“原材料”等科目，贷记“银行存款”“库存现金”“应交税费——代扣代缴个人所得税”科目；实际缴纳代扣的个人所得税时，借记“应交税费——代扣代缴个人所得税”科目，贷记“银行存款”科目。

【例6-16】李某2019年11月将2年前购买的房屋转让给甲公司，原价为400 000元，购入时缴纳相关税费8 000元；李某转让房屋的相关税费为37 500元，售价为600 000元。会计处理如下所示。

(1) 甲公司应代扣代缴的个人所得税：

李某财产转让所得的应纳税所得额 = 600 000 - (400 000 + 8 000) - 37 500

= 154 500 (元)

甲公司代扣代缴的个人所得税 = 154 500 × 20% = 30 900 (元)

(2) 支付购买的房屋款项并代扣代缴个人所得税时：

借：固定资产　　600 000

　贷：银行存款　　569 100

　　应交税费——代扣代缴个人所得税　　30 900

(3) 实际缴纳代扣的个人所得税时：

借：应交税费——代扣代缴个人所得税　　30 900

　贷：银行存款　　30 900

二、自行申报个人所得税的会计核算

个体工商户、个人独资企业、合伙企业等取得经营所得需要自行申报缴纳个人所得税时，应通过“应交税费——应交个人所得税”明细科目进行核算。

纳税人计提预缴的个人所得税时，借记“留存利润”科目，贷记“应交税费——应交个人所得税”科目；实际缴纳个人所得税时，借记“应交税费——应交个人所得税”科目，贷记“银行存款”“库存现金”等科目。年度终了，计算出全年实际应缴纳的个人所得税，若需要补缴个人所得税，则按照需要补缴的个人所得税金额，借记“留存利润”或“以前年度损益调整”科目，贷记“应交税费——应交个人所得税”科目；实际补缴个人所得税时，借记“应交税费——应交个人所得税”科目，贷记“银行存款”“库存现金”等科目。若需要税务机关退回多缴的个人所得税，则按照需要退回的个人所得税金额，借记“应交税费——应交个人所得税”科目，贷记“留存利润”或“以前年度损益调整”科目；实际收到税务机关退回的个人所得税时，借记“银行存款”“库存现金”等科目，贷记“应交税费——应交个人所得税”科目。

任务四　个人所得税申报缴纳

个人所得税的纳税方法，有全员全额扣缴申报纳税和自行申报纳税两种。

一、全员全额扣缴申报纳税

全员全额扣缴申报，指扣缴义务人应当在代扣税款的次月15日内，向主管税务机关报送其支付所得的所有个人的有关信息、支付所得数额、扣除事项和数额、扣缴税款的具体数额和总额以及其他相关涉税信息资料。这种方法，有利于控制税源，防止漏税和逃税。

（一）扣缴义务人

扣缴义务人，指向个人支付所得的单位或者个人。扣缴义务人应当依法办理全员全额扣缴申报。这里所说的支付，包括现金支付、汇拨支付、转账支付和以有价证券、实物以及其他形式的支付。

（二）代扣预扣税款的范围

实行个人所得税全员全额扣缴申报的应税所得包括以下内容。

（1）工资、薪金所得。

（2）劳务报酬所得。

（3）稿酬所得。

（4）特许权使用费所得。

（5）利息、股息、红利所得。

（6）财产租赁所得。

（7）财产转让所得。

（8）偶然所得。

（三）扣缴义务人的义务与责任

（1）支付工资、薪金所得的扣缴义务人应当于年度终了后两个月内，向纳税人提供其个人所得和已扣缴税款等信息。纳税人年度中间需要提供上述信息的，扣缴义务人应当提供。

纳税人取得除工资、薪金所得以外的其他所得，扣缴义务人应当在扣缴税款后，及时向纳税人提供其个人所得和已扣缴税款等信息。

（2）扣缴义务人应当按照纳税人提供的信息计算税款、办理扣缴申报，不得擅自更改纳税人提供的信息。

扣缴义务人发现纳税人提供的信息与实际情况不符的，可以要求纳税人修改。纳税人拒绝修改的，扣缴义务人应当报告税务机关，税务机关应当及时处理。

纳税人发现扣缴义务人提供或者扣缴申报的个人信息、支付所得、扣缴税款等信息与实际情况不符的，有权要求扣缴义务人修改。扣缴义务人拒绝修改的，纳税人应当报告税务机关，税务机关应当及时处理。

（3）扣缴义务人对纳税人提供的“个人所得税专项附加扣除信息表”，应当按照规定妥善保存备查。

（4）扣缴义务人应当依法对纳税人报送的专项附加扣除等相关涉税信息和资料保密。

（5）对扣缴义务人按照规定扣缴的税款，按年付给2%的手续费。扣缴义务人领取的扣缴手续费可用于提升办税能力、奖励办税人员。

（6）扣缴义务人依法履行代扣代缴义务，纳税人不得拒绝。纳税人拒绝的，扣缴义务人应当及时报告税务机关。

（7）扣缴义务人有未按照规定向税务机关报送资料和信息、未按照纳税人提供信息虚报虚扣专项附加扣除、应扣未扣税款、不缴或少缴已扣税款、借用或冒用他人身份等行为的，依照《中华人民共和国税收征收管理法》等相关法律、行政法规处理。

（四）代扣代缴期限

扣缴义务人每月或者每次预扣、代扣的税款，应当在次月15日内缴入国库，并向税务机关报送“个人所得税基础信息表（A表）”（见表6－7）、“个人所得税扣缴申报表”（见表6－8）。

表 6－7

个人所得税基础信息表（A 表）

（适用于扣缴义务人填报）

扣缴义务人名称：

扣缴义务人纳税人识别号（统一社会信用代码）：□□□□□□□□□□□□□□□□□□□□

序号	纳税人基本信息（带＊必填）						任职受雇从业信息					联系方式					银行账户		投资信息		其他信息		华侨、港澳台、外籍个人信息（带＊必填）					备注
	纳税人识别号	＊纳税人姓名	＊身份证件类型	＊身份证件号码	＊出生日期	＊国籍/地区	类型	职务	学历	任职受雇从业日期	离职日期	手机号码	户籍所在地	经常居住地	联系地址	电子邮箱	开户银行	银行账号	投资额（元）	投资比例	是否残疾/孤老/烈属	残疾/烈属证号	＊出生地	＊性别	＊首次入境时间	＊预计离境时间	＊涉税事由	
1	2	3	4	5	6	7	8	9	10	11	12	13	14	15	16	17	18	19	20	21	22	23	24	25	26	27	28	29

谨声明：本表是根据国家税收法律法规及相关规定填报的，是真实的、可靠的、完整的。

扣缴义务人（签章）：　　　　年　月　日

经办人签字： 经办人身份证件号码： 代理机构签章： 代理机构统一社会信用代码：	受理人： 受理税务机关（章）： 受理日期：　　年　　月　　日

国家税务总局监制

“个人所得税基础信息表（A 表）”填表说明

一、适用范围

本表由扣缴义务人填报。适用于扣缴义务人办理全员全额扣缴申报时，填报其支付所得的纳税人的基础信息。

二、报送期限

扣缴义务人首次向纳税人支付所得，或者纳税人相关基础信息发生变化的，应当填写本表，并于次月扣缴申报时向税务机关报送。

三、本表各栏填写

本表带“*”项目分为必填和条件必填，其余项目为选填。

（一）表头项目

1. 扣缴义务人名称：填写扣缴义务人的法定名称全称。

2. 扣缴义务人纳税人识别号（统一社会信用代码）：填写扣缴义务人的纳税人识别号或者统一社会信用代码。

（二）表内各栏

1. 第 2 ~7 列“纳税人基本信息”：填写纳税人姓名、证件等基本信息。

（1）第 2 列“纳税人识别号”：有中国公民身份号码的，填写中华人民共和国居民身份证上载明的“公民身份号码”；没有中国公民身份号码的，填写税务机关赋予的纳税人识别号。

（2）第 3 列“纳税人姓名”：填写纳税人姓名。外籍个人英文姓名按照“先姓（Surname）后名（Given Name）”的顺序填写，确实无法区分姓和名的，按照证件上的姓名顺序填写。

（3）第 4 列“身份证件类型”：根据纳税人实际情况填写。

①有中国公民身份号码的，应当填写“中华人民共和国居民身份证”（简称“居民身份证”）。

②华侨应当填写“中华人民共和国护照”（简称“中国护照”）。

③港澳居民可选择填写“港澳居民来往内地通行证”（简称“港澳居民通行证”）或者“中华人民共和国港澳居民居住证”（简称“港澳居民居住证”）；台湾居民可选择填写“台湾居民来往大陆通行证”（简称“台湾居民通行证”）或者“中华人民共和国台湾居民居住证”（简称“台湾居民居住证”）。

④外籍人员可选择填写“中华人民共和国外国人永久居留身份证”（简称“外国人永久居留证”）、“中华人民共和国外国人工作许可证”（简称“外国人工作许可证”）或者“外国护照”。

⑤其他符合规定的情形填写“其他证件”。

身份证件类型选择“港澳居民居住证”的，应当同时填写“港澳居民通行证”；身份证件类型选择“台湾居民居住证”的，应当同时填写“台湾居民通行证”；身份证件类型选择“外国人永久居留证”或者“外国人工作许可证”的，应当同时填写“外国护照”。

（4）第5~6列“身份证件号码”“出生日期”：根据纳税人身份证件上的信息填写。

（5）第7列“国籍/地区”：填写纳税人所属的国籍或者地区。

2. 第8~12列“任职受雇从业信息”：填写纳税人与扣缴义务人之间的任职受雇从业信息。

（1）第8列“类型”：根据实际情况填写“雇员”“保险营销员”“证券经纪人”或者“其他”。

（2）第9~12列“职务”“学历”“任职受雇从业日期”“离职日期”：其中，当第9列“类型”选择“雇员”“保险营销员”或者“证券经纪人”时，填写纳税人与扣缴义务人建立或者解除相应劳动或者劳务关系的日期。

3. 第13~17列“联系方式”：

（1）第13列“手机号码”：填写纳税人境内有效手机号码。

（2）第14~16列“户籍所在地”“经常居住地”“联系地址”：填写纳税人境内有效户籍所在地、经常居住地或者联系地址，按以下格式填写（具体到门牌号）：______省（区、市）______市______区（县）______街道（乡、镇）______。

（3）第17列“电子邮箱”：填写有效的电子邮箱。

4. 第18~19列“银行账户”：填写个人境内有效银行账户信息，开户银行填写到银行总行。

5. 第20~21列“投资信息”：纳税人为扣缴单位的股东、投资者的，填写本栏。

6. 第22~23列“其他信息”：如纳税人有“残疾、孤老、烈属”情况的，填写本栏。

7. 第24~28列“华侨、港澳台、外籍个人信息”：纳税人为华侨、港澳台居民、外籍个人的填写本栏。

（1）第24列“出生地”：填写华侨、港澳台居民、外籍个人的出生地，具体到国家或者地区。

（2）第26~27列“首次入境时间”“预计离境时间”：填写华侨、港澳台居民、外籍个人首次入境和预计离境的时间，具体到年月日。预计离境时间发生变化的，应及时进行变更。

（3）第28列“涉税事由”：填写华侨、港澳台居民、外籍个人在境内涉税的具体事由，包括“任职受雇”“提供临时劳务”“转让财产”“从事投资和经营活动”“其他”。如有多项事由的，应同时填写。

四、其他事项说明

以纸质方式报送本表的，应当一式两份，扣缴义务人、税务机关各留存一份。

表 6－8

个人所得税扣缴申报表

税款所属期：　　年　月　日至　年　月　日

扣缴义务人名称：

扣缴义务人纳税人识别号（统一社会信用代码）：□□□□□□□□□□□□□□□□□□□□

金额单位：人民币元（列至角分）

序号	姓名	身份证件类型	身份证件号码	纳税人识别号	是否为非居民个人	所得项目	本月（次）情况														累计情况									减按计税比例	准予扣除的捐赠额	税款计算							备注
							收入额计算			减除费用	专项扣除				其他扣除						累计收入额	累计减除费用	累计专项扣除	累计专项附加扣除					累计其他扣除			应纳税所得额	税率／预扣率	速算扣除数	应纳税额	减免税额	已缴税额	应补／退税额	
							收入	费用	免税收入		基本养老保险费	基本医疗保险费	失业保险费	住房公积金	年金	商业健康保险	税延养老保险	财产原值	允许扣除的税费	其他				子女教育	赡养老人	住房贷款利息	住房租金	继续教育											
1	2	3	4	5	6	7	8	9	10	11	12	13	14	15	16	17	18	19	20	21	22	23	24	25	26	27	28	29	30	31	32	33	34	35	36	37	38	39	40
合计																																							

谨声明：本表是根据国家税收法律法规及相关规定填报的，是真实的、可靠的、完整的。

扣缴义务人（签章）：　　　　年　月　日

经办人签字： 经办人身份证件号码： 代理机构签章： 代理机构统一社会信用代码：	受理人： 受理税务机关（章）： 受理日期：　年　月　日

国家税务总局监制

“个人所得税扣缴申报表”表单说明

一、适用范围

本表适用于扣缴义务人向居民个人支付工资、薪金所得，劳务报酬所得，稿酬所得和特许权使用费所得的个人所得税全员全额预扣预缴申报；向非居民个人支付工资、薪金所得，劳务报酬所得，稿酬所得和特许权使用费所得的个人所得税全员全额扣缴申报；以及向纳税人（居民个人和非居民个人）支付利息、股息、红利所得，财产租赁所得，财产转让所得和偶然所得的个人所得税全员全额扣缴申报。

二、报送期限

扣缴义务人应当在每月或者每次预扣、代扣税款的次月 15 日内，将已扣税款缴入国库，并向税务机关报送本表。

三、本表各栏填写

（一）表头项目

1. 税款所属期：填写扣缴义务人预扣、代扣税款当月的第 1 日至最后 1 日。如 2019 年 3 月 20 日发放工资时代扣的税款，税款所属期填写“2019 年 3 月 1 日至 2019 年 3 月 31 日”。

2. 扣缴义务人名称：填写扣缴义务人的法定名称全称。

3. 扣缴义务人纳税人识别号（统一社会信用代码）：填写扣缴义务人的纳税人识别号或者统一社会信用代码。

（二）表内各栏

1. 第 2 列“姓名”：填写纳税人姓名。

2. 第 3 列“身份证件类型”：填写纳税人有效的身份证件名称。中国公民有中华人民共和国居民身份证的，填写居民身份证；没有居民身份证的，填写中华人民共和国护照、港澳居民来往内地通行证或者港澳居民居住证、台湾居民通行证或者台湾居民居住证、外国人永久居留身份证、外国人工作许可证或者护照等。

3. 第 4 列“身份证件号码”：填写纳税人有效身份证件上载明的证件号码。

4. 第 5 列“纳税人识别号”：有中国公民身份号码的，填写中华人民共和国居民身份证上载明的“公民身份号码”；没有中国公民身份号码的，填写税务机关赋予的纳税人识别号。

5. 第 6 列“是否为非居民个人”：纳税人为居民个人的填“否”。为非居民个人的，根据合同、任职期限、预期工作时间等不同情况，填写“是，且不超过 90 天”或者“是，且超过 90 天不超过 183 天”。不填默认为“否”。

其中，纳税人为非居民个人的，填写“是，且不超过 90 天”的，当年在境内实际居住超过 90 天的次月 15 日内，填写“是，且超过 90 天不超过 183 天”。

6. 第 7 列“所得项目”：填写纳税人取得的个人所得税法第二条规定的应税所得项目名称。同一纳税人取得多项或者多次所得的，应分行填写。

7. 第 8 ~ 21 列“本月（次）情况”：填写扣缴义务人当月（次）支付给纳税人的所得，以及按规定各所得项目当月（次）可扣除的减除费用、专项扣除、其他扣除等。其中，工资、薪金所得预扣预缴个人所得税时扣除的专项附加扣除，按照纳税年度内纳税人在该任职受雇单位截至当月可享受的各专项附加扣除项目的扣除总额，填写至“累计情况”中第 25 ~ 29 列相应栏，本月情况中则无须填写。

（1）“收入额计算”：包含“收入”“费用”“免税收入”。收入额 = 第 8 列 − 第 9 列 − 第 10 列。

①第 8 列“收入”：填写当月（次）扣缴义务人支付给纳税人所得的总额。

②第 9 列“费用”：取得劳务报酬所得、稿酬所得、特许权使用费所得时填写，取得其他各项所得时无须填写本列。居民个人取得上述所得，每次收入不超过 4 000 元的，费用填写“800”元；每次收入 4 000 元以上的，费用按收入的 20% 填写。

非居民个人取得劳务报酬所得、稿酬所得、特许权使用费所得，费用按收入的 20% 填写。

③第 10 列“免税收入”：填写纳税人各所得项目收入总额中，包含的税法规定的免税收入金额。其中，税法规定“稿酬所得的收入额减按 70% 计算”，对稿酬所得的收入额减计的 30% 部分，填入本列。

（2）第 11 列“减除费用”：按税法规定的减除费用标准填写。如，2019 年纳税人取得工资、薪金所得按月申报时，填写 5 000 元。纳税人取得财产租赁所得，每次收入不超过 4 000 元的，填写 800 元；每次收入 4 000 元以上的，按收入的 20% 填写。

（3）第 12 ~ 15 列“专项扣除”：分别填写按规定允许扣除的基本养老保险费、基本医疗保险费、失业保险费、住房公积金（以下简称“三险一金”）的金额。

（4）第 16 ~ 21 列“其他扣除”：分别填写按规定允许扣除的项目金额。

8. 第 22 ~ 30 列“累计情况”：本栏适用于居民个人取得工资、薪金所得，保险营销员、证券经纪人取得佣金收入等按规定采取累计预扣法预扣预缴税款时填报。

（1）第 22 列“累计收入额”：填写本纳税年度截至当前月份，扣缴义务人支付给纳税人的工资、薪金所得，或者支付给保险营销员、证券经纪人的劳务报酬所得的累计收入额。

（2）第 23 列“累计减除费用”：按照 5 000 元/月乘以纳税人当年在本单位的任职受雇或者从业的月份数计算。

（3）第 24 列“累计专项扣除”：填写本年度截至当前月份，按规定允许扣除的“三险一金”的累计金额。

（4）第 25 ~ 29 列“累计专项附加扣除”：分别填写截至当前月份，纳税人按规定可享受的子女教育、赡养老人、住房贷款利息或者住房租金、继续教育扣除的累计金额。大病医疗扣除由纳税人在年度汇算清缴时办理，此处无须填报。

(5) 第 30 列“累计其他扣除”：填写本年度截至当前月份，按规定允许扣除的年金(包括企业年金、职业年金)、商业健康保险、税延养老保险及其他扣除项目的累计金额。

9. 第 31 列“减按计税比例”：填写按规定实行应纳税所得额减计税收优惠的减计比例。无减计规定的，可不填，系统默认为 100%。如某项税收政策实行减按 60% 计入应纳税所得额，则本列填 60%。

10. 第 32 列“准予扣除的捐赠额”：是指按照税法及相关法规、政策规定，可以在税前扣除的捐赠额。

11. 第 33 ~ 39 列“税款计算”：填写扣缴义务人当月扣缴个人所得税款的计算情况。

(1) 第 33 列“应纳税所得额”：根据相关列次计算填报。

①居民个人取得工资、薪金所得，填写累计收入额减除累计减除费用、累计专项扣除、累计专项附加扣除、累计其他扣除后的余额。

②非居民个人取得工资、薪金所得，填写收入额减去减除费用后的余额。

③居民个人或者非居民个人取得劳务报酬所得、稿酬所得、特许权使用费所得，填写本月（次）收入额减除其他扣除后的余额。

保险营销员、证券经纪人取得的佣金收入，填写累计收入额减除累计减除费用、累计其他扣除后的余额。

④居民个人或者非居民个人取得利息、股息、红利所得和偶然所得，填写本月(次)收入额。

⑤居民个人或者非居民个人取得财产租赁所得，填写本月（次）收入额减去减除费用、其他扣除后的余额。

⑥居民个人或者非居民个人取得财产转让所得，填写本月（次）收入额减除财产原值、允许扣除的税费后的余额。

其中，适用“减按计税比例”的所得项目，其应纳税所得额按上述方法计算后乘以减按计税比例的金额填报。

按照税法及相关法规、政策规定，可以在税前扣除的捐赠额，可以按上述方法计算后从应纳税所得额中扣除。

(2) 第 34 ~ 35 列“税率 / 预扣率”“速算扣除数”：填写各所得项目按规定适用的税率（或预扣率）和速算扣除数。没有速算扣除数的，则不填。

(3) 第 36 列“应纳税额”：根据相关列次计算填报。第 36 列 = 第 33 列 × 第 34 列 − 第 35 列。

(4) 第 37 列“减免税额”：填写符合税法规定可减免的税额，并附报“个人所得税减免税事项报告表”。居民个人工资、薪金所得，以及保险营销员、证券经纪人取得佣金收入，填写本年度累计减免税额；居民个人取得工资、薪金以外的所得或非居民个人取得各项所得，填写本月（次）减免税额。

（5）第 38 列“已缴税额”：填写本年或本月（次）纳税人同一所得项目，已由扣缴义务人实际扣缴的税款金额。

（6）第 39 列“应补／退税额”：根据相关列次计算填报。第 39 列 ＝ 第 36 列 － 第 37 列 － 第 38 列。

四、其他事项说明

以纸质方式报送本表的，应当一式两份，扣缴义务人、税务机关各留存一份。

二、自行申报纳税

自行申报是由纳税人自行在规定的纳税期限内，向税务机关申报取得的应税所得项目和数额，如实填写“个人所得税年度自行纳税申报表（A 表）”（见表 6－9）并按照税法的规定计算应纳税额，据此缴纳个人所得税的一种方式。

表 6－9　　个人所得税年度自行纳税申报表（A 表）

（仅取得境内综合所得年度汇算适用）

税款所属期：　　年　　月　　日至　　年　　月　　日
纳税人姓名：
纳税人识别号：□□□□□□□□□□□□□□□□□□□□□□□□□－□□　金额单位：人民币元（列至角分）

<table>
<tr><td colspan="6">基本情况</td></tr>
<tr><td>手机号码</td><td></td><td>电子邮箱</td><td></td><td>邮政编码</td><td>□□□□□□</td></tr>
<tr><td>联系地址</td><td colspan="5">______省（区、市）______市______区（县）______街道（乡、镇）__________</td></tr>
<tr><td colspan="6">纳税地点（单选）</td></tr>
<tr><td colspan="3">1. 有任职受雇单位的，需选本项并填写“任职受雇单位信息”：</td><td colspan="3">□任职受雇单位所在地</td></tr>
<tr><td rowspan="2">任职受雇单位信息</td><td>名称</td><td colspan="4"></td></tr>
<tr><td>纳税人识别号</td><td colspan="4">□□□□□□□□□□□□□□□□□□□□□□□□□</td></tr>
<tr><td colspan="3">2. 没有任职受雇单位的，可以从本栏次选择一地：</td><td colspan="3">□户籍所在地　□经常居住地</td></tr>
<tr><td colspan="2">户籍所在地/经常居住地</td><td colspan="4">______省（区、市）______市______区（县）______街道（乡、镇）__________</td></tr>
<tr><td colspan="6">申报类型（单选）</td></tr>
<tr><td colspan="6">□首次申报　　　□更正申报</td></tr>
</table>

续　表

综合所得个人所得税计算		
项目	行次	金额
一、收入合计（第 1 行 = 第 2 行 + 第 3 行 + 第 4 行 + 第 5 行）	1	
（一）工资、薪金	2	
（二）劳务报酬	3	
（三）稿酬	4	
（四）特许权使用费	5	
二、费用合计［第 6 行 =（第 3 行 + 第 4 行 + 第 5 行）×20%］	6	
三、免税收入合计（第 7 行 = 第 8 行 + 第 9 行）	7	
（一）稿酬所得免税部分［第 8 行 = 第 4 行 ×（1 − 20%）×30%］	8	
（二）其他免税收入（附报“个人所得税减免税事项报告表”）	9	
四、减除费用	10	
五、专项扣除合计（第 11 行 = 第 12 行 + 第 13 行 + 第 14 行 + 第 15 行）	11	
（一）基本养老保险费	12	
（二）基本医疗保险费	13	
（三）失业保险费	14	
（四）住房公积金	15	
六、专项附加扣除合计（附报“个人所得税专项附加扣除信息表”）（第 16 行 = 第 17 行 + 第 18 行 + 第 19 行 + 第 20 行 + 第 21 行 + 第 22 行）	16	
（一）子女教育	17	
（二）继续教育	18	
（三）大病医疗	19	
（四）住房贷款利息	20	
（五）住房租金	21	
（六）赡养老人	22	
七、其他扣除合计（第 23 行 = 第 24 行 + 第 25 行 + 第 26 行 + 第 27 行 + 第 28 行）	23	
（一）年金	24	
（二）商业健康保险（附报“商业健康保险税前扣除情况明细表”）	25	
（三）税延养老保险（附报“个人税收递延型商业养老保险税前扣除情况明细表”）	26	
（四）允许扣除的税费	27	

续　表

综合所得个人所得税计算		
项目	行次	金额
（五）其他	28	
八、准予扣除的捐赠额（附报“个人所得税公益慈善事业捐赠扣除明细表”）	29	
九、应纳税所得额 （第30行=第1行-第6行-第7行-第10行-第11行-第16行-第23行-第29行）	30	
十、税率（%）	31	
十一、速算扣除数	32	
十二、应纳税额（第33行=第30行×第31行-第32行）	33	
全年一次性奖金个人所得税计算 （无住所居民个人预判为非居民个人取得的数月奖金，选择按全年一次性奖金计税的填写本部分）		
一、全年一次性奖金收入	34	
二、准予扣除的捐赠额（附报“个人所得税公益慈善事业捐赠扣除明细表”）	35	
三、税率（%）	36	
四、速算扣除数	37	
五、应纳税额［第38行=（第34行-第35行）×第36行-第37行］	38	
税额调整		
一、综合所得收入调整额（需在“备注”栏说明调整具体原因、计算方式等）	39	
二、应纳税额调整额	40	
应补/退个人所得税计算		
一、应纳税额合计（第41行=第33行+第38行+第40行）	41	
二、减免税额（附报“个人所得税减免税事项报告表”）	42	
三、已缴税额	43	
四、应补/退税额（第44行=第41行-第42行-第43行）	44	
无住所个人附报信息		
纳税年度内在中国境内居住天数		已在中国境内居住年数
退税申请 （应补/退税额小于0的填写本部分）		
□ 申请退税（需填写“开户银行名称”“开户银行省份”“银行账号”）□ 放弃退税		

续 表

<table>
<tr><td>开户银行名称</td><td></td><td>开户银行省份</td><td></td></tr>
<tr><td>银行账号</td><td colspan="3"></td></tr>
<tr><td colspan="4">备注</td></tr>
<tr><td colspan="4"></td></tr>
<tr><td colspan="4">谨声明：本表是根据国家税收法律法规及相关规定填报的，本人对填报内容（附带资料）的真实性、可靠性、完整性负责。

纳税人签字：　　年　　月　　日</td></tr>
<tr><td colspan="2">经办人签字：
经办人身份证件类型：
经办人身份证件号码：
代理机构签章：
代理机构统一社会信用代码：</td><td colspan="2">受理人：

受理税务机关（章）：

受理日期：　　年　　月　　日</td></tr>
</table>

国家税务总局监制

（一）申报纳税的所得项目

有下列情形之一的，纳税人应自行申报纳税。

（1）取得综合所得需要办理汇算清缴。

（2）取得应纳税所得没有扣缴义务人。

（3）取得应纳税所得，扣缴义务人未扣缴税款。

（4）从我国境外取得所得。

（5）因移居境外注销中国户籍。

（6）非居民个人在中国境内从两处以上取得工资、薪金所得。

（7）国务院规定的其他情形。

（二）申报纳税期限

（1）居民个人取得综合所得，按年计算个人所得税；有扣缴义务人的，由扣缴义务人按月或者按次预扣预缴税款；需要办理汇算清缴的，应当在取得所得的次年 3 月 1 日至 6 月 30 日内办理汇算清缴。

（2）纳税人取得经营所得，按年计算个人所得税，由纳税人在月度或季度终了后 15 日内，向税务机关报送纳税申报表，并预缴税款；在取得所得的次年 3 月 31 日前办理汇算清缴。

（3）纳税人取得应税所得没有扣缴义务人的，应当在取得所得的次月 15 日内向税务机关报送纳税申报表，并缴纳税款。

（4）纳税人取得应税所得，扣缴义务人未扣缴税款的，纳税人应当在取得所得的次年 6 月 30 日前，缴纳税款；税务机关通知限期缴纳的，纳税人应当按照期限缴纳税款。

（5）居民个人从中国境外取得所得的，应当在取得所得的次年 3 月 1 日至 6 月 30 日内，申报纳税。

（6）纳税人因移居境外注销中国户籍的，应当在申请注销中国户籍前办理税款清算。

（7）非居民个人在中国境内从两处以上取得工资、薪金所得的，应当在取得所得的次月 15 日内申报纳税。

（三）申报纳税地点

申报纳税地点一般为收入来源地的税务机关。纳税人在两处或两处以上取得工资、薪金所得的，可选择并固定在一地税务机关申报纳税；从境外取得所得的，应向境内户籍所在地或经常居住地税务机关申报纳税。

（四）纳税申报方式

纳税人可以采用远程办税端、邮寄等方式申报，也可以直接到主管税务机关申报。

项目七　其他税种纳税实务

学习任务

熟悉城市维护建设税、教育费附加、资源税、土地增值税、土地使用税、房产税、契税、印花税及车船税等税种的基本法规；掌握各税种应纳税额的计算、会计处理及纳税申报操作。

任务导入

某市一国有企业2019年共申报缴纳增值税24万元、消费税20万元，经税务机关检查发现，企业隐匿消费品销售收入100万元，为此，税务机关责令除追缴少缴纳的税收之外，加收滞纳金1万元和罚款2万元。假设该消费品的消费税率为10%。请问：该企业应该缴纳的城市维护建设税和教育费附加应该是多少？

任务一　城市维护建设税及教育费附加纳税实务

一、城市维护建设税及教育费附加概述

（一）城市维护建设税

1. 城市维护建设税的概念

城市维护建设税（简称城建税），是对从事经营活动，缴纳增值税、消费税的单位和个人征收的一种税。它属于特定目的税，是国家为加强城市的维护建设，扩大和稳定城市维护建设资金的来源而采取的一项税收措施。

2. 城市维护建设税的纳税人

城市维护建设税的纳税人，指负有缴纳增值税、消费税（以下简称“两税”）义务的单位和个人。包括国有企业、集体企业、私营企业、股份制企业、其他企业和行政事业单位、军事单位、社会团体、其他单位，以及个体工商户及其他

个人。

城市维护建设税的代扣代缴、代收代缴，一律比照增值税、消费税的有关规定办理。增值税、消费税的代扣代缴、代收代缴义务人同时也是城市维护建设税的代扣代缴、代收代缴义务人。

3. 城市维护建设税的税率

城市维护建设税按照纳税人所在地的不同，分别设置了三档地区差别比例税率。

（1）纳税人所在地为市区的，税率为7%。

（2）纳税人所在地为县城、建制镇的，税率为5%。

（3）纳税人所在地不在市区、县城或建制镇的，税率为1%；开采海洋石油资源的中外合作油（气）田所在地在海上，其城市维护建设税适用1%的税率。

城市维护建设税的适用税率，一般规定按纳税人所在地的适用税率执行。但对下列两种情况，可按缴纳“两税”所在地的规定税率就地缴纳城市维护建设税。

（1）由受托方代扣代缴、代收代缴“两税”的单位和个人，其代扣代缴、代收代缴的城市维护建设税按受托方所在地适用税率执行。

（2）流动经营等无固定纳税地点的单位和个人，在经营地缴纳“两税”，其城市维护建设税的缴纳按经营地适用税率执行。

4. 城市维护建设税的税收优惠

城市维护建设税原则上不单独减免，但因城市维护建设税又具有附加税性质，当主税发生减免时，城市维护建设税相应发生税收减免。城市维护建设税的税收减免具体有以下几种情况。

（1）城市维护建设税按减免后实际缴纳的“两税”税额计征，即随“两税”的减免而减免。

（2）对于因减免税而需进行“两税”退库的，城市维护建设税也可同时退库。

（3）海关对进口产品代征的增值税、消费税，不征收城市维护建设税。

（4）对“两税”实行先征后返、先征后退、即征即退办法的，除另有规定外，对随“两税”附征的城市维护建设税和教育费附加，一律不予退（返）还。

（5）对国家重大水利工程建设基金免征城市维护建设税。

（二）教育费附加和地方教育费附加

1. 教育费附加的概念

教育费附加和地方教育费附加是对缴纳增值税、消费税的单位和个人，以其实际缴纳的增值税、消费税款额为计税依据征收的一种附加费。教育费附加是为加快地方教育事业，扩大地方教育经费的资金而征收的一项专用基金。

2. 教育费附加的纳税人

教育费附加的纳税人和城市维护建设税的纳税人是一致的。

3. 教育费附加计征率

现行教育费附加计征比率为3%，地方教育费附加，各地税率不同，一般为1% ~2%。

4. 教育费附加的税收优惠

（1）对海关征收的进口产品的增值税、消费税，不征收教育费附加。

（2）对由于减免增值税、消费税而发生的退税，可同时退还已征收的教育费附加。但对出口产品退还增值税、消费税的，不退还已征的教育费附加。

（3）对国家重大水利工程建设基金免征教育费附加。

（4）按月纳税的月销售额或营业额不超过10万元（按季度纳税的季度销售额或营业额不超过30万元）的缴纳义务人，免征教育费附加、地方教育附加。

二、城市维护建设税及教育费附加应纳税额的计算

（一）城市维护建设税的计算

1. 城市维护建设税的计税依据

城市维护建设税和教育费附加的计税依据为纳税人实际缴纳的“两税”税额。纳税人违反“两税”有关税法规定而被加收的滞纳金和罚款，不作为城市维护建设税的计税依据。但纳税人在被查补“两税”和被处以罚款时，应同时对其偷漏的城市维护建设税进行补税、征收滞纳金和罚款。

2. 城市维护建设税应纳税额的计算

城市维护建设税应纳税额的计算公式如下：

应纳城市维护建设税 = 纳税人实际缴纳的增值税、消费税税额之和 × 适用税率

（二）教育费附加额的计算

教育费附加应纳额的计算公式如下：

应纳教育费附加 = 纳税人实际缴纳的增值税、消费税税额之和 × 教育费附加率

【例7－1】某股份公司位于市区，2019年6月缴纳增值税50万元、消费税24万元。要求：计算该企业应纳的城市维护建设税、教育费附加和地方教育费附加。假如地方教育费附加的税率为2%。

应纳城市维护建设税 = （50 + 24）× 7% = 5.18（万元）

应纳教育费附加 = （50 + 24）× 3% = 2.22（万元）

应纳地方教育费附加 = （50 + 24）× 2% = 1.48（万元）

三、城市维护建设税及教育费附加的会计核算

纳税人按规定计算出需要缴纳的城市维护建设税及教育费附加，借记“税金及附加”“固定资产清理”等科目，贷记“应交税费——应交城市维护建设税”“应交税费——应交教育费附加”科目；实际缴纳税款时，借记“应交税费——应交城市维护建设税”“应交税费——应交教育费附加”科目，贷记“银行存款”等科目。

【例7－2】某公司2019年10月应交增值税80 000元，应交消费税20 000元，按7%税率计算应交城市维护建设税，按3%税率计算应交教育费附加，按2%税率计算地方教育费附加。有关会计处理如下所示。

应交城市维护建设税＝（80 000＋20 000）×7%＝7 000（元）

应交教育费附加＝（80 000＋20 000）×（3%＋2%）＝5 000（元）

借：税金及附加　12 000

　贷：应交税费——应交城市维护建设税　7 000

　　　应交税费——应交教育费附加　5 000

实际缴纳税款时：

借：应交税费——应交城市维护建设税　7 000

　　应交税费——应交教育费附加　5 000

　贷：银行存款　12 000

四、城市维护建设税及教育费附加的申报缴纳

（一）纳税期限

城市维护建设税的纳税期限分别与“两税”的纳税期限一致。不能按照固定期限纳税的，可以按次纳税。

（二）纳税环节

纳税人只要发生“两税”的纳税义务，就要在同样的环节，分别计算缴纳城市维护建设税和教育费附加。

（三）纳税地点

（1）城市维护建设税和教育费附加纳税人缴纳“两税”的地点就是该纳税人缴纳城市维护建设税和教育费附加的地点。

（2）代扣代缴、代收代缴“两税”的单位和个人，同时也要代扣代缴、代收代缴城市维护建设税和教育费附加，其城市维护建设税和教育费附加的纳税地点在代扣代

收地。

(3) 对流动经营等无固定纳税地点的单位和个人，应随同“两税”在经营地按适用税率缴纳城市维护建设税和教育费附加。

(4) 纳税人跨地区提供建筑服务、销售和出租不动产的，应在建筑服务发生地、不动产所在地预缴增值税时，以预缴增值税税额为计税依据，并按预缴增值税所在地的城市维护建设税适用税率和教育费附加征收率就地计算缴纳城市维护建设税和教育费附加。

(5) 跨省开采的油田，在油井所在地缴纳增值税，同时一并缴纳城市维护建设税和教育费附加。

(四) 纳税申报

城市维护建设税和教育费附加的纳税人，在申报缴纳增值税、消费税时，应同时申报缴纳城市维护建设税和教育费附加，并填报“城市维护建设税教育费附加地方教育附加申报表”。

任务二　资源税纳税实务

一、资源税概述

(一) 资源税的概念

资源税是对在我国境内开采应税矿产品及生产盐的单位和个人征收的一种税。

(二) 资源税的纳税人

在中华人民共和国领域及管辖海域开采应税矿产品或者生产盐的单位和个人，为资源税的纳税人。

收购未税矿产品的单位为资源税的扣缴义务人。规定扣缴义务人主要是针对那些税源小，零散、不定期开采，税务机关难以控制，容易发生漏税的情况。收购未税矿产品的单位具体包括独立矿山、联合企业和其他单位。

独立矿山、联合企业收购未税矿产品的单位，按照本单位应税产品税额、税率标准，依据收购数量代扣代缴资源税；其他收购单位收购的未税矿产品，按税务机关核定的应税产品税额、税率标准，依据收购数量代扣代缴资源税。

（三）资源税的征税范围

资源税的征税范围主要包括原油、天然气、煤炭等5大类，在5个税目下又设若干个子目。

（1）原油，指开采的天然原油，不包括人造石油。

（2）天然气，指专门开采或与原油同时开采的天然气，暂不包括煤矿生产的天然气。

（3）煤炭，包括原煤和以未税原煤加工的洗选煤。

（4）金属矿，包含铁矿、金矿、铜矿、铝土矿、铅锌矿、镍矿、锡矿、钨、钼、未列举名称的其他金属矿产品原矿或精矿。

（5）其他非金属矿，包含石墨、硅藻土、高岭土、萤石、石灰石、硫铁矿、磷矿、氯化钾、硫酸钾、井矿盐、湖盐、提取地下卤水晒制的盐、煤层（成）气、海盐、稀土、未列举名称的其他非金属矿产品。

纳税人在开采主矿产品的过程中伴采的其他应税矿产品，凡未单独规定适用税额的，一律按主矿产品或视同主矿产品税目征收资源税。

（四）资源税的税率

资源税采用从价定率或从量定额征收，因此，税率形式有比例税率和定额税率两种。对税法未列举名称的其他非金属矿产品，按照从价计征为主、从量计征为辅的原则，由省级人民政府确定计征方式。资源税税目税率（额）具体如表7－1所示。

表7－1　　资源税税目税率（额）表（2020年9月1日起施行）

税目		征税对象	税率幅度
能源矿产	原油	原矿	6%
	天然气、页岩气、天然气水合物	原矿	6%
	煤	原矿或选矿	2%～10%
	煤成（层）气	原矿	1%～2%
	铀、钍	原矿	4%
	油页岩、油砂、天然沥青、石煤	原矿或选矿	1%～4%
	地热	原矿	1%～20%或者 每立方米1～30元

续 表

税目			征税对象	税率幅度
金属矿产	黑色金属	铁、锰、铬、钒、钛	原矿或选矿	1%~9%
	有色金属	铜、铅、锌、锡、镍、锑、镁、钴、铋、汞	原矿或选矿	2%~10%
		铝土矿	原矿或选矿	2%~9%
		钨	选矿	6.5%
		钼	选矿	8%
		金、银	原矿或选矿	2%~6%
		铂、钯、钌、锇、铱、铑	原矿或选矿	5%~10%
		轻稀土	选矿	7%~12%
		中重稀土	选矿	20%
		铍、锂、锆、锶、铷、铌、铯、铟、铊硒、碲等17种	原矿或选矿	2%~10%

纳税人开采或者生产不同税目应税产品的，应当分别核算不同税目产品的销售额或者销售数量；未分别核算或者不能准确提供不同税目应税产品的销售额或者销售数量的，从高适用税率。

（五）资源税的税收优惠

1. 原油、天然气优惠政策

（1）开采原油过程中用于加热、修井的原油，免税。

（2）油田范围内运输稠油过程中用于加热的原油、天然气，免征资源税。

（3）稠油、高凝油和高含硫天然气资源税减征40%。

（4）三次采油资源税减征30%。

（5）对低丰度油气田资源税暂减征20%。

（6）对深水油气田资源税减征30%。

2. 矿产资源优惠政策

（1）铁矿石资源税减按40%征收资源税。

（2）对鼓励利用的低品位矿、废石、尾矿、废渣、废水、废气等提取的矿产品。由省级人民政府根据实际情况确定是否减税或免税，并制定具体办法。

（3）从2007年1月1日起，对地面抽采煤层气暂不征资源税。煤层气是指赋存于煤层及其围岩中与煤炭资源伴生的非常规天然气。

（4）对实际开采年限在 15 年以上的衰竭期矿山开采的矿产资源，资源税减征 30%。

（5）对依法在建筑物下、铁路下、水体下通过充填开采方式采出的矿产资源，资源税减征 50%。

（6）纳税人开采销售共伴生矿，共伴生矿与主矿产品销售分开核算的，对共伴生矿暂不计征资源税；没有分开核算的，共伴生矿按主矿产品的税目和适用税率计征资源税。财政部、国家税务总局另有规定的，从其规定。

3. 其他减税、免税项目

纳税人开采或者生产应税产品过程中，因意外事故或者自然灾害等原因遭受重大损失的，由省、自治区、直辖市人民政府酌情决定减税或者免税。

二、资源税应纳税额的计算

（一）计税依据

1. 从价定率征收的计税依据

（1）销售额的确定。

计税销售额指纳税人销售应税产品向购买方收取的全部价款和价外费用，不包括增值税销项税额。

同时符合以下条件的运杂费用，纳税人在计算应税产品应税销售额时，可予以扣减。

①包含在应税产品销售收入中。

②属于纳税人销售应税产品环节发生的运杂费用，具体指运送应税产品从坑口或者洗选（加工）地到车站、码头或者购买方指定地点的运杂费用。

③取得相关运杂费用发票或者其他合法有效凭据。

④将运杂费用与计税销售额分别进行核算。

纳税人扣减的运杂费用明显偏高导致应税产品价格偏低且无正当理由的，主管税务机关可以合理调整计税价格。

（2）原矿销售额与精矿销售额的换算或折算。

①对同一种应税产品，征税对象为精矿的，纳税人销售原矿时，应将原矿销售额换算为精矿销售额缴纳资源税；征税对象为原矿的，纳税人销售自采原矿加工的精矿，应将精矿销售额折算为原矿销售额缴纳资源税。

②金矿以标准金锭为征税对象，纳税人销售金原矿、金精矿的，应比照上述规定将其销售额换算为金锭销售额缴纳资源税。

（3）视同销售的情形。

①纳税人以自采原矿直接加工为非应税产品的，视同原矿销售。

②纳税人以自采原矿洗选（加工）后的精矿连续生产非应税产品的，视同精矿销售。

③以应税产品投资、分配、抵债、赠与、以物易物等，视同应税产品销售。

（4）特殊情形下销售额的确定。

①纳税人开采应税矿产品由其关联单位对外销售的，按其关联单位的销售额征收资源税。

②纳税人既对外销售应税产品，又将应税产品自用于除连续生产应税产品以外的其他方面的，则自用的这部分应税产品按纳税人对外销售应税产品的平均价格计算销售额征收资源税。

③纳税人将其开采的应税产品直接出口的，按其不含增值税的离岸价格计算销售额征收资源税。

④纳税人申报的应税产品销售额明显偏低且无正当理由的，或有视同销售应税产品行为而无销售价格的，除另有规定外，按下列顺序确定销售额。

a. 按纳税人最近时期同类产品的平均销售价格确定。

b. 按其他纳税人最近时期同类产品的平均销售价格确定。

c. 组成计税价格 = 成本 ×（1 + 成本利润率）÷（1 －税率）。

公式中的成本是指应税产品的实际生产成本。公式中的成本利润率由省、自治区、直辖市税务机关确定。

⑤已税产品的税务处理。

a. 纳税人用已纳资源税的应税产品进一步加工应税产品销售的，不再缴纳资源税。

b. 纳税人以未税产品和已税产品混合销售或者混合加工为应税产品销售的，应当准确核算已税产品的购进金额，在计算加工后的应税产品销售额时，准予扣减已税产品的购进金额；未分别核算的，一并计算缴纳资源税。

⑥纳税人与其关联企业之间的业务往来，应当按照独立企业之间的业务往来收取或者支付价款、费用。不按照独立企业之间的业务往来收取或者支付价款、费用，而减少其计税销售额的，税务机关可以按照《税收征管法》及其实施细则的有关规定进行合理调整。

2. 从量定额征收的计税依据

（1）销售数量，包括纳税人开采或者生产应税产品的实际销售数量和视同销售的自用数量。

（2）纳税人不能准确提供应税产品销售数量，以应税产品的产量或主管税务机关确定的折算比换算成的数量为计征资源税的销售数量。

（3）纳税人开采或者生产应税产品自用于连续生产应税产品的，不缴纳资源税；自用于其他方面的，视同销售，依法缴纳资源税。

（4）纳税人自产自用应税产品（指用于非生产项目和生产非应税产品），因无法准确提供移送使用量而采取折算比换算课税数量办法的，按以下办法处理。

①对于煤炭连续加工前无法正确计算原煤移送使用量的，可按加工产品的综合回

收率，将加工产品实际销量和自用量折算成原煤数量作为课税数量。

②对金属和非金属矿产品原矿，因无法准确掌握纳税人移送使用原矿数量的，可将其精矿按选矿比折算成原矿数量作为课税数量。

（5）纳税人以自产的液体盐加工固体盐，按固体盐税额征税，以加工的固体盐数量为课税数量。纳税人以外购的液体盐加工成固体盐，其加工固体盐所耗用液体盐的已纳税额准予抵扣。

（二）应纳税额的计算

1. 从价定率征收

实行从价定率方式征收资源税的，根据应税产品的销售额和规定的适用税率计算应纳税额，具体计算公式如下：

应纳税额 = 销售额 × 适用税率

【例 7-3】某油田 2019 年 3 月销售原油 20 000 吨，取得不含税的销售收入10 000 万元，按“资源税税目税率（额）表”的规定，其适用的税率为 8%。要求：计算该油田 3 月应缴纳的资源税。

销售原油应纳税额 = 10 000 × 8% = 800（万元）

2. 从量定额征收

实行从量定额征收资源税的，根据应税产品的课税数量和规定的单位税额计算应纳税额，具体计算公式如下：

应纳税额 = 课税数量 × 单位税额

【例 7-4】某砂石开采企业 2019 年 3 月销售砂石 3 000 立方米，资源税税率为 2 元/立方米。要求：计算该企业应纳资源税税额。

销售砂石应纳税额 = 3 000 × 2 = 6 000（元）

三、资源税的会计核算

（一）企业销售应税产品应纳资源税的会计处理

企业计算出销售应税产品应缴纳的资源税时，借记“税金及附加”科目，贷记“应交税费——应交资源税”，企业缴纳资源税时，借记“应交税费——应交资源税”，贷记“银行存款”科目。

（二）企业自产自用应税产品应纳资源税的会计处理

企业计算出自产自用应税产品应缴纳的资源税时，借记“生产成本”或“制造费用”科目，贷记“应交税费——应交资源税”；企业缴纳资源税时，借记“应交税费——应交资源税”，贷记“银行存款”科目。

【例7-5】某企业将自产的煤炭50 000元用于产品生产，资源税税率为10%。根据这项经济业务，企业会计处理如下所示。

自产自用煤炭应缴资源税=50 000×10%=5 000（元）

借：生产成本　　5 000

　贷：应交税费——应交资源税　　5 000

实际缴纳税款时：

借：应交税费——应交资源税　　5 000

　贷：银行存款　　5 000

（三）企业收购未税矿产品应纳资源税的会计处理

企业收购未税矿产品代扣代缴资源税时，作为收购矿产品的成本，借记“原材料”科目，贷记“应交税费——应交资源税”；企业缴纳资源税时，借记“应交税费——应交资源税”，贷记“银行存款”科目。

四、资源税的申报缴纳

（一）纳税义务发生时间

（1）纳税人销售应税产品，其纳税义务发生时间如下。

①纳税人采取分期收款结算方式的，其纳税义务发生时间为销售合同规定的收款日期的当天。

②纳税人采取预收货款结算方式的，其纳税义务发生时间为发出应税产品的当天。

③纳税人采取其他结算方式的，其纳税义务发生时间为收讫销售款或者取得索取销售款凭证的当天。

（2）纳税人自产自用应税产品的纳税义务发生时间为移送使用应税产品的当天。

（3）扣缴义务人代扣代缴税款的纳税义务发生时间为支付首笔货款或开具应支付货款凭据的当天。

（二）纳税期限

资源税的纳税期限为1日、3日、5日、10日、15日或者1个月，纳税人的纳税期限由主管税务机关根据实际情况具体核定。不能按固定期限纳税的，可以按次计算纳税。

纳税人以1个月为一期纳税的，自期满之日起10日内申报纳税，以1日、3日、5日、10日、15日为一期纳税的，自期满之日起5日内预缴税款，于次月1日起10日内申报纳税并结清上月税款。

（三）纳税环节

（1）资源税在应税产品的销售或自用环节计算缴纳。纳税人以自采原矿加工精矿产品的，在原矿移送使用时不缴纳资源税，在精矿销售或自用时缴纳资源税。

（2）纳税人以自采原矿直接加工为非应税产品或者以自采原矿加工的精矿连续生产非应税产品的，在原矿或者精矿移送环节计算缴纳资源税。

（3）以应税产品投资、分配、抵债、赠与、以物易物等，在应税产品所有权转移时计算缴纳资源税。

（4）纳税人以自采原矿加工金锭的，在金锭销售或自用时缴纳资源税。

（5）纳税人销售自采原矿或者自采原矿加工的金精矿、粗金，在原矿或者金精矿、粗金销售时缴纳资源税，在移送使用时不缴纳资源税。

（四）纳税地点

（1）纳税人应向矿产品的开采地或盐的生产地缴纳资源税。

（2）纳税人在本省、自治区、直辖市范围开采或生产应税产品，其纳税地点需要调整的，由省级税务机关决定。

（3）纳税人跨省开采资源税应税产品，其下属生产单位与核算单位不在同一省、自治区、直辖市的，对其开采或者生产的应税产品，一律在开采地或者生产地纳税。实行从量计征的应税产品，其应纳税款一律由独立核算的单位按照每个开采地或者生产地的销售量及适用税率计算划拨；实行从价计征的应税产品，其应纳税额一律由独立核算的单位按照每个开采地或者生产地的销售数量、单位销售价格及适用税率计算划拨。

（4）扣缴义务人代扣代缴的资源税，应当向收购地税务机关缴纳。

（五）纳税申报

资源税纳税人应按有关规定及时办理纳税申报，并如实填写“资源税纳税申报表”。

任务三　土地增值税纳税实务

一、土地增值税概述

（一）土地增值税的概念

土地增值税是对有偿转让国有土地使用权及地上建筑物和其附着物产权并取得增值性收入的单位和个人征收的一种税。征收土地增值税增强了政府对房地产开发和交易市场的调控，有利于抑制炒买炒卖土地获取暴利的行为，也增加了国家财政收入。

（二）土地增值税的纳税人

土地增值税的纳税人是转让国有土地使用权、地上建筑物及其附着物并取得收入的单位和个人。

（三）土地增值税的征税范围

1. 征税范围的一般规定

（1）转让国有土地使用权。

国有土地使用权的转让是指土地使用者通过国有土地使用权出让等形式取得土地使用权后，将土地使用权再转让的行为，它属于土地买卖的二级市场，在此需要明确两个问题。

①该征税范围不包括集体所有土地。根据国家的有关规定，农村集体所有的土地，不得自行转让。对于违法将集体土地转让给其他单位和个人的情况，应在有关部门处理、补办土地征用或出让手续变为国家所有之后，再纳入土地增值税的征税范围。

②该征税范围不包括国有土地使用权的出让。国有土地使用权的出让指国家以土地所有者的身份，将土地使用权在一定年限内让与土地使用者，并由土地使用者向国家支付土地使用权出让金的行为。

（2）地上建筑物及其附着物连同国有土地使用权一并转让。

这里所说的地上建筑物，指建于土地上的一切建筑物，包括地上地下的各种附属设施。这里所说的附着物，指附着于土地上的不能移动或一经移动即遭损坏的物品。

（3）存量房地产的买卖。

存量房地产指已经建成并已投入使用的房地产，其房屋所有人将房产、土地使用权一并转让给其他单位和个人，应纳入土地增值税的征税范围。

2. 征税范围的特殊规定

（1）房地产的继承、赠与。

继承、赠与方式转让房地产，因只发生房地产产权的转让，没有取得相应的收入，属于无偿转让房地产的行为，所以不能将其纳入土地增值税的征税范围。但这里的赠与仅指以下情况。

①房产所有人、土地使用权所有人将房屋产权、土地使用权赠与直系亲属或承担直接赡养义务人。

②房产所有人、土地使用权所有人通过中国境内非营利的社会团体、国家机关将房屋产权、土地使用权赠与教育、民政和其他社会福利、公益事业。

（2）房地产的出租。

房地产的出租，出租人虽取得了收入，但没有发生房产产权、土地使用权的转让。

因此，不属于土地增值税的征税范围。

（3）房地产的抵押。

由于房产、土地使用权在抵押期间并没有发生权属的变更，因此对房地产在抵押期间不征收土地增值税。待抵押期满后，视该房地产是否转移占有而确定是否征收土地增值税。对于以房地产抵债而发生房地产权属转让的，应列入土地增值税的征税范围。

（4）房地产的交换。

房地产交换既发生了房产产权、土地使用权的转移，交换双方又取得了实物形态的收入，因此房地产交换属于土地增值税的征税范围。但对个人之间互换自有居住用房地产的，经当地税务机关核实，可以免征土地增值税。

（5）合作建房。

对一方出地，另一方出资金，双方合作建房，建成后按比例分房自用的，暂免征收土地增值税；建成后再转让的，应征收土地增值税。

（6）房地产的代建房行为。

对于房地产开发公司而言，虽然取得了收入，但没有发生房地产权属的转移，其收入属于劳务收入性质，故不属于土地增值税的征税范围。

（7）房地产的重新评估。

房地产评估增值，没有发生房地产权属的转移，不属于土地增值税的征税范围。

（四）土地增值税的税率

土地增值税采用四级超率累进税率，其中，最低税率为30%，最高税率为60%，税收负担高于企业所得税。土地增值税四级超率累进税率如表7－2所示。

表7－2　　土地增值税四级超率累进税率表

级数	增值额与扣除项目金额的比率	税率	速算扣除系数
1	不超过50%的部分	30%	0
2	超过50%～100%的部分	40%	5%
3	超过100%～200%的部分	50%	15%
4	超过200%的部分	60%	35%

（五）土地增值税的税收优惠

（1）转让房屋，增值额未超过扣除项目金额之和20%的，免征土地增值税。

①建造普通标准住宅出售，其增值额未超过扣除项目金额20%的，予以免税。增

值额超过扣除项目金额20%的，应就其全部增值额按规定计税。

所谓普通标准住宅，指按所在地一般民用住宅标准建造的居住用住宅。高级公寓、别墅、度假村以及超面积、超标准豪华装修的住宅，均不属于普通标准住宅。普通标准住宅与其他住宅的具体界限，由省级人民政府规定。

②转让旧房作为保障性住房且增值额未超过扣除项目金额20%的免税。

③转让旧房作为公共租赁住房房源且增值额未超过扣除项目金额20%的免税。

（2）因国家建设需要免征土地增值税。

①因国家建设需要而被政府征用、收回的房地产，免税。

②因城市实施规划、国家建设需要而搬迁，纳税人自行转让房地产免税。

（3）对个人销售住房暂免征土地增值税。

（4）对企业改制、资产整合过程中涉及的土地增值税予以免征。

二、土地增值税应纳税额的计算

（一）计税依据

土地增值税的计税依据是转让房地产所取得的增值额。

转让房地产的增值额 = 转让房地产取得的收入总额 - 扣除项目金额

1. 收入额的确定

纳税人转让房地产取得的应税收入，应包括转让房地产的全部价款及有关的经济收益。包括货币收入、实物收入和其他（无形资产收入或具有财产价值的权利）收入。

2. 扣除项目金额的确定

（1）转让新开发房地产的扣除项目金额。

①取得土地使用权所支付的金额。取得土地使用权所支付的金额指纳税人为取得土地使用权所支付的地价款和在取得土地使用权时按国家统一规定缴纳的有关费用。其中，有关费用指按国家统一规定缴纳的有关登记费、过户手续费、契税等。

②房地产开发成本。房地产开发成本指纳税人房地产开发项目实际发生的成本，包括土地征用费、拆迁补偿费、前期工程费、建筑安装工程费、基础设施费、公共配套设施费和开发间接费等。

③房地产开发费用。房地产开发费用指与房地产开发项目有关的销售费用、管理费用和财务费用。根据现行财务制度的规定，这三项费用作为期间费用，直接计入当期损益。但作为土地增值税扣除项目的房地产开发费用，不按纳税人房地产开发项目的实际发生的费用进行扣除，而是按税法规定扣除，具体要视财务费用中的利息支出情况而定。

财务费用中的利息支出，凡能够按转让房地产项目计算分摊利息并能提供金融机构证明的，允许据实扣除，但最高不能超过按商业银行同类同期贷款利率计算的金额；其他房地产开发费用按取得土地使用权所支付的金额和房地产开发成本之和的5%以内计算扣除。计算公式如下：

房地产开发费用 = 利息 + （取得土地使用权所支付的金额 + 房地产开发成本）× 5%以内

财务费用中的利息支出，凡不能按转让房地产项目计算分摊利息或不能提供金融机构证明的，房地产开发费用按取得土地使用权所支付金额和房地产开发成本之和的10%以内计算扣除。计算公式如下：

房地产开发费用 =（取得土地使用权所支付的金额 + 房地产开发成本）× 10%以内

注意：超过上浮幅度的部分不允许扣除；超过贷款期限的利息部分和加罚的利息不允许扣除。

【例7－6】某企业开发房地产取得土地使用权所支付的金额（不含增值税，下同）为1 000万元；房地产开发成本为6 000万元；向金融机构借入资金发生利息支出400万元（能提供金融机构贷款证明且可以按转让房地产项目合理分摊），其中超过国家规定上浮幅度的金额为100万元；该房地产所在地政府规定能提供金融机构贷款证明且可以合理分摊利息支出的，其他房地产开发费用的计算扣除比例为5%。要求：计算该企业允许扣除的房地产开发费用。

该企业允许扣除的房地产开发费用 =（400－100）+（1 000 + 6 000）×5% = 650（万元）。

④与转让房地产有关的税金。与转让房地产有关的税金指在转让房地产时缴纳的城市维护建设税、印花税及教育费附加。

需要明确的是，房地产开发企业按照有关规定，其在转让时缴纳的印花税因已列入管理费用中，故在此不允许再单独扣除印花税。

⑤其他扣除项目。对从事房地产开发的纳税人，可按取得土地使用权所支付的金额和房地产开发成本之和，加计20%计算扣除。

（2）转让旧房及建筑物的扣除项目金额。

转让旧房及建筑物的，应按评估价格计算扣除项目的金额。旧房及建筑物的评估价格是指在转让已使用的房屋及建筑物时，由政府批准设立的房地产评估机构评定的重置成本乘以成新度折扣率后的价格。评估价格须经当地税务机关确认。例如，某企业转让一幢使用过多年的办公楼，经当地税务机关认定的重置成本价为12 000万元，成新度折扣率为70%，则该办公楼评估价格为8 400万元。

旧房地产评估价格 = 房地产重置成本价 × 成新度折扣率

纳税人转让旧房及建筑物，凡不能取得评估价格，但能提供购房发票的，经当地税务部门确认，可按发票所载金额并从购买年度至转让年度每年加计5%计算扣除。计算扣除项目时每年按购房发票所载日期起至售房发票开具之日止，每满12个月计1年；超过1年，未满12个月但超过6个月的，可以视同为1年。

对于转让旧房及建筑物，既没有评估价格，又不能提供购房发票的，地方税务机关可以实行核定征收。

（二）土地增值税应纳税额的计算

应纳土地增值税＝土地增值额×适用税率－扣除项目金额×速算扣除系数

土地增值税的计算步骤如下所示。

（1）计算转让房地产取得的收入。

（2）计算扣除项目金额。

（3）计算增值额。

（4）计算增值额占扣除项目金额的比率，土地增值额占扣除项目金额的比率＝土地增值额÷扣除项目金额×100%，确定适用税率。

（5）纳税人应依据上述比例确定的税率和速算扣除系数，按公式计算应纳土地增值税额。

【例7－7】 2019年5月，某房地产开发公司转让一幢写字楼，共取得收入5 100万元，公司按规定交纳城建税及教育费附加共280.5万元。该公司为取得土地使用权而支付的地价款和有关费用为510万元，投入的房地产开发成本为1 550万元；房地产开发费用中的利息支出为120万元（能按房地产项目分摊，并提供金融机构证明），比按工商银行同类同期贷款利率计算的利息多出10万元。公司所在地政府规定的其他房地产开发费用的计算扣除比例为5%，印花税率为0.5‰。要求：计算该公司应纳土地增值税额（结果保留两位小数）。

收入额＝5 100（万元）

扣除项目金额：

取得土地使用权支付的地价款＝510（万元）

房地产开发成本＝1 550（万元）

房地产开发费用＝（120－10）＋（510＋1 550）×5%＝213（万元）

与转让房地产有关的税金＝280.5（万元）

加计扣除＝（510＋1 550）×20%＝412（万元）

扣除项目金额合计＝510＋1 550＋213＋280.5＋412＝2 965.5（万元）

土地增值额＝5 100－2 965.5＝2 134.5（万元）

土地增值额占扣除项目比例＝2 134.5÷2 965.5×100%＝72%，适用税率为40%，速算扣除系数为5%。

应纳土地增值税额＝2 134.5×40%－2 965.5×5%≈705.53（万元）

三、土地增值税的会计核算

（一）房地产开发企业土地增值税的会计处理

房地产开发企业应当由当期营业收入负担的土地增值税，计提土地增值税时，借记“税金及附加”科目，贷记“应交税费——应交土地增值税”科目，企业缴纳时，借记“应交税费——应交土地增值税”科目，贷记“银行存款”。

如例7-7会计处理如下。

借：税金及附加　　705.53万元

　贷：应交税费——应交土地增值税　　705.53万元

实际交纳时：

借：应交税费——应交土地增值税　　705.53万元

　贷：银行存款　　705.53万元

（二）非房地产开发企业土地增值税的会计处理

非房地产开发企业转让的国有土地使用权连同地上建筑物极其附着物一并在“固定资产清理”等科目核算，转让时应交纳的土地增值税，借记“固定资产清理”科目，贷记“应交税费——应交土地增值税”科目，企业缴纳时，借记“应交税费——应交土地增值税”科目，贷记“银行存款”。

四、土地增值税的申报缴纳

（一）纳税地点

土地增值税的纳税人应向房地产所在地主管税务机关办理纳税申报，并在税务机关核定的期限内缴纳土地增值税。

在实际工作中，纳税地点的确定又分为以下两种情况。

1. 纳税人是法人的

当转让的房地产坐落地与其机构所在地或经营所在地一致时，则在办理税务登记的原管辖税务机关申报纳税即可；如果转让的房地产坐落地与其机构所在地或经营地不一致时，则应在房地产坐落地的主管税务机关申报纳税。

2. 纳税人是自然人的

当转让的房地产坐落地与其居住地一致时，则在住所所在地税务机关申报纳税；当转让的房地产坐落地与其居住所在地不一致时，在办理过户手续所在地的税务机关申报纳税。

（二）纳税申报

纳税人应自转让房地产合同签订之日起 7 日内，向房地产所在地的主管税务机关办理纳税申报，同时向税务机关提交房屋及建筑物产权、土地使用权证书、土地转让、房产买卖合同、房地产评估报告及其他与转让房地产有关的资料。纳税人因经常发生房地产转让而难以在每次转让后申报的，经税务机关审核同意后，可以定期进行纳税申报，具体期限由税务机关确定。

任务四　城镇土地使用税纳税实务

一、城镇土地使用税概述

（一）城镇土地使用税的概念

城镇土地使用税是以国有土地为征税对象，对拥有土地使用权的单位和个人征收的一种税。

（二）城镇土地使用税的纳税人

在城市、县城、建制镇、工矿区范围内使用土地的单位和个人，为城镇土地使用税的纳税人。

城镇土地使用税的纳税人通常包括以下几类。

（1）拥有土地使用权的单位和个人，以拥有人为纳税人。

（2）拥有土地使用权的单位和个人不在土地所在地的，以土地的实际使用人或代管人为纳税人。

（3）土地使用权未确定或权属纠纷未解决的，以土地的实际使用人为纳税人。

（4）土地使用权共有的，共有各方均为纳税人，即由共有各方分别按各自使用面积纳税。

（三）城镇土地使用税的征税范围

城镇土地使用税的征税对象为土地。其征税范围包括城市、县城、建制镇和工矿区的国家和集体所有的土地。

城市、县城、建制镇和工矿区分别按以下标准确认。

（1）城市是指经国务院批准设立的市。

（2）县城是指县人民政府所在地。

（3）建制镇是指经省、自治区、直辖市人民政府批准设立的建制镇。

（4）工矿区是指工商业比较发达，人口比较集中，符合国务院规定的建制镇标准，但尚未设立建制镇的大中型工矿企业所在地，工矿区须经省、自治区、直辖市人民政府批准。

建立在城市、县城、建制镇和工矿区以外的工矿企业则不需要缴纳城镇土地使用税。

（四）城镇土地使用税的税率

城镇土地使用税实行分级幅度税额，每平方米应税土地的年税额标准如下。

（1）大城市（指市区和郊区非农业人口超过50万的城市）征1.5～30元。

（2）中等城市（指市区和郊区非农业人口超过20万至50万的城市）征1.2～24元。

（3）小城市（指市区和郊区非农业人口不超过20万的城市）征0.9～18元。

（4）县城、建制镇、工矿区征0.6～12元。

各省、自治区、直辖市人民政府可以在上列税额幅度内确定所辖区的适用税额。经济落后地区的适用税额标准可适当降低，但降低额不得超过法定最低税额的30%。经济发达地区的适用税额标准可适当提高，但须报财政部批准。

（五）城镇土地使用税的税收优惠

1. 下列土地免征城镇土地使用税

（1）国家机关、人民团体、军队自用土地。

（2）由国家财政拨付事业经费的单位自用土地。

（3）宗教寺庙、公园、名胜古迹自用土地。

（4）市政街道、广场、绿化地带等公用土地。

（5）直接用于农、林、牧、渔业的生产用地。

（6）经批准开山填海整治的土地和改造的废弃土地，从使用的月份起，免缴5～10年。

（7）对非营利性质医疗机构、疾病控制机构和妇幼保健机构等卫生机构自用的土地，免征城镇土地使用税。

（8）企业办的学校、医院、托儿所、幼儿园，其用地能与企业其他用地明确区分的，免征城镇土地使用税。

（9）免税单位无偿使用纳税单位的土地，免征城镇土地使用税。纳税单位无偿使用免税单位的土地，纳税单位应照章纳税。纳税单位与免税单位共同使用、共有使用权土地上的多层建筑，对纳税单位可按其占用的建筑面积占建筑总面积的比例计征城镇土地使用税。

(10) 对行使国家行政管理职能的中国人民银行总行（含国家外汇管理局）所属分支机构自用的土地，免征城镇土地使用税。

(11) 为了体现国家的产业政策，支持重点产业的发展，对石油、电力、煤炭等能源用地，民用港口、铁路等交通用地和水利设施用地，三线调整企业、盐业、采石场、邮电等一些特殊用地划分了征免税界限和给予政策性减免税照顾。

2. 下列土地由省、自治区、直辖市税务局确定减免土地使用税

(1) 个人所有的居住房屋及院落用地。

(2) 房产管理部门在房租调整改革前经租的居民住房用地。

(3) 免税单位职工家属的宿舍用地。

(4) 集体和个人办的各类学校、医院、托儿所、幼儿园用地。

二、城镇土地使用税应纳税额的计算

（一）计税依据

城镇土地使用税以纳税人实际占用的土地面积为计税依据，土地面积计量标准为平方米。纳税人实际占用的土地面积按下列办法确定。

(1) 由省、自治区、直辖市人民政府确定的单位组织测定土地面积的，以测定的面积为准。

(2) 尚未组织测量，但纳税人持有政府部门核发的土地使用证书的，以证书确认的土地面积为准。

(3) 尚未核发土地使用证书的，应由纳税人申报土地面积，据以纳税，待核发土地使用证以后再作调整。

(4) 对在城镇土地使用税征税范围内单独建造的地下建筑用地，按规定征收城镇土地使用税。其中，已取得地下土地使用权证的，按土地使用权证确认的土地面积计算应征税款；未取得地下土地使用权证或地下土地使用权证上未标明土地面积的，按地下建筑垂直投影面积计算应征税款。

对上述地下建筑用地暂按应征税款的50%征收城镇土地使用税。

（二）应纳税额的计算

城镇土地使用税的应纳税额，按照纳税人实际占用的土地面积和规定的单位税额计算。其计算公式如下：

全年应纳税额 = 实际占用应税土地面积 × 适用税额

【例7-8】 某公司与政府机关共同使用一栋共有土地使用权的建筑物。该建筑物占用土地面积2 000平方米，建筑面积10 000平方米（公司与机关的占用比例为4:1），该公司所在市城镇土地使用税单位税额每平方米5元。要求：计算该公司应纳城镇土地使用税。

应纳税额 $=2\ 000\times5\times4\div5=8\ 000$（元）

三、城镇土地使用税的会计核算

纳税人按规定计算出需要缴纳的土地使用税，借记“税金及附加”科目，贷记“应交税费——应交土地使用税”科目。实际缴纳税款时，借记“应交税费——应交土地使用税”科目，贷记“银行存款”科目。

四、城镇土地使用税的申报缴纳

（一）纳税期限

城镇土地使用税实行按年计算，分期缴纳的征收方法，具体纳税期限由省、自治区、直辖市人民政府确定。

（二）纳税义务时间

（1）购置新建商品房，自房屋交付使用之次月起缴纳城镇土地使用税。

（2）购置存量房，自办理房屋权属转移、变更登记手续，房地产权属登记机关签发房屋权属证书之次月起缴纳城镇土地使用税。

（3）出租、出借房产，自交付出租、出借房产之次月起缴纳城镇土地使用税。

（4）出让或转让方式有偿取得土地使用权的，应由受让方从合同约定交付土地时间的次月起缴纳城镇土地使用税；合同未约定交付土地时间的，由受让方从合同签订的次月起缴纳城镇土地使用税。

（5）纳税人新征用的耕地，自批准征用之日起满1年时开始缴纳土地使用税。

（6）纳税人新征用的非耕地，自批准征用次月起缴纳土地使用税。

（三）纳税地点

城镇土地使用税的纳税地点在土地所在地缴纳。纳税人使用的土地不属于同一省、自治区、直辖市管辖的，由纳税人分别向土地所在地的税务机关缴纳土地使用税；在同一省、自治区、直辖市管辖范围内，纳税人跨地区使用的土地，其纳税地点由各省、自治区、直辖市税务局确定。

（四）纳税申报

纳税人应该按有关规定及时办理纳税申报，如实填写“城镇土地使用税纳税申报表”。

任务五　房产税纳税实务

一、房产税概述

（一）房产税的概念

房产税是以房屋为征税对象，按照房屋的计税余值或租金收入，向产权所有人征收的一种财产税。

（二）房产税的纳税人

房产税的纳税人，指在我国城市、县城、建制镇和工矿区内拥有房屋产权的单位和个人。具体规定如下所示。

（1）产权属国家所有的，由经营管理单位缴纳；产权属集体和个人所有的，由集体单位和个人纳税。

（2）产权出典的，由承典人缴纳。所谓产权出典，指产权所有人将房屋、生产资料等的产权，在一定期限内典当给其他人使用，而取得资金的一种融资业务。由于在房屋出典期间，产权所有人已无权支配房屋，因此，税法规定由对房屋具有支配权的承典人为纳税人。

（3）产权所有人、承典人不在房产所在地的，由房产代管人或者使用人缴纳。

（4）产权未确定及租典纠纷未解决的，由房产代管人或者使用人纳税。

（5）纳税单位和个人无租使用房产管理部门、免税单位及纳税单位的房产，应由使用人代为缴纳房产税。

（三）房产税的征税范围

房产税的征税范围为城市、县城、建制镇和工矿区的房产，不包括农村的房屋。

所谓房产是以房屋形态表现的财产，指有屋面和围护结构（有墙或两边有柱），能遮风避雨，可供人们在其中生产、工作、学习、娱乐、居住或储藏物资的场所。独立于房屋之外的建筑物，如围墙、烟囱、水塔、变电塔、油池油柜、酒窖、菜窖、酒精池、糖蜜池、室外游泳池、玻璃暖房、砖瓦石灰窑以及各种油气罐等，不属于房产。

具备房屋功能的地下建筑，包括与地上房屋相连的地下建筑（如房屋的地下室、地下停车场、商场的地下部分）以及完全建在地面以下的建筑、地下人防设施等，均应当依照有关规定征收房产税。

（四）房产税的税率

房产税采用比例税率，依据房产余值计算缴纳的，年税率为1.2%；依据房产租金收入计算缴纳的，税率为12%；对个人出租住房，不区分用途，按4%的税率征收房产税。对企事业单位、社会团体以及其他组织按市场价格向个人出租用于居住的住房，减按4%的税率征收房产税。

（五）房产税的税收优惠

（1）国家机关、人民团体、军队自用的房产免征房产税。

（2）由国家财政部门拨付事业经费的单位自用的房产免征房产税。

（3）宗教寺庙、公园、名胜古迹自用的房产免征房产税。

（4）个人所有非营业用的房产免征房产税。

（5）经财政部和国家税务总局批准免税的其他房产。

①企业办的各类学校、医院、托儿所、幼儿园自用的房产，免征房产税。

②损坏不堪使用的房屋和危险房屋，经有关部门鉴定，在停止使用后，免征房产税。

③在基建工地为基建工地服务的各种工棚、材料棚、休息棚和办公室、食堂、茶炉房、汽车房等临时性房屋，在施工期间，一律免征房产税。但工程结束后，施工企业将这种临时性房屋交还或估价转让给基建单位的，应从基建单位接收的次月起，照章纳税。

④纳税人因房屋大修导致连续停用半年以上的，在房屋大修期间免征房产税。

⑤老年服务机构自用的房产暂免征收房产税。

⑥对经营公租房所取得的租金收入，免征房产税。

⑦对高校学生公寓免征房产税。

⑧按照政府规定价格出租的公有住房和廉租住房，包括企业和自收自支的事业单位向职工出租的单位自有住房，房管部门向居民出租的私有住房等，暂免征收房产税。

⑨对军队空余房产租赁收入暂免征收房产税。

⑩纳税单位与免税单位共同使用的房屋，按各自使用的部分划分，分别征收或免征房产税。

二、房产税应纳税额的计算

房产税的计税依据是房产的计税价值或房产的租金收入。按照房产计税价值征税的，为从价计征；按照房产租金收入计征的，为从租计征。

（一）从价计征的计算

从价计征指以房产原值一次减除10%～30%后的余值为计税依据。其具体减除比例，由省、自治区、直辖市人民政府自行确定。其计算公式如下：

应纳税额 = 房产原值（1 - 原值减除比例） ×1.2%

房产原值指纳税人按照会计制度规定，在账簿“固定资产”科目中记载的房屋原价。对纳税人未按会计制度规定记载的，在计征房产税时，应参照同类房屋，确定房产原值。房产原值应包括与房屋不可分割的各种附属设备或一般不单独计算价值的配套设施。纳税人对原有房屋进行改建、扩建的，要相应增加房屋的原值。对于更换房屋附属设备和配套设施的，在将其价值计入房产原值时，可扣减原来相应设备和设施的价值；对附属设备和配套设施中易损坏、需要经常更换的零配件，更新后不再计入房产原值。对按照房产原值计税的房产，无论会计上如何核算，房产原值均应包含地价，包括为取得土地使用权支付的价款、开发土地发生的成本费用等。

此外，还应注意以下两个问题。

（1）对投资联营的房产，在计征房产税时应予以区别对待。对于以房产投资联营，投资者参与投资利润分红，共担风险的，按房产的余值作为计税依据计征房产税；对以房产投资，收取固定收入，不承担联营风险的，实际是以联营名义取得房产租金，应根据暂行条例的有关规定由出租方按租金收入计算缴纳房产税。

（2）对融资租赁的房产，实际上是一种变相的分期付款购买固定资产的形式，所以在计征房产税时应以房产余值计算征收。

（二）从租计征的计算

从租计征指以租金收入为计税依据。租金收入包括货币收入和实物收入。对以劳务或其他形式为报酬抵付房租收入的，应根据当地同类房产的租金水平，确定一个标准租金额从租计征。其计算公式如下：

应纳税额 = 房产租金收入 × 适用税率

【例7-9】某企业自有经营性房产原值1 250万元，该地规定允许按原值一次扣除30%，2019年7月1日将其房产的一半出租，月租金12万元。要求：计算该企业2019年应纳的房产税。

2019年上半年房产余值 $= 1\,250 \times \frac{1}{2} \times (1-30\%) = 437.5$（万元）

2019年下半年房产余值 $= 1\,250 \times \frac{1}{4} \times (1-30\%) = 218.75$（万元）

房租收入 $= 12 \times 6 = 72$（万元）

2019年应纳房产税额 $= (437.5 + 218.75) \times 1.2\% + 72 \times 12\%$

$= 16.515$（万元）

三、房产税的会计核算

企业应在“应交税费”账户下设置“应交房产税”明细账户进行核算。在计算应缴纳的房产税时，通过“税金及附加”账户进行处理。

计算房产税时：

借：税金及附加

　贷：应交税费——应交房产税

缴纳入库后：

借：应交税费——应交房产税

　贷：银行存款

四、房产税的申报缴纳

（一）纳税义务发生时间

（1）纳税人将原有房产用于生产经营，从生产经营之月起，缴纳房产税。

（2）纳税人自行新建房屋用于生产经营，从建成之次月起，缴纳房产税。

（3）纳税人委托施工企业建设的房屋，从办理验收手续之次月起，缴纳房产税。对于在办理验收手续前已使用或出租、出借的新建房屋，应从使用或出租的当月起按规定计征房产税。

（4）纳税人购置新建商品房，自房屋交付使用之次月起，缴纳房产税。

（5）纳税人购置存量房，自办理房屋权属转移、变更登记手续，房地产权属登记机关签发房屋权属证书之次月起，缴纳房产税。

（6）纳税人出租、出借房产，自交付出租、出借本企业房产之次月起，缴纳房产税。

（7）房地产开发项目自用、出租、出借本企业建造的商品房，自房屋使用或交付之次月起，缴纳房产税。

（二）纳税期限

房产税实行按年计算、分期缴纳的征收方法，具体纳税期限由各省、自治区、直辖市人民政府确定。

（三）纳税地点

房产税在房产所在地缴纳。房产不在同一地方的纳税人，应按房产的坐落地点分别向房产所在地的税务机关缴纳。

（四）纳税申报

房产税纳税人应按有关规定，将现有房屋的坐落地点、结构、面积、原值、出租收入等情况，据实向税务机关办理纳税申报，并如实填写“房产税纳税申报表”。

任务六　契税纳税实务

一、契税概述

（一）契税的概念

契税是以在中华人民共和国境内转移土地、房屋权属为征税对象，向产权承受人征收的一种财产税。

（二）契税的纳税义务人

契税的纳税义务人是我国境内转移土地、房屋权属的承受单位和个人。

（三）契税的征税范围

契税的征税对象是在我国境内转移土地、房屋权属，具体包括以下内容。

1. 国有土地使用权出让

国有土地使用权出让，指土地使用者向国家支付土地使用权出让费用，国家将土地使用权在一定年限内让与土地使用者的行为。

对承受国有土地使用权支付的土地出让金，要计征契税，不得因减免出让金而减免契税。

2. 土地使用权转让

土地使用权的转让，指土地使用者以出售、赠与、交换或者其他方式，将土地使用权转移给其他单位和个人的行为。土地使用权的转让不包括农村集体土地承包经营权的转移。

3. 房屋买卖

即以货币为媒介，出卖者向购买者过渡房屋所有权的交易行为。以下几种特殊情况，视同房屋买卖。

（1）以房屋抵债或实物交换房屋。经当地政府和有关部门批准，以房抵债和实物交换房屋，均应视同房屋买卖，应由产权承受人，按房屋现值缴纳契税。

（2）以房产作投资或股权转让。这种交易业务属房屋产权转移，应根据国家房地产管理的有关规定，办理房屋产权交易和产权变更登记手续，视同房屋买卖，由产权承受方按投资房产价值或房产买价缴纳契税。

以自有房产作股投入本人经营企业，免纳契税。

（3）买房拆料或翻建新房，应照章征收契税。

（4）房屋赠与。房屋赠与是指房屋产权所有人将房屋无偿转让给他人所有。房屋赠与的前提必须是产权无纠纷，赠与人和受赠人双方自愿。赠与房屋应有书面合同（契约），并办理登记过户手续，才能生效。房屋的受赠人要按规定缴纳契税。

以获奖方式取得房屋产权的，其实质是接受赠与房产，应照章缴纳契税。

（5）房屋交换。房屋交换，指房屋所有人相互之间交换房屋的使用权或所有权的行为。交换双方应订立交换契约，办理房屋产权变更手续和契税手续。房屋产权相互交换，双方交换价值相等，免纳契税，办理免征契税手续。其价值不相等的，按超出部分由支付差价方缴纳契税。

（四）契税的税率

契税实行幅度比例税率，税率为3%～5%。各地具体的适用税率，由省、自治区、直辖市人民政府在国家规定的幅度内，按照本地区的实际情况确定。

（五）契税的税收优惠政策

（1）国家机关、事业单位、社会团体、军事单位承受土地、房屋，用于办公、教学、医疗、科研和军事设施的，免征契税。

（2）城镇职工按规定第一次购买公有住房，免征契税。

（3）因遭受自然灾害、战争等不可抗力灭失住房而重新购买住房的，酌情减免。

（4）土地、房屋被县级以上人民政府征用、占用后，重新承受土地、房屋权属的，由省级人民政府确定是否减免。

（5）承受荒山、荒沟、荒丘、荒滩土地使用权，用于农、林、牧、渔业生产的，免征契税。

（6）依照我国有关法律规定以及我国缔结或参加的双边和多边条约或协定的规定，应当予以免税的外国驻华使馆、领事馆、联合国驻华机构及其外交代表、领事官员和其他外交人员承受土地、房屋权属的，经外交部确认，可以免征契税。

（7）财政部规定的其他减征、免征契税的项目。

二、契税应纳税额的计算

（一）计税依据

契税的计税依据为不动产的价格。由于土地、房屋权属转移方式不同，定价方式不同，具体的计税依据不同。

（1）国有土地使用权出让、土地使用权出售、房屋买卖，以成交价格为计税依据。成交价格指土地、房屋权属转移合同确定的价格，包括承受者交付的货币、实物、无形资产或者其他经济利益。

（2）土地使用权赠与、房屋赠与，由征收机关参照土地使用权出售、房屋买卖的市场价格核定。

（3）土地使用权交换、房屋交换，为所交换的土地使用权、房屋的价格差额。也就是说，交换价格相等的，免征契税；交换价格不相等的，由多交付货币、实物、无形资产或者其他经济利益的一方缴纳税款。

（4）以划拨方式取得的土地使用权，经批准转让房地产时，由房地产转让者补交契税，计税依据为补交的土地使用权出让费用或者土地收益。

成交价格明显低于市场价格并且无正当理由的，或者所交换土地使用权、房屋的价格的差额明显不合理并且无正当理由的，由征收机关参照市场价格核定。

（二）应纳税额的计算

契税采用比例税率，其计算公式如下：

$$应纳税额=计税依据\times税率$$

【例7－10】甲乙双方因工作需要互换房产，经评估部门评估甲的房产价值400 000元，乙的房产价值500 000元，甲付给乙100 000元的价值差额，该地区契税税率为4%。要求：计算二人应缴纳的契税税额。

其中，甲应纳契税＝100 000×4%＝4 000（元），乙不纳税。

三、契税的会计核算

为了正确核算契税的有关纳税事项，需要缴纳契税的企业，应在“应交税费”科目下设“应交契税”明细科目进行核算。计提契税时，借记“固定资产”“无形资产”“开发成本”等科目，贷记“应交税费——应交契税”科目；实际缴纳时，借记“应交税费——应交契税”科目，贷记“银行存款”科目。

【例7－11】甲企业2019年4月将其拥有的库房10间，与乙企业拥有的一座厂房相交换，双方协议规定由甲企业补付现金1 000 000元，契税税率为4%。计算应纳契税时，其账务处理如下所示。

应纳税额＝1 000 000×4%＝40 000（元）

计算应纳税额时：

借：固定资产	40 000	
贷：应交税费——应交契税		40 000

企业在实际缴纳契税时：

借：应交税费——应交契税	40 000	
贷：银行存款		40 000

四、契税的申报缴纳

（一）纳税义务发生时间

契税的纳税义务发生时间，为纳税人签订土地、房屋权属转移合同的当日，或者纳税人取得其他具有土地、房屋权属转移合同性质凭证的当日。

（二）纳税期限

纳税人应当自纳税义务发生之日起10日内，向土地、房屋所在地的契税征收机关办理纳税申报，并在征收机关核定的期限内缴纳税款。

（三）纳税地点

契税在土地、房屋所在地的征收机关缴纳。

（四）纳税申报

契税纳税人应按有关规定及时办理纳税申报，并如实填写“契税纳税申报表”。

任务七　印花税纳税实务

一、印花税概述

（一）印花税的概念

印花税是对经济活动和经济交往中，书立、使用、领受的应税经济凭证所征收的一种税。

（二）印花税的纳税人

印花税的纳税人指在中国境内书立、使用、领受印花税法所列举的凭证的单位和个人。

根据书立、领受凭证的不同，印花税纳税人具体包括以下方面内容。

（1）立合同人。指合同的当事人，是对应税凭证有直接权利义务关系的单位和个人，但不包括合同的担保人、证人和鉴定人。

（2）立据人。指书立产权转移书据的单位和个人。

（3）立账簿人。指开立并使用营业账簿的单位和个人。

（4）领受人。指领取权利许可证照，并持有该凭证的单位和个人。

（5）使用人。在国外书立或领受，但在国内使用的应税凭证，其纳税人是该凭证的使用人。

（6）各类电子应税凭证的签订人。以电子形式签订的各类应税凭证的当事人。

值得注意的是，对应税凭证，凡由两方或两方以上当事人共同书立的，其当事人各方都是印花税的纳税人，应各就其所持凭证的计税金额履行纳税义务。

（三）印花税的征税范围

（1）购销合同。包括供应、预购、采购、购销结合及协作、调剂、补偿、易货等合同；还包括出版单位与发行单位（不包括订阅单位和个人）之间订立的图书、报刊、音像征订凭证。

对纳税人以电子形式签订的各类应税凭证按规定征收印花税。

电网与用户之间签订的供电合同不征印花税。

（2）加工承揽合同。包括加工、定做、修缮、修理、印刷、广告、测绘、测试等合同。

（3）建筑工程勘察设计合同。包括勘察、设计合同的总包合同、分包合同和转包合同。

（4）建筑安装工程承包合同。包括建筑、安装工程承包合同的总包合同、分包合同和转包合同。

（5）财产租赁合同。包括租赁房屋、船舶、飞机、机动车辆、机械、器具、设备等合同；还包括企业、个人出租门店、柜台等所签订的合同，但不包括企业与主管部门签订的租赁承包合同。

（6）货物运输合同。包括民用航空运输、铁路运输、海上运输、内河运输、公路运输和联运合同。

（7）仓储保管合同。包括仓储、保管合同或作为合同使用的仓单、栈单（或称入库单）。对某些使用不规范的凭证不便计税的，可就其结算单据作为计税贴花凭证。

（8）借款合同。银行及其他金融组织与借款人（不包括银行同业拆借）所签订的合同，以及只填开借据并作为合同使用、取得银行借款的借据。银行及其他金融组织经营的融资租赁合同也属于借款合同。

（9）财产保险合同。包括财产、责任、保证、信用等保险合同。

（10）技术合同。包括技术开发、转让、咨询、服务等合同。

（11）产权转移书据。包括财产所有权、版权、商标专用权、专利权、专有技术使用权等转移书据和专利实施许可合同、土地使用权出让合同、土地使用权转让合同、商品房销售合同等权利转移合同。

（12）营业账簿。指单位或个人记载生产经营活动的财务会计核算账簿。营业账簿按其反映内容的不同，可分为记载资金的账簿和其他账簿。

（13）权利、许可证照。包括政府部门发给的房屋产权证、工商营业执照、商标注册证、专利证、土地使用证。

（四）印花税的税率

印花税的税率采用比例税率和定额税率，具体如表 7－3 所示。

表 7－3　　印花税税目、税率表

税目	计税依据	税率	纳税人
购销合同	购销金额	0.3‰	立合同人
加工承揽合同	加工或承揽收入	0.5‰	立合同人
建设工程勘察设计合同	收取费用	0.5‰	立合同人
建筑安装工程承包合同	承包金额	0.3‰	立合同人
财产租赁合同	租赁金额	1‰	立合同人
货物运输合同	运输费用	0.5‰	立合同人
仓储保管合同	仓储保管费用	1‰	立合同人
借款合同	借款金额	0.05‰	立合同人
财产保险合同	保险费收入	1‰	立合同人
技术合同	合同所载金额	0.3‰	立合同人
产权转移书据	书据所载金额	0.5‰	立据人
股权转让书据	股权转让金额	0.5‰	立据人
资金账簿	实收资本和资本公积	0.5‰	立账簿人
其他账簿	件	5 元	立账簿人
权利、许可证照	件	5 元	领受人

（五）印花税的优惠政策

（1）对已缴纳印花税的凭证的副本或抄本免税。但以副本或抄本作为正本使用的，另贴印花。

（2）对财产所有人将财产无偿赠给政府、社会福利单位、学校所书立的书据免税。

（3）对国家指定的收购部门与村民委员会、农民个人书立的农副产品收购合同免税。

（4）对无息、贴息贷款合同免税。

（5）对外国政府或者国际金融组织向我国政府及国家金融机构提供优惠贷款所书立的合同免税。

（6）对房地产管理部门与个人签订的用于生活居住的租赁合同免税。

（7）对农牧业保险合同免税。

（8）对特殊货运凭证免税。这类凭证有军事物资运输凭证、抢险救灾物资运输凭证，以及新建铁路临管线运输凭证等特殊货运凭证。

（9）从 2018 年 5 月 1 日起，对纳税人设立的资金账簿按实收资本和资本公积合计金额征收的印花税减半，对按件征收的其他账簿免征印花税。

二、印花税应纳税额的计算

（一）计税依据

印花税的计税依据为各种应税凭证上所记载的计税金额。具体规定如下。

（1）购销合同的计税依据为合同记载的购销金额。

（2）加工承揽合同的计税依据是加工或承揽收入的金额，具体规定如下：

①对于由受托方提供原材料的加工、定做合同，凡在合同中分别记载加工费金额和原材料金额的，应分别按“加工承揽合同”“购销合同”计税，两项税额相加数，即为合同应贴印花；若合同中未分别记载，则应就全部金额依照加工承揽合同计税贴花。

②对于由委托方提供主要材料或原料，受托方只提供辅助材料的加工合同，无论加工费和辅助材料金额是否分别记载，均以辅助材料与加工费的合计数，依照加工承揽合同计税贴花。对委托方提供的主要材料或原料金额不计税贴花。

（3）建设工程勘察设计合同的计税依据为收取的费用（即勘察、设计收入）。

（4）建筑安装工程承包合同的计税依据为承包金额。施工单位将自己承包的建设项目分包或转包给其他施工单位所签订的分包合同或转包合同，应以新的分包合同或转包合同所载金额为依据计算应纳税额。

（5）财产租赁合同的计税依据为租赁金额（即租金收入）。

税额不足 1 元的按照 1 元贴花；财产租赁合同只是规定月（天）租金而不确定租期的，先定额 5 元贴花，结算时按实际补贴印花。

（6）货物运输合同的计税依据为取得的运输金额（即运费收入），不包括所运货物的金额、装卸费和保险费等。

(7) 仓储保管合同的计税依据为收取的仓储保管费用。

(8) 借款合同的计税依据为借款金额。

(9) 财产保险合同的计税依据为支付（收取）的保险费，不包括所保财产的金额。

(10) 技术合同的计税依据为合同所载的价款、报酬或使用费。为了鼓励技术研究开发，对技术开发合同，只就合同所载的报酬金额计税，研究开发经费不作为计税依据。但对合同约定按研究开发经费一定比例作为报酬的，应按一定比例的报酬金额贴花。

(11) 产权转移书据的计税依据为所载金额。

(12) 营业账簿中记载资金的账簿的计税依据为"实收资本"与"资本公积"两项的合计金额，凡"资金账簿"在次年度的实收资本和资本公积未增加的，对其不再计算贴花。其他营业账簿自2018年5月1日起，免征印花税。

(13) 权利、许可证照的计税依据为应税凭证件数，每件5元。

印花税票为有价证券，其票面金额以人民币为单位，分为1角、2角、5角、1元、2元、5元、10元、50元、100元9种。

(二) 应纳税额的计算

纳税人的应纳税额，根据应纳税凭证的性质，分别按比例税率或者定额税率计算。其计算公式如下：

应纳税额 = 应税凭证计税金额（或应税凭证件数）× 适用税率

【例7-12】 某企业2019年6月开业，当年发生以下有关业务：领受房屋产权证、工商营业执照、土地使用证各1件；与其他企业订立转移专用技术使用权书据1份，所载金额100万元；订立产品购销合同1份，所载金额为200万元；订立借款合同1份，所载金额为400万元；企业记载资金的账簿，"实收资本""资本公积"为800万元；其他营业账簿10本。要求：计算该企业当年应缴纳的印花税税额。

企业领受权利、许可证照应纳税额 = 3 × 5 = 15（元）

企业订立产权转移书据应纳税额 = 1 000 000 × 0.5‰ = 500（元）

企业订立购销合同应纳税额 = 2 000 000 × 0.3‰ = 600（元）

企业订立借款合同应纳税额 = 4 000 000 × 0.05‰ = 200（元）

企业记载资金的账簿应纳税额 = 8 000 000 × 0.5‰ × 50% = 2 000（元）

企业其他营业账簿免征印花税。

当年企业应纳印花税税额 = 15 + 500 + 600 + 200 + 2 000 = 3 315（元）

三、印花税的会计核算

印花税主要是由纳税人以购买并一次贴足印花税票方式缴纳税款的，不存在与税务机关结算或清算税款的问题，因此，企业缴纳的印花税不需要通过“应交税费”科目核算，于购买印花税票时，直接借记“税金及附加”科目，贷记“银行存款”科目。

四、印花税的申报缴纳

（一）纳税义务发生的时间

印花税应当在书立或领受时贴花。具体是指在合同签订时、账簿启用时和证照领受时贴花。如果合同是在国外签订，并且不便在国外贴花的，应当在将合同带入境时办理贴花纳税手续。

（二）纳税方法

印花税根据税额的大小、贴花次数以及税收征收管理的需要，分别采用以下三种纳税办法。

1. 自行贴花办法

自行贴花办法，一般适用于应税凭证较少或者贴花次数较少的纳税人。

纳税人书立、领受或者使用印花税法列举的应税凭证时，应根据应纳税凭证的性质和适用的税目税率，自行计算应纳税额、自行购买印花税票、自行一次贴足印花税票并加以注销或划销，这也就是通常所说的“三自”纳税办法。

对已贴花的凭证，修改后所载金额增加的，其增加部分应当补贴印花税票。凡多贴印花税票者，不得申请退税或者抵用。

2. 汇贴或汇缴办法

汇贴或汇缴办法，一般适用于应纳税额较大或者贴花次数频繁的纳税人。

对于一份凭证应纳税额超过 500 元的，应向当地税务机关申请填写缴款书或者完税证，将其中一联粘贴在凭证上或者由税务机关在凭证上加注完税标记代替贴花，即汇贴。

同一种类应纳税凭证，需频繁贴花的，为减轻贴花工作量，纳税人可以按照税务机关规定的期限汇总缴纳印花税，即汇缴，但最长期限不超过 1 个月。

3. 委托代征办法

这种办法主要是通过税务机关的委托，经由发放或者办理应纳税凭证的单位代为征收印花税款。

（三）纳税地点

印花税一般实行就地纳税。对于全国性商品物资订货会（包括展销会、交易会等）上所签订合同应纳的印花税，由纳税人回其所在地后及时办理贴花完税手续；对地方主办、不涉及省际关系的订货会、展销会上所签合同的印花税，其纳税地点由各省、自治区、直辖市人民政府自行确定。

（四）纳税申报

纳税人应按规定及时办理纳税申报，并如实填写“印花税纳税申报表”。

任务八　车船税纳税实务

一、车船税概述

（一）车船税的概念

车船税是指对在中国境内车船管理部门登记的车辆、船舶的所有人或者管理人依法征收的一种税。

（二）车船税的纳税人

车船税的纳税人，指在中华人民共和国境内，车辆、船舶所有人或者管理人，应当依照《中华人民共和国车船税暂行条例》的规定缴纳车船税。

（三）车船税的征税范围

车船税的征税范围指在中华人民共和国境内属于《中华人民共和国车船税法》所附“车船税税目税额表”规定的车辆、船舶。车辆、船舶范围：

（1）依法应当在车船管理部门登记的机动车辆和船舶；

（2）依法不需要在车船管理部门登记、在单位内部场所行驶或者作业的机动车辆和船舶。

车船管理部门，指公安、交通运输、农业、渔业、军队、武装警察部队等依法具有车船登记管理职能的部门。

（四）车船税的税率

车船税实行定额税率，即对应税车船直接规定单位固定税额，如表 7－4 所示。

表 7－4　　　　　　　　　车船税税目税额表

<table>
<tr><th colspan="2">税目</th><th>计税单位</th><th>年基准税额（元）</th><th>备注</th></tr>
<tr><td rowspan="7">乘用车[按发动机汽缸容量（排气量）分档]</td><td>1.0升（含）以下的</td><td rowspan="7">每辆</td><td>60～360</td><td rowspan="7">核定载客人数9人（含）以下</td></tr>
<tr><td>1.0升以上至1.6升（含）的</td><td>300～540</td></tr>
<tr><td>1.6升以上至2.0升（含）的</td><td>360～660</td></tr>
<tr><td>2.0升以上至2.5升（含）的</td><td>660～1 200</td></tr>
<tr><td>2.5升以上至3.0升（含）的</td><td>1 200～2 400</td></tr>
<tr><td>3.0升以上至4.0升（含）的</td><td>2 400～3 600</td></tr>
<tr><td>4.0升以上的</td><td>3 600～5 400</td></tr>
<tr><td rowspan="2">商用车</td><td>客车</td><td>每辆</td><td>480～1 440</td><td>核定载客人数9人（含）以上，包括电车</td></tr>
<tr><td>货车</td><td>整备质量每吨</td><td>16～120</td><td>包括半挂牵引车、三轮汽车和低速载货汽车等</td></tr>
<tr><td colspan="2">挂车</td><td>整备质量每吨</td><td>按照货车税额的50%计算</td><td></td></tr>
<tr><td rowspan="2">其他车辆</td><td>专用作业车</td><td rowspan="2">整备质量每吨</td><td rowspan="2">16～120</td><td rowspan="2">不包括拖拉机</td></tr>
<tr><td>轮式专用机械车</td></tr>
<tr><td colspan="2">摩托车</td><td>每辆</td><td>36～180</td><td></td></tr>
<tr><td rowspan="2">船舶</td><td>机动船舶</td><td>净吨位每吨</td><td>3～6</td><td>拖船和非机动驳船分别按机动船舶税额的50%计算</td></tr>
<tr><td>游艇</td><td>艇身长度每米</td><td>600～2 000</td><td></td></tr>
</table>

车辆的具体适用税额由各省、自治区、直辖市人民政府依照“车船税税目税额表”的规定的税额幅度和国务院的规定确定。

（五）车船税的税收优惠

1. 法定减免

（1）捕捞、养殖渔船。

（2）军队、武警专用的车船。

（3）警用车船。

（4）依照法律规定应当予以免税的外国驻华使馆、国际组织驻华机构及其有关人员的车船。

（5）对节约能源的车船，减半征收车船税；对使用新能源的车船，免征车船税。

新能源车辆包括纯电动汽车、燃料电池汽车和混合动力汽车。纯电动汽车、燃料电池汽车不属于车船税征收范围，其他混合动力汽车按照同类车辆适用税额减半征税。

（6）省、自治区、直辖市人民政府可以根据当地实际情况，对公共交通车船、农村居民拥有并主要在农村地区使用的摩托车、三轮汽车和低速载货汽车定期减税、免税。

（7）国家综合性消防救援车辆由部队号牌改挂应急救援专用号牌的，一次性免征改挂当年车船税。

2. 特定减免

（1）经批准临时入境的外国车船和中国香港特别行政区、中国澳门特别行政区、中国台湾地区的车辆，不征收车船税。

（2）按照规定缴纳船舶吨税的机动船舶，自车船税法实施之日起 5 年内免征车船税。

（3）依法不需要在车船登记管理部门登记的机场、港口、铁路站场内部行驶或作业的车船，自车船税法实施之日起 5 年内免征车船税。

二、车船税应纳税额的计算

（一）计税依据

车船税的计税依据，按车船的种类和性能，分别确定为辆、整备质量每吨位、净吨位和艇身长度 4 种。

（1）乘用车、商用车、摩托车以每辆为计税依据。

（2）商用货车、挂车、专用作业车、轮式专用机械车按整备质量吨位为计税依据。

（3）船舶按净吨位每吨为计税依据。

（4）游艇以艇身长度为计税依据。

（二）应纳税额的计算

（1）购置的新车船，购置当年的应纳税额自纳税义务发生的当月起按月计算。

应纳税额 = 年应纳税额 ÷ 12 × 应纳税月份数

应纳税月份 = 12 – 纳税义务发生时间（取得月份）+1

（2）在一个纳税年度内，已完税的车船被盗抢、报废、灭失的，纳税人可以凭有关管理机关出具的证明和完税凭证，向纳税所在地的主管税务机关申请退还自被盗抢、报废、灭失月份起至该纳税年度终了期间的税款。

（3）已办理退税的被盗抢车船失而复得的，纳税人应当从公安机关出具相关证明的当月起计算缴纳车船税。

（4）已缴纳车船税的车船在同一纳税年度内办理转让过户的，不另纳税，也不退税。

【例7－13】某运输公司拥有载货汽车15辆（每辆货车整备质量为10吨）；乘人大客车20辆；小客车10辆。要求：计算该公司应纳车船税（注：载货汽车每吨年税额90元，乘人大客车每辆年税额1 200元，小客车每辆年税额800元）。

载货汽车应纳税额 = 90 × 15 × 10 = 13 500（元）

乘人汽车应纳税额 = 1 200 × 20 = 24 000（元）

小客车应纳税额 = 800 × 10 = 8 000（元）

全年应纳车船税 = 13 500 + 24 000 + 8 000 = 45 500（元）

三、车船税的会计核算

企业按适用的税额计算应缴的车船税时，借记“税金及附加”科目，贷记“应交税费——应交车船税”科目；上缴时，借记“应交税费——应交车船税”科目，贷记“银行存款”科目。

四、车船税的申报缴纳

（一）纳税期限

车船税纳税义务时间为取得车船所有权或者管理权的当月。以购买车船的发票或其他证明文件所载日期的当月为准。

车船税按年申报，分月计算，一次性缴纳。具体申报纳税期限由各省、自治区、直辖市人民政府规定。

（二）纳税地点

车船税的纳税地点为车船的登记地或者车船税扣缴义务人所在地。依法不需要办理登记的车船，车船税的纳税地点为车船的所有人或者管理人所在地。

（三）纳税申报

纳税人应按规定及时办理纳税申报，并如实填写“车船税纳税申报表”。

参考文献

［1］全国税务师职业资格考试教材编写组．税法（Ⅰ）［M］．北京：中国税务出版社，2019.

［2］全国税务师职业资格考试教材编写组．税法（Ⅱ）［M］．北京：中国税务出版社，2019.

［3］中国注册会计师协会．税法［M］．北京：中国财政经济出版社，2019.

［4］梁伟样．税费计算与申报［M］．4版．北京：高等教育出版社，2019.

［5］梁伟样．税务会计［M］．5版．北京：高等教育出版社，2019.

［6］王素荣．税务会计与税务筹划［M］．7版．北京：机械工业出版社，2019.

［7］尚元君．税务会计［M］．北京：中国人民大学出版社，2018.